2019年 ICT深度观察

CAICT Insight ON ICT-2019

中国信息通信研究院 编

人民邮电出版社

北京

图书在版编目（CIP）数据

2019年ICT深度观察 / 中国信息通信研究院编. --北京：人民邮电出版社，2019.4
ISBN 978-7-115-51022-8

Ⅰ．①2… Ⅱ．①中… Ⅲ．①信息产业－产业发展－研究报告－中国－2019 Ⅳ．①F49

中国版本图书馆CIP数据核字(2019)第060524号

内 容 提 要

本书主要内容为中国信息通信研究院2019年在ICT产业、两化融合与产业互联网、无线移动、信息网络、先进计算、大数据与人工智能、数字经济与法律监管、网络安全与国际治理八大软科学研究领域的深度观察、研究报告，具有较强的时效性、权威性和实用性。

本书的主要读者对象为国内外电信运营商、设备制造厂商、增值服务提供商及相关政府机构、行业协会、研究机构的相关人员。

◆ 编　　　 中国信息通信研究院
　 责任编辑　杨　凌
　 责任印制　彭志环

◆ 人民邮电出版社出版发行　北京市丰台区成寿寺路11号
　 邮编　100164　电子邮件　315@ptpress.com.cn
　 网址　http://www.ptpress.com.cn
　 北京市艺辉印刷有限公司印刷

◆ 开本：787×1092　1/16
　 印张：15　　　　　　　　　　2019年4月第1版
　 字数：316千字　　　　　　　　2019年4月北京第1次印刷

定价：298.00元

读者服务热线：(010)81055493　印装质量热线：(010)81055316
反盗版热线：(010)81055315

编委会

主　编：刘　多

副主编：余晓晖　王志勤　蒋林涛　陈金桥　王育民　续合元

　　　　　王爱华　史德年

编　委：刘高峰　朱　敏　万　屹　张海懿　许志远　张雪丽

　　　　　何　伟　谢　玮　邬明罡　卢　玥　张　丽　李文宇

　　　　　王　峰　李海花　高艳丽　齐曙光　李　珊　果　敢

　　　　　龚达宁　闵　栋　李　原　刘　刚　戈志勇　杨　波

　　　　　党梅梅　王　健　杜　娟　谢智刚　李　婷　张　睿

　　　　　马军锋　毕春丽　石中金　郝　也　刘　越　潘　娟

　　　　　宋　恺　张治兵

作　者

ICT 产业篇　刘高峰　卢玥　张晶　李文宇　张丽　张悦　王跃　艾宝林　王雪梅　袁媛　周洁

两化融合与产业互联网篇　朱敏　刘默　高艳丽　齐曙光　王峰　李海花　刘棣斐　蒋昕昊　杨希　李南　袁林　魏云峰　李尚　张育雄　李亚宁　陈丽坤　杨楠　胡碧波　娄照辉

无线移动篇　万屹　魏克军　曹磊　葛雨明　何异舟　李特　王骏成　郎保真　田云飞　宋颖　果敢

信息网络篇　张海懿　李原　赵锋　沈辰　时晓光　罗松　李想　杨波　程强　张杰　赵文玉

先进计算篇　许志远　周兰　陈磊　王冲鶄　李木　王骏成　丛瑛瑛

大数据与人工智能篇　张雪丽　张睿　杜娟　谢智刚　李婷　马军锋　闫树　王冲鶄　郑立　马飞　闫丹　刘如明　刘成成　王蕴韬　曾晨曦　姜莹　施羽暇　曹峰　张奕卉

数字经济与法律监管篇　何伟　毕春丽　石中金　郝也　孙克　孙鑫　张春飞　李强治　张倩　方禹　伦一　续继　王超贤　张伟东　岳云嵩　汪明珠　张琳　胡时阳　黄金　姜涵　刘光浩　李雅文　姚财福　贾宝国　李梅　马慧　刘婷　杨天一　陈倩　薛琳

网络安全与国际治理篇 谢玮 刘越 潘娟 宋恺 张治兵 陈湉 秦博阳 戴方芳 崔枭飞 王亦澎 孙娅苹 牛金行 李昭涵 赵爽 方溢超 杨红梅 杨春白雪 高婧杰 袁琦 王艳红

序

当前，新一轮科技革命和产业变革蓬勃兴起，以 5G、物联网、大数据、人工智能等为代表的新一代信息通信技术（ICT）创新和跨界融合的速度不断加快，新应用、新业态、新模式大量涌现，信息通信业已经成为数字时代经济增长、社会进步的关键驱动力，推动着新一轮科技革命和产业变革的兴起。党中央、国务院高度重视信息通信产业的发展及其与社会经济各领域的融合创新，在网络强国、制造强国、工业互联网、数字经济、信息消费、人工智能等领域作出了一系列重大战略部署，为我国 ICT 产业高质量发展指明了方向，创造了新机遇。

2018 年，我国 ICT 产业持续保持平稳发展态势，对经济社会发展的基础支撑、创新驱动和融合引领作用显著增强，全年总收入突破 24 万亿元，同比增长 11.1%；信息通信服务业收入占总收入的比重近 40%，产业结构持续优化。**从 ICT 服务业来看**，基础电信业深耕数字内容和流量经营，持续拓展云计算、大数据、企业服务等新兴业务；互联网进入新一轮发展周期，领军企业加快布局产业互联网，积极探索新领域新方向。**从 ICT 制造业来看**，产业增加值继续保持两位数增长态势，集成电路、新型显示等领域的核心基础技术加快突破，产业集聚发展态势明显；以国产手机和国产服务器为代表的 ICT 整机产品竞争力显著增强；芯片设计、制造和封测等水平大幅提升，多家国内企业已跻身全球前十。**从信息化应用来看**，在新一代信息通信技术驱动下，各领域数字化、网络化、智能化转型不断加快，数字经济在推动经济高质量发展中的战略地位和引擎作用不断凸显。2017 年我国数字经济总量达到 27.2 万亿元，同比名义增长超过 20.3%，显著高于当年 GDP 增速，占 GDP 比重达到 32.9%。

顺应行业发展变革和创新大势，围绕国家制造强国和网络强国战略任务，立足建设"国家高端专业智库 行业创新发展平台"的目标，2018年，中国信息通信研究院将软科学研究领域调整为ICT产业、两化融合与产业互联网、无线移动、信息网络、先进计算、大数据与人工智能、数字经济与法律监管、网络安全与国际治理新八大领域，希望能够在推动新一代信息通信技术与实体经济深度融合方面做出更多贡献，更好地为政府决策、产业发展提供支撑。

今年是中国信息通信研究院连续第十一年发布"ICT深度观察"系列报告，本报告集合了上述新八大领域的年度研究成果，全面总结和深度分析了各个领域的发展状况、热点和趋势展望，希望能够为社会各界了解ICT产业最新态势和发展趋势提供参考。不当之处，请读者指正。

余晓晖
2019年3月于北京

目 录

ICT 产业篇 1

一、2018 年信息通信（ICT）产业发展综述 3

（一）2018 年全球 ICT 产业发展趋势 3

1. ICT 产业是数字经济先导产业，带动传统行业技术变革 3
2. 全球电信业持续低速徘徊，企业负增长阵营扩大 4
3. 4G 成为全球最主流的移动制式，5G 拉开商用序幕 5
4. 全球互联网用户普及率超过 50%，增长趋缓 5
5. 全球互联网企业实力持续壮大，云服务势头强劲 6
6. 全球电子信息制造业持续增长，元器件价格上升有所放缓 ... 6
7. 电子信息制造核心技术创新活跃，众多领域实现突破 7

（二）2018 年我国 ICT 产业发展成效 8

1. ICT 产业规模增长略有放缓，对 GDP 贡献仍持续提升 8
2. 中国成为 ICT 专利申请大国，但发明专利授权量不及美、日 9
3. 4G 进入成熟期，电信业收入增长进入周期性下降通道 10
4. 移动连接数规模快速增长，电信业务量收差持续加大 10
5. 我国互联网企业营收保持高速增长，对经济的影响增强 ... 12
6. 我国互联网企业总市值缓慢下降，初创企业持续壮大 12
7. 互联网领军企业全力拓展新领域，BAT 以资本纽带全力扩展护城河 13
8. 我国电子信息制造业平稳增长，对工业增长拉动作用日益增强 14

9. 产业出现集聚发展态势，核心基础技术加快突破 15

二、2018 年信息通信（ICT）产业热点分析 16

 （一）提速降费切实落实，支撑经济转型发展 16

 1. "提速降费"助力转型升级，支撑经济新动能发展 16

 2. 网络供给能力持续增强，下载速率进入全球前列 16

 3. 电信业务资费持续降低，支撑带动效应日益凸显 16

 4. 电信普遍服务持续深化，助力脱贫攻坚乡村振兴 18

 （二）ICT 产业全球各国分工协作，我国关键技术仍有待突破 ... 18

 1. 中美贸易摩擦跌宕起伏，影响全球 ICT 产业发展 18

 2. 各国 ICT 产业贸易分工协作，我国整机制造一枝独秀 19

 3. 整机制造优势领域增长乏力，增长动力转换迫切 19

 4. 我国上游关键技术不断取得突破，但差距仍然较大 20

 （三）互联网进入新一轮发展周期，企业探索突破方向 22

 1. 新技术形成发展合力，助推新一轮发展周期来临 22

 2. 互联网新模式新业态频现，冲击原有业务格局 22

 3. 跨界融合创造新蓝海空间，融合应用不断深化 23

 4. 国内企业海外布局迎来热潮，全球化战略布局获取新

  流量 24

三、2019 年信息通信（ICT）产业趋势展望 25

 （一）ICT 产业规模仍将保持两位数增长，服务业占比继续

  提升 25

 （二）电信业"提速降费"重心转换，加快供给侧结构性

  改革 25

（三）物联网应用创新百花齐放，连接数将逼近移动电话用户 26

（四）互联网政企市场快速崛起，全球公有云市场将逼近2000 亿美元 27

（五）5G 推动 ICT 制造产业升级发展，新产业环节、新应用兴起 27

（六）ICT 技术创新以数字化服务需求为核心，加速推动产业生态变革 28

（七）ICT 产业持续赋能传统行业，将拓展出新的产业边界 ... 29

两化融合与产业互联网篇 31

一、2018 年两化融合与产业互联网领域发展综述 33

（一）产业互联网系统架构 33

1. 产业互联网的概念 33
2. 产业互联网系统架构：使能技术＋核心应用 33

（二）两化融合与产业互联网细分领域发展情况综述 33

1. 新型网络技术逐步成熟，构建产业互联网连接基础 33
2. 产业互联网平台构建技术成熟，支持应用快速开发部署 ... 34
3. 安全技术与信息技术走向融合，解决方案不断涌现 35
4. 工业互联网：政策落地推进，加快应用探索 36
5. 工业互联网：应用场景相对聚焦，垂直领域各具特色 37
6. 智慧能源：推动能源全周期智能升级 37
7. 智慧医疗：覆盖三类主体，应用不断深化 38
8. 智慧交通：发展进入新阶段，支撑体系不断完善 39

9. 数字孪生城市：概念和技术逐步成熟，国内外开展应用探索 40

二、2018 年两化融合与产业互联网领域热点分析 41

（一）工业互联网平台发展持续深化，进入务实落地新阶段 41

1. 全球工业互联网平台发展的"三足鼎立"格局日渐清晰 41
2. 行业巨头布局更加积极，初创企业表现更加活跃 41
3. 技术提升与应用普及协同发力，全面推动平台做深做实 42
4. 国内平台发展迅猛，但仍需进一步打磨硬实力 43

（二）工业软件持续迭代创新，产业生态日益活跃 44

1. 新一代信息技术与新型软件架构正在推动工业软件变革 44
2. 数据科学与模型化技术赋能新型工业软件 45
3. 新兴软件架构推动工业软件向更快、更通用、更敏捷发展 ... 45
4. 新型商业模式与销售通道正在逐步成形 46

（三）数字孪生城市推动智慧城市建设进入新阶段 47

1. 构建数字孪生城市是发展新型智慧城市的技术支撑基础 47
2. 多领域融合性技术支撑数字孪生城市快速发展 48
3. 国外两类路径加快推动数字孪生城市应用落地 48
4. 国内借鉴国外经验，分类施策开展数字孪生城市建设 49

三、2019 年两化融合与产业互联网领域趋势展望 50

（一）两化融合迈上发展新台阶，产业互联网成熟商业化仍需时日 50

（二）人工智能技术将极大地提升传统产业解决问题的边界与能力 51

（三）开源技术迅速成熟，在产业互联网领域得到迅速运用 51
（四）商业模式走向互利共赢与平台运营 52
（五）工业数据空间治理体系初步形成并不断完善 53
（六）产业互联网助力迈向智慧社会 54

无线移动篇 57

一、2018年无线移动领域发展综述 59

（一）用户 59

1. 全球各地区移动用户发展不平衡，2G用户快速下滑 59
2. 我国移动用户数进一步提升，4G用户占比已超过七成 59

（二）网络 61

1. 全球4G网络持续增长，同时加快5G发展 61
2. 我国4G网络深度覆盖效果显著，继续保持全球最大4G 网络地位 61

（三）流量 62

1. 国内移动数据流量增速再创新高 62
2. 语音业务持续下降，短信业务开始回升 62

（四）终端 63

1. 全球手机出货量稳定 63
2. 国内手机出货量出现负增长，4G手机占比稳步提升 63
3. 国内全网通4G手机出货量占比持续提升 64
4. 窄带物联网终端增长态势显著 64
5. 车载终端向4G演进效应明显 65

二、2018年无线移动领域热点分析 67

（一）5G 发展进入商用部署的关键阶段 67

1．3GPP 完成 5G 国际标准第一版本的研制 67

2．5G 标准版本的关键特征 67

3．全球 5G 频率规划和许可工作进展迅速 68

4．全球主要国家纷纷明确 5G 商用计划 69

5．5G 技术研发试验第三阶段测试工作有序推进 70

6．支持非独立组网的测试工作已经完成 70

7．工业和信息化部成功组织"绽放杯"5G 应用征集大赛 70

8．我国快速稳步推进 5G 商用进程 71

9．5G 推动基础器件市场迅猛发展 71

10．5G 对基础器件的要求全新升级 72

（二）车联网规模化部署条件逐步成熟 73

1．顶层设计规划发布，奠定了车联网产业的发展基础 73

2．核心关键技术标准制定完成，加强跨行业协同 74

3．LTE-V2X 芯片、终端研发取得重要突破 74

4．LTE-V2X 测试验证取得阶段性成果 75

5．应用示范，促进产业化成熟和应用推广 76

（三）卫星互联网成为国际竞争焦点 76

1．全球高轨宽带卫星已实现跨越式发展，低轨星座系统建设

成为竞争焦点 76

2．各国政府积极支持卫星互联网发展，以建设低轨星座为

重点，将服务能力向全球拓展 77

3．我国已实现宽带卫星的重要突破，卫星互联网建设正处于

关键筹备期，业务应用场景较为明确 78

4. 频率轨位、卫星制造、无线组网及业务应用四大关键技术是现阶段我国卫星互联网建设的关键问题 78

三、2019年无线移动领域发展展望 80

（一）用户：随着4G的普及，全球移动用户持续增长，2G和3G用户加快向4G用户转移 80

（二）流量：4G普及将持续释放移动用户流量需求，未来两三年我国的移动数据流量仍将保持高速增长 81

（三）WRC-19即将召开，5G等无线系统有望获得全球频段 82

1. 1.12议题：智能交通系统（ITS） 82
2. 1.13议题：移动通信系统（IMT） 82
3. 1.14议题：高空平台（HAPS） 83

信息网络篇 85

一、2018年信息网络领域发展综述 88

（一）骨干网络第三张网建设突飞猛进，骨干网设备已全部支持IPv6 88

（二）100Gbit/s继续引领骨干传送网建设，三种5G典型承载方案协同并行发展 90

（三）光纤宽带部署规模和普及水平均稳步提升，速率提升尤为明显 91

（四）发展中国家国际通信网络发展提速，我国国际传输网络布局在全球范围内加速延伸 92
　（五）云计算企业马太效应加剧，全球根镜像破千个 93
　（六）我国骨干网平均时延已优于国际主要运营商平均水平，
　　　　下载速率大幅提升，但国际访问性能仍有待提升 95

二、2018 年信息网络领域热点分析 98
　（一）云网一体化服务趋势显现，重塑云网产业生态 98
　（二）我国 IPv6 规模部署进入加速阶段 100
　1. 国际 IPv6 应用持续升级演进 100
　2. 我国 IPv6 网络基础设施改造初见成效 101
　3. 我国加快推进 IPv6 应用基础设施改造 103
　4. 我国互联网应用的 IPv6 改造进展已经起步 103
　（三）边缘计算发展迅速，将成为驱动行业数字化转型的重要
　　　　能力 103
　1. 行业的数字化和智能化转型为边缘计算的发展壮大提供直接
　　　的驱动力 103
　2. 边缘计算的认识和实现技术思路逐步形成共识，但形成了不
　　　同的发展路径和产品形态 104
　3. IT、CT、OT 企业依托自身优势，布局边缘计算，掌握发展
　　　的主动权 105
　4. 边缘计算应用处于探索阶段，重点在视频处理、车联网和
　　　工业互联网等方向开展 106
　5. 边缘计算正在从机遇期迈向成熟期，仍需面对多项挑战 107

三、2019 年信息网络领域发展展望 108

目 录

（一）骨干网智能化持续演进，网间互联格局或迎新变 108

（二）传输网 200/400Gbit/s 应用增速，组网管控演进稳步
推进 109

（三）接入网 10Gbit/s PON 规模部署，下一代 PON 标准
启动 111

（四）国际互联网出入口带宽有望实现 200% 增长，新建国际
路由进一步缩短我国与世界的距离 112

（五）"边云协同"逐步形成，新技术引领应用基础设施创新与
融合发展 112

先进计算篇 115

一、2018 年先进计算领域发展综述 118

（一）计算从工艺到部件、从系统到体系的创新空前活跃 118

（二）通信、传感和显示正在为未来产业的重大升级做准备 119

（三）供需关系逆转：应用而非硬件，定义计算平台 119

（四）产业重心转移：从封闭软硬件到开源软件 121

（五）开启 ICT 新浪潮的颠覆性技术转换：从硬件平台到算法
模型 122

（六）挑战：需求与技术能力之间的鸿沟 123

（七）四大技术产业的未来趋势 125

1. 计算硬件：计算硬件的处理、存储和 I/O 协同创新 125

2. 计算软件：基础软件架构的纵向融合与横向扩展 126

3. 通信：全方位提升通信射频、处理和传输能力 127

4. 传感：基础技术、系统技术、算法融合全方位创新 128

5. 显示：材料、工艺和光学系统创新 129

二、2018 年先进计算领域热点分析 131

（一）新需求的升级路径：AI 计算 131

1. AI 计算的升级：技术体系全面演进 131

2. AI 芯片升级路径：并行计算架构、内存架构、互联接口创新 131

3. AI 软件升级路径：以学习框架为核心整合贯通 132

（二）新方向的未来之路：类脑计算 134

1. 类脑计算是人工智能发展的最可能路径 134

2. 类脑计算的发展历程和技术体系 135

3. 脑机接口先行起步，成为最先产业化的领域 136

（三）新生态的战略高地：开源软件 137

1. 开源技术的发展：由软到硬、由端到云，逐步壮大 137

2. 开源软件成为新领域技术创新和扩散的主导方式 138

3. RISC-V 指令架构开始在新兴领域崭露头角 138

4. 网络开源化进程加速，但争议不少，处于探索期 139

三、2019 年先进计算领域发展展望 141

（一）计算：专用加速架构将占据越来越重要的位置 141

（二）通信：5G 开启通信和计算融合的起点 142

（三）传感：需求导向的新型传感器产品创新快速推进 143

（四）显示：画质性能持续突破，光场/全息显示之路任重道远 143

| 目 录

大数据与人工智能篇 145

 一、2018 年大数据与人工智能领域发展综述 148

  （一）云计算 148

   1．云计算发展稳中向好，全球公有云格局基本确定 148

   2．行业云百花齐放，多云成企业上云必然阶段 149

  （二）大数据 150

  （三）人工智能 152

  （四）区块链 154

 二、2018 年大数据与人工智能领域热点分析 156

  （一）云计算：技术体系加强，行业应用深入 156

  （二）大数据：数据价值受重视，资产管理成为热点 157

  （三）人工智能：技术产业快速发展，智能终端驱动终端

    市场 161

  （四）区块链：产业"脱虚向实"，供应链金融领先落地 163

 三、2019 年大数据与人工智能领域发展展望 165

  （一）"云边协同"助力产业互联网，"云网融合"引领新

    浪潮 165

  （二）大数据技术不断创新，呈现诸多融合趋势 165

  （三）国外大数据市场发生激烈变化，带动技术及市场

    发展 166

  （四）"人工智能+"前景美好但道路曲折 166

  （五）人工智能技术及应用领域不断深入拓展，"强人工智能"

尚需时日 167
（六）区块链底层不断迭代更新，提升技术成熟度 168

数字经济与法律监管篇 169

一、2018 年数字经济与法律监管领域发展综述 172

（一）全球总体态势 172
1. 全球数字化进程加快 172
2. 主要国家数字经济快速增长 173
3. 各国积极部署数字经济发展 174
4. 数字经济相关法律体系初步成形 175
5. 数字经济监管体系持续演进 176

（二）我国总体态势 177
1. 数字经济成为高质量发展主战场 177
2. 我国对发展数字经济作出战略部署 178
3. 我国相关法律法规陆续出台 180
4. 数字经济营商环境明显改善 181

二、2018 年数字经济与法律监管领域热点分析 182

（一）工业数字化转型纵深推进 182
1. 深入推动工业数字化转型势在必行 182
2. 数字化转型推动工业发展深刻变革 182
3. 不同行业进行各具特色的差异化路径探索 183
4. 多主体协同推动工业数字化转型加速发展 183

（二）互联网平台治理迫在眉睫 184

1. 新兴互联网平台壮大成熟 184
2. 平台问题集中爆发 184
3. 为平台算法赋予价值观成社会共识 185
4. 反垄断应注重数字经济竞争特性 185
5. 强化平台法律与社会责任意识 185
(三) 数据规则亟待建立 186
1. 数据活动日益活跃问题凸显 186
2. 开放政府数据曲折前进 187
3. 个人信息保护持续升温 188
4. 数据安全管理制度亟待完善 189
(四) "知识产权" 成国际贸易竞争焦点 190
1. "知识产权" 逐渐成为国际贸易竞争的焦点 190
2. 中国积极参与全球贸易治理体系建设 190
3. 数字经济时代知识产权问题的动向及启示 191

三、2019年数字经济与法律监管领域发展展望 192
(一) 数字经济引领经济社会全方位转型升级 192
(二) 数字经济领域重点立法进程加快 192
(三) 监管更加注重规范健康发展 193

网络安全与国际治理篇 195

一、2018年网络安全与国际治理总体形势分析 198
(一) 网络空间安全威胁持续加重 198
1. 芯片漏洞引发全球关切,关键基础设施频遭网络攻击 198

2. 全球大规模数据泄露事件频发，危害更加严重 ……………… 198

3. 脸书事件引起广泛关注，数据流动安全威胁不断升级 …… 199

4. 人工智能安全问题凸显，各国积极采取应对措施 ………… 199

5. 网络空间对抗性因素增强，美、欧寻求跨境调取数据 …… 200

（二）我国网络安全和国际治理取得新进展 ………………………… 201

1. 5G 安全标准制定处于关键阶段，试验规范年底完成 …… 201

2. 工业互联网安全建设扎实推进，安全生态雏形初现 ……… 201

3. 车联网 / 物联网安全转入部署实施，安全防范能力
   提升 ……………………………………………………………… 202

4. 我国安全产业保持快速发展，与国际间的差距仍待
   缩小 ……………………………………………………………… 202

5. 中国积极参与网络空间全球治理，做出重要贡献 ………… 204

二、2018 年网络安全与国际治理重大热点问题剖析 ……………… 205

（一）GDPR 实施引领全球数据保护规则升级，我国数据保护
      法律体系亟待完善 …………………………………………… 205

1. 欧盟 GDPR 拥有两大利器，已产生全球连锁影响 ………… 205

2. 欧盟 GDPR 维护数据主体各项权益，力图支持数字经济
   发展 ……………………………………………………………… 205

3. 欧盟欲引领全球数据保护规则，我国对策应兼顾发展与
   安全 ……………………………………………………………… 206

（二）假新闻问题爆发引发网络治理变局，我国需改进治理、
      做好预防 ……………………………………………………… 206

1. 假新闻问题爆发，影响进一步深化 ………………………… 206

2. 多管齐下治理，企业承担更大压力和更多责任 207

3. 合作是解决问题的重要方向，能力差距或致分裂风险 209

4. 需防患于未然，汇聚多方力量实现共治 209

（三）"区块链＋网络安全"双向布局，安全服务和应用前景

可期 210

1. 政产学研各界不断发力，聚焦区块链安全发展 210

2. 多方加紧探索，"区块链＋网络安全"开始落地 211

3. 区块链安全隐患不容忽视，服务需要加强监管规范 212

三、2019 年网络安全与国际治理发展趋势判断 213

（一）网络空间不稳定因素仍将增加，各方继续推动互信

共治 213

（二）全球数据安全立法与监管实践将进入活跃期 213

（三）大型互联网平台企业将更加主动，承担更多责任 214

（四）区块链的安全监管与安全服务将同步推进 214

（五）智能攻防重构网络空间安全保障范式 215

ICT 产业篇

导　　读

2018 年，全球信息通信（ICT）产业规模增长加快，互联网成为主要的驱动力量，ICT 产业与传统产业融合进一步加深，带动传统行业技术变革。全球电信业收入增长持续低速徘徊，4G 用户规模首次超过 2G 用户，成为全球最主流的移动制式，5G 拉开商用序幕。全球互联网用户普及率超过 50%，互联网普及呈现放缓趋势，但互联网企业的实力进一步壮大，云服务保持强劲增长态势。全球电子制造业营收增速进一步提升，核心技术创新活跃，众多领域实现突破。

2018 年，我国 ICT 产业规模增长略有放缓，产业技术创新活跃，ICT 专利申请总量居全球第一，但关键技术仍有待突破。我国 ICT 服务业发展进入新阶段，电信业进入 4G 技术产业成熟期，收入增长动力换挡，电信业切实落实国家"提速降费"政策，支撑经济转型发展；互联网服务业迈向产业互联网阶段，营收规模保持高速增长，领军企业全力拓展新领域，初创企业持续壮大，对经济的影响日益增强。信息通信制造业集聚式、突破式发展，对工业的增长拉动作用日益增强。

2019 年，我国 ICT 产业将继续保持高速发展态势，物联网应用水平将进一步提高，5G 网络部署稳步推进，带动信息通信制造业升级发展，技术创新推动企业侧互联网服务快速崛起。ICT 产业与传统行业融合进一步加深，拓展产业发展边界，助力经济供给侧结构性改革。

本篇作者：

刘高峰　卢玥　张晶　李文宇　张丽　张悦　王跃　艾宝林　王雪梅　袁媛　周洁

一、2018 年信息通信（ICT）产业发展综述

（一）2018 年全球 ICT 产业发展趋势

1. ICT 产业是数字经济先导产业，带动传统行业技术变革

数字经济是指以使用数字化的知识和信息作为关键生产要素、以现代信息网络作为重要载体、以信息通信技术（ICT）的有效使用作为效率提升和经济结构优化的重要推动力的一系列经济活动。目前全球多国的数字经济总量持续扩大，发展势头迅猛，引领国家经济增长效果显著。数字经济包括基础部分和融合部分。ICT 产业作为数字经济的基础部分，为国民经济各领域提供丰富的信息技术、产品和服务，目前呈现出规模较大和 GDP 占比较高的特点，已成为数字经济发展的先决条件。以数字经济发展较快的重点国家为例，2016 年美国数字经济基础部分规模达到 13 000 亿美元，GDP 占比为 7.2%；中国基础部分规模达到 7825 亿美元，GDP 占比为 7%。此外，日本、德国、英国、韩国、法国、墨西哥等国的数字经济基础规模也较大，GDP 占比在 4%～12% 范围内波动，如图 1 所示。ICT 产业已经成为推动数字经济发展和促进 GDP 增长的重要动力之一。

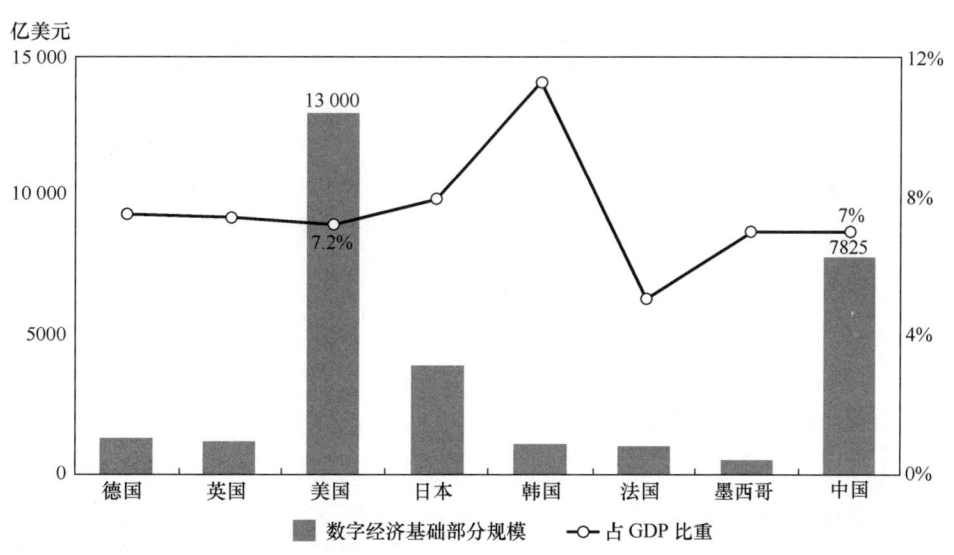

图 1　各国数字经济基础部分规模及占 GDP 比重

（数据来源：中国信息通信研究院《G20 国家数字经济发展研究报告 2017》）

随着ICT基础设施的不断完善，相关技术不断演进成熟，ICT产业的创新周期有所缩短，技术热点轮换速度有所加快，ICT产业的创新已由原始的技术演进驱动向整个经济体系扩散和渗透，ICT产业正在形成经济社会中创新最活跃的领域。在人工智能、集成电路和芯片、云计算与大数据、5G、区块链、虚拟现实、车联网、工业互联网等技术的带动下，数字技术正在与实体经济走向深度融合，从而不断驱动新模式、新业态的蓬勃发展，促进制造、农业、教育、交通、金融和能源等传统产业转型升级。

2. 全球电信业持续低速徘徊，企业负增长阵营扩大

全球电信业重回低速徘徊，与GDP发展差距加大。 2018年，全球电信服务业预计收入16 100亿美元，增速低至0.9%，如图2所示。其中，数据业务占比从2017年的58%扩大至2018年的60.3%，增长核心动力依旧来自移动数据业务，贡献率从266%降至194%。

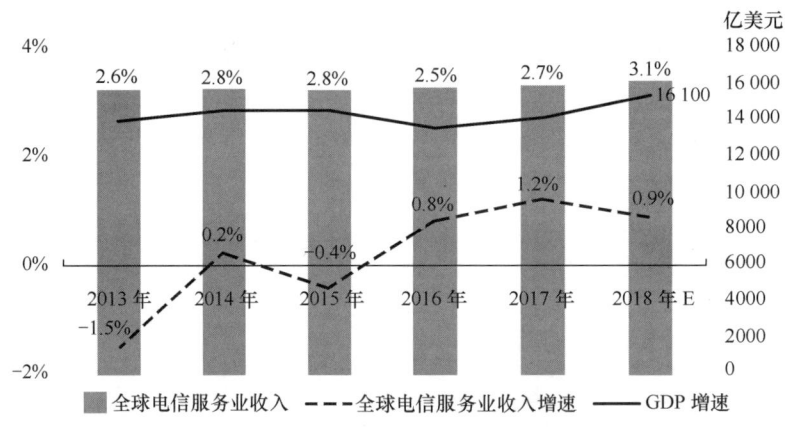

图2 全球电信服务业发展情况

（数据来源：中国信息通信研究院数据中心，Gartner，IMF）

数据红利逐渐消退，企业负增长阵营扩大。 4G流量红利逐渐消退，2018年前三季度全球移动服务市场下滑0.4%，超过一半数量的国家/地区移动服务市场增速回落。受流量价值下滑、经济市场、监管等负面影响，领先电信运营商收入负增长阵营扩大；中国移动出现了4年来的首次收入下滑；AT&T与CenturyLink靠收购拉动增长。

3. 4G 成为全球最主流的移动制式，5G 拉开商用序幕

2018 年 4G 用户首次超过 2G，多因素推动 DOU 保持高增长。 2018 年，全球移动电话用户数突破 80 亿户，普及率达 104%；4G 用户突破 32 亿户，继 2017 年超过 3G 用户后，2018 年首次超过 2G 用户，成为最主流的移动制式，如图 3 所示。

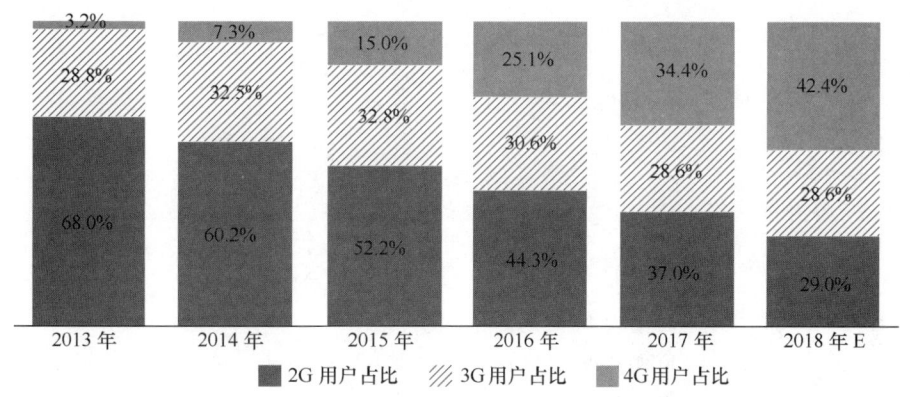

图 3　2G/3G/4G 用户占比（数据来源：GSMA）

从流量使用来看，不限量套餐、视频应用，以及市场竞争带来的资费下降很大程度上推动了流量保持高增长。全球智能手机 DOU（平均每户每月上网流量）达到 5.6GB/（户·月），同比增长 65%。中国的移动流量保持快速增长态势，2018 年 DOU 超过日本、韩国。

2018 年开启 5G 商用元年，业务集中在固定无线接入和企业应用。 2018 年，超过 60 个国家 / 地区的运营商宣布 5G 商用计划，11 家运营商开始 5G 试商用，目前商用业务主要集中在固定无线接入和企业应用。Verizon 于 2018 年 10 月 1 日推出非标准固定 5G 服务，AT&T 利用移动热点推出基于 3GPP R15 标准的商用 5G 移动服务。预计到 2025 年，全球移动 5G 连接数将达 12 亿个，占移动连接的 14%。

4. 全球互联网用户普及率超过 50%，增长趋缓

全球互联网用户数增长趋缓。自 2015 年以来，全球互联网用户数和普及率均呈缓慢增长态势，新增互联网用户数显著减少。其中，中国和美国的互联网普及速度明显放缓，互联网普及率分别仅增长 7 个和 1.5 个百分点。2018 年全球互联网用户数预计将达 39 亿人，互联网普及率预计将达 51.2%，如图 4 所示。伴随着全球互联网普及率突破 50%，移动应用市场也进入调整与稳定期，谷歌应用商店的规模由峰值时期的 360 万逐渐回落至 260 万。

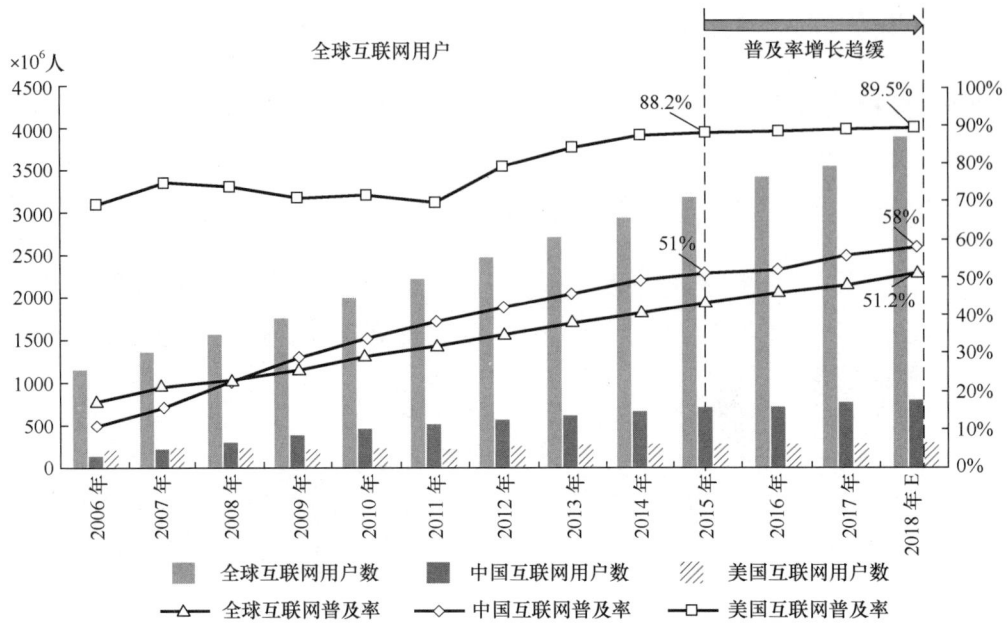

图 4　2006—2018 年全球互联网用户数及互联网普及率（数据来源：ITU）

5. 全球互联网企业实力持续壮大，云服务势头强劲

全球互联网企业整体实力不断扩张。**一是营收规模持续快速上涨。**截至 2018 年 6 月 30 日，全球互联网企业营收前十强上半年总收入达 3011 亿美元，同比增长 38.4%，增速较 2017 年同期提高了 10 个百分点，2018 年全年全球互联网企业营收前十强总营收预计将突破 6500 亿美元。**二是云服务业务快速增长。**2018 年第二季度，亚马逊 AWS（Amazon Web Services）云服务营收突破 60 亿美元，增速连续 14 个季度保持在 40% 以上；阿里巴巴云服务收入约为 50 亿元，同比增长 93%。**三是领军企业占比持续提升。**截至 2018 年 9 月，全球市值 TOP10 企业排行榜中，互联网企业市值占比接近 50%；ICT 企业数量已由 2009 年的 4 家成长为 8 家，市值占比也由 37.9% 上升至 85.8%，如图 5 所示。

6. 全球电子信息制造业持续增长，元器件价格上升有所放缓

2018 年全球电子信息制造业增长达 4.8%，较 2017 年 4% 的增速进一步提升，增长动力的主要来源如图 6 所示。**一是手机规模的增长。**全面屏、指纹识别等技术创新带来手机价格上升和更新换代；存储、电容等元器件价格持续上涨，导致手机成本上升，售价仍在抬高，但相对 2017 年成本增长有所缓解。**二是电子元器件规模增大于降。**全球 MLCC（片式多层陶瓷电容器）等分立器件供货紧张，价格持续上涨；人

工智能等新技术拉动光电子器件、FPGA（现场可编程门阵列）规模增长；但 2018 年 NAND 闪存价格开始下跌，DRAM（动态随机存储器）价格也于 2018 年第二季度开始下降，使得总体增速低于 2017 年。**三是服务器、PC 规模大幅上升。**大型数据中心进入采购周期，IT 设备的大规模部署推动服务器产业规模上升；同时，PC 市场开始复苏，成为增长动力之一。

排名 年份	1	2	3	4	5	6	7	8	9	10
2018年9月	苹果	亚马逊	微软	谷歌	伯克希尔·哈撒韦	脸书	西门子	阿里巴巴	腾讯控股	俄罗斯水电集团
	10 903	9769	8770	8350	5318	4748	4485	4238	3936	3837
2013年	苹果	英国电信	谷歌	西门子	苏格兰皇家银行	微软	通用电气	雀巢	壳牌石油	中国石油
	5007	4975	3764	3610	3241	3105	2820	2347	2318	2279
2009年	索迪斯	达索系统	阿科玛	中国石油	西门子	大众	中国移动	宝洁	工商银行	微软公司
	7457	5394	2696	2594	2088	2080	2013	1812	1737	1729

■ ICT 企业　■ 互联网企业　■ 非 ICT 企业　　　　　单位：亿美元

图 5　近十年来全球市值 TOP10 企业变化（数据来源：ITU）

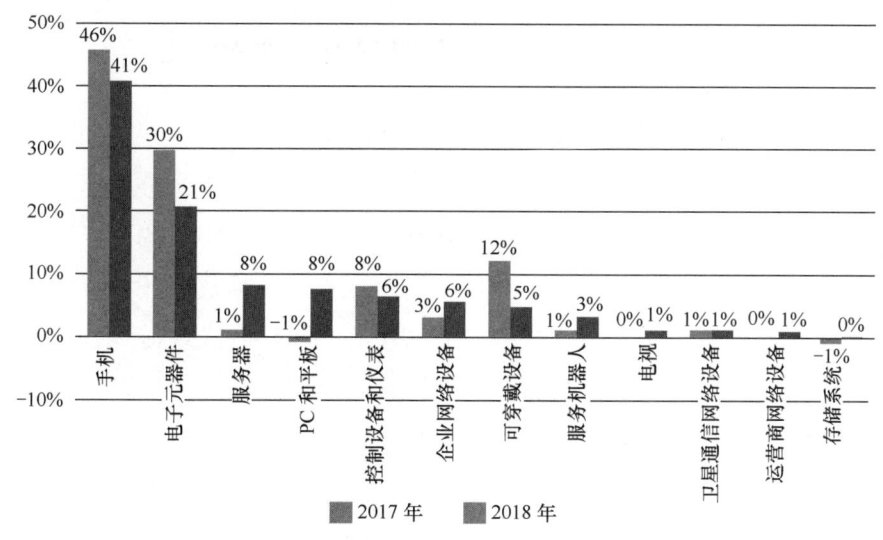

图 6　2017 年和 2018 年全球电子信息制造业收入增长主要来源
（数据来源：中国信息通信研究院，Gartner，Yearbook of World Electronics Data、IFR 等）

7. 电子信息制造核心技术创新活跃，众多领域实现突破

ICT 基础技术不断演进升级，创新活跃。集成电路方面，台积电使用 7nm EUV 制造工艺完成流片，半导体工艺微缩进入新时代；新型显示方面，Veeco 公司和 ALLOS 公司联合突破了在 200mm 硅生产线上生产 Micro-LED 器件的相关技术，推动 Micro-LED 加快应用；存储器方面，三星、东芝、西部数据等存储巨头陆续实现了 96 层 3D

NAND 量产。在射频器件方面,高通推出用于智能手机的毫米波及 6GHz 以下射频模组,推动 5G 产业链加快成熟。

在 5G、人工智能、虚拟现实等热点技术的推动下,5G 微站、人工智能软件等关键设备和软件取得突破。5G 方面,三星和 SK 电信宣布已开发出基于独立标准(SA)的 5G 交换机原型;高通发布 10 纳米 5G 解决方案,可支持三星 5G 小型基站解决方案使用 6GHz 以下和毫米波频谱;2018 年年底,高通发布全球首款商用 5G 手机芯片,预计 2019 年年中 5G 终端产品上市。人工智能方面,微软宣布其研发的机器翻译系统首次在通用新闻的汉译英上达到了人类专业水平;百度发布了 DuerOS 3.0,使赋能的产品能够实现语音多轮纠错,进行复杂的递进意图识别与带逻辑的条件意图识别。虚拟现实方面,中国移动福建公司发布了全球首个运营商云 VR 试商用平台,率先开展 VR 产品商用。

(二)2018 年我国 ICT 产业发展成效

1. ICT 产业规模增长略有放缓,对 GDP 贡献仍持续提升

2018 年,我国 ICT 产业收入规模突破 24 万亿元,同比增长 11.1%,较 2017 年下降 3.3 个百分点,如图 7 所示。产业结构持续软化,ICT 服务业收入(软件业收入+电信业务收入+互联网服务收入)达 9.39 万亿元,同比增长 15.5%,占产业收入比重超过 38.8%,较上年提高 1.5 个百分点;ICT 制造业收入规模达 14.9 万亿元,同比增长 8.5%,占产业收入比重约为 61%。ICT 产业对 GDP 贡献仍持续提升,我国 ICT 产业增加值达 7.2 万亿元,占 GDP 比重为 7.7%,对 GDP 增长贡献率为 12%,如图 8 所示。

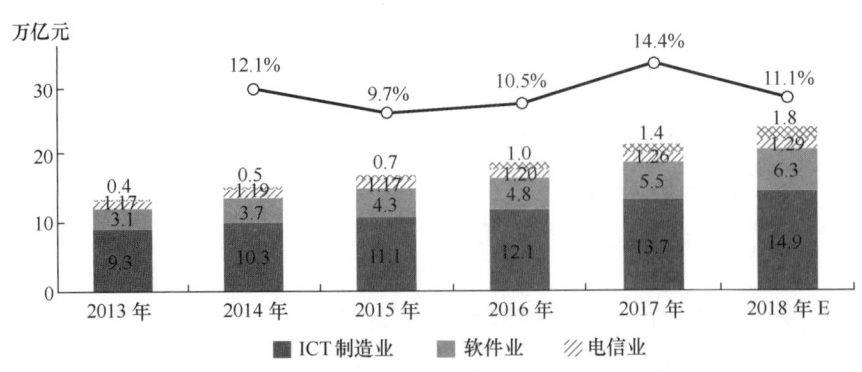

图 7 我国 ICT 产业收入规模

(数据来源:中国信息通信研究院、工业和信息化部、上市公司财报)

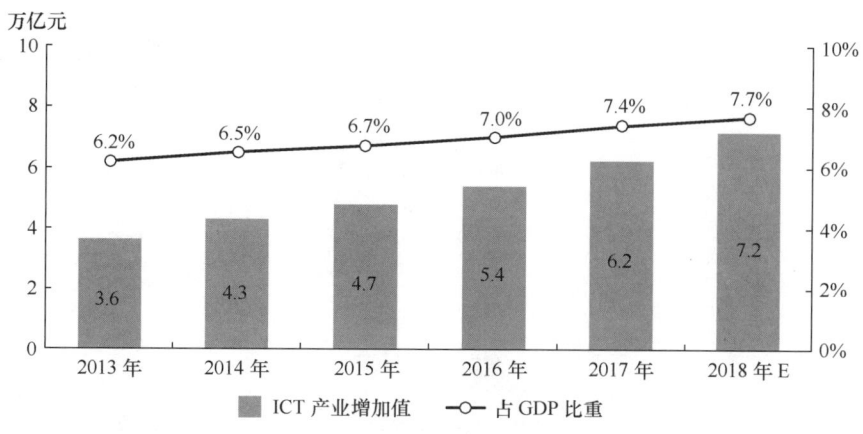

图 8　我国 ICT 产业增加值及占 GDP 比重（数据来源：中国信息通信研究院）

2. 中国成为 ICT 专利申请大国，但发明专利授权量不及美、日

在 ICT 技术领域，以移动互联网、云计算、大数据、移动通信、人工智能、物联网为代表的技术正在与社会各领域、各行业跨界深度融合，众多经济发达国家和发展中国家都将 ICT 列为重点发展战略领域并不断增加投入，蓬勃发展的科技创新活动也带来了全球 ICT 专利申请的高峰。在 2003 年至 2008 年的首次高峰期间，全球 3G 技术蓬勃发展，云计算技术刚刚崭露头角，产业竞相投入，相关全球专利数量逐年增加。虽然 2008—2009 年全球经济危机影响导致全球专利申请数量短暂下降，但科技创新的脚步并未放缓，全球专利从 2010 年开始再次迎来高峰，这期间 4G、5G 技术被迭代推出，大数据技术大受众捧，人工智能、虚拟现实、区块链、物联网等技术发展举世瞩目。

自 2012 年以来，中国 ICT 专利数量申请年平均增长率达到 14%，高于全球 2% 的平均增速，中国的 ICT 专利申请总量超过美国，居全球第一。自 2012 年以来全球 ICT 专利申请布局地域呈现集中趋势，中国、美国、欧盟、日本和韩国近五年受理的 ICT 专利申请总量在全球 ICT 专利申请总量中的占比超过一半。

尽管 ICT 专利申请数量迅猛攀升，但是中国 ICT 领域的创新水平与研发创新投入同发达国家相比仍存在明显差距，如图 9 所示。例如，从已授权的 ICT 发明专利来看，中国在 2015 年之前每年在数量上落后美国、日本和韩国，至今总量仍不及这些国家；在全球 ICT 专利申请人按数量排行榜的前十名中，只有华为一家中国企业跻身其中。尽管中国在 2018 年 GDP 值名列全球第二，但研发支出占 GDP 比例较低，且多年维持在 2% 左右，而美、日等发达国家的这一数值一般都为 2.8%～4.2%。从研究开发人员的数量来看，中国近些年维持在 1000 人 / 百万人的水平，而日本和美国等国家的这一数值则是中国的 3～7 倍。

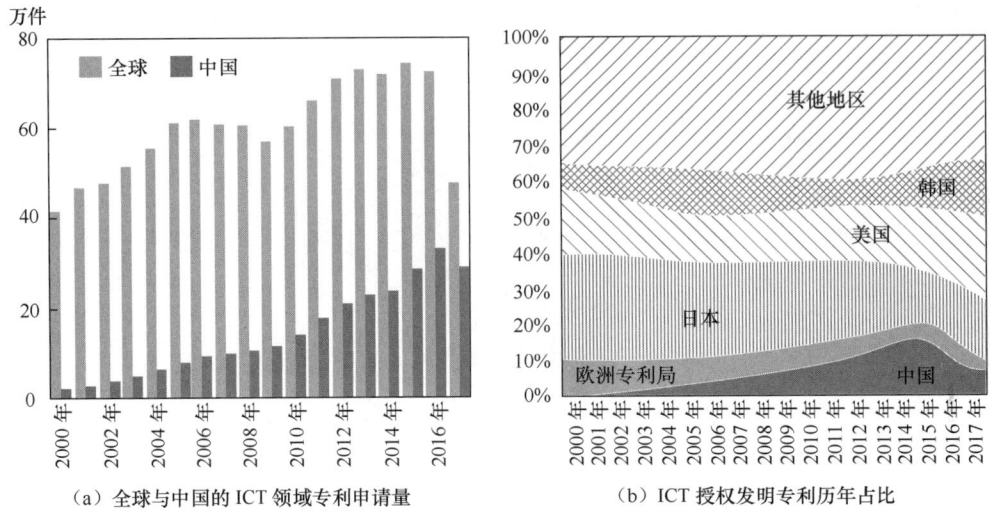

（a）全球与中国的 ICT 领域专利申请量　　（b）ICT 授权发明专利历年占比

图 9　全球与中国 ICT 领域专利申请量及 ICT 授权发明专利历年占比
（数据来源：中国信息通信研究院知识产权中心）

3. 4G 进入成熟期，电信业收入增长进入周期性下降通道

2018 年，我国电信业正式迈入 4G 技术产业周期成熟阶段，电信业务收入增速下滑，电信业务收入增长 2.3% 左右，较 2017 年下滑 4.1 个百分点；行业竞争异常激烈，带动用户价值进一步下行，以江西省三家运营商市场竞争为例，江西移动的宽带全部无条件免费，江西电信的所有移动套餐 2 折，江西联通打出"手机套餐送宽带、宽带送手机套餐"。电信业务收入增长进入动力换挡期，移动流量业务虽仍然是收入增长的主要动力，但贡献率持续下滑，2018 年移动数据及互联网业务收入增量占电信业务收入增量的比重为 137.2%，较 2017 年下降 15.8 个百分点；以"云、大、物"为代表的转型业务对收入增长的拉动开始显现，固定其他收入（含运营商"云、大、物"相关业务）增量占比由 2017 年的 19.7% 提升至 69.8%。如图 10 所示。

4. 移动连接数规模快速增长，电信业务量收差持续加大

移动电话用户净增规模创十年新高，基础运营企业激烈争夺第二卡槽，推动移动电话用户规模放量增长。2018 年，移动电话用户规模接近 16 亿户，增长近 1.8 亿户，处于近十年以来的最高水平；网络覆盖持续完善推动物联网用户数高速增长，2018 年，NB-IoT 基站规模超过 55 万个，成为全球最大的窄带物联网网络，物联网终端用

户超过 7 亿户，同比增长 159%，如图 11 所示。用户快速增长、移动流量规模持续攀升，推动电信业务总量飞速增长，与电信业务收入之间的剪刀差快速扩大，2018 年，我国电信业务总量增速达 145%，较 2017 年提升 68 个百分点，量收增速剪刀差扩大至 142.7%，如图 12 所示。

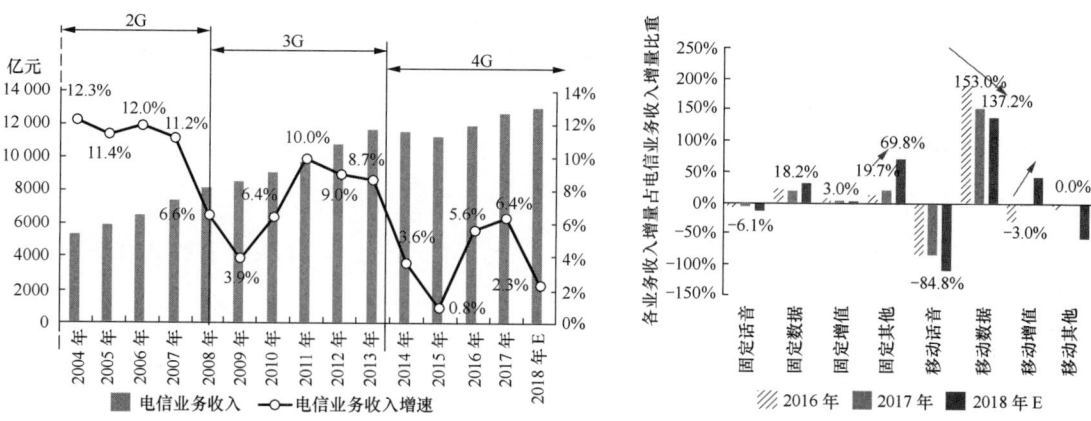

图 10　我国电信业务收入增长情况（数据来源：工业和信息化部通信运营业统计公报）

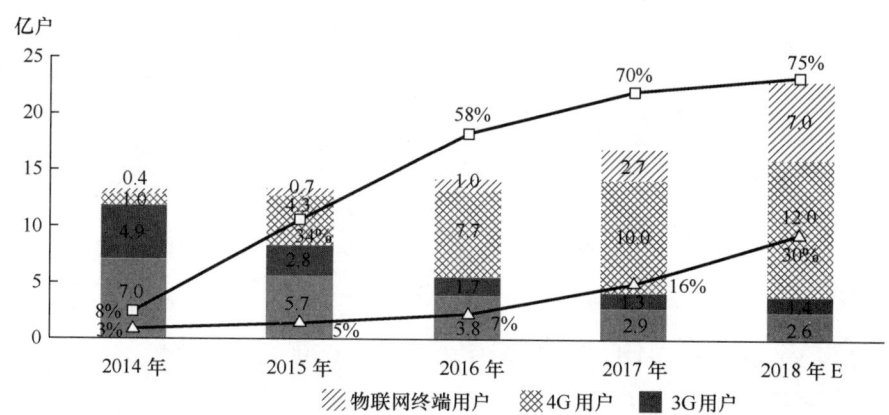

图 11　我国移动连接数规模和结构（数据来源：中国信息通信研究院）

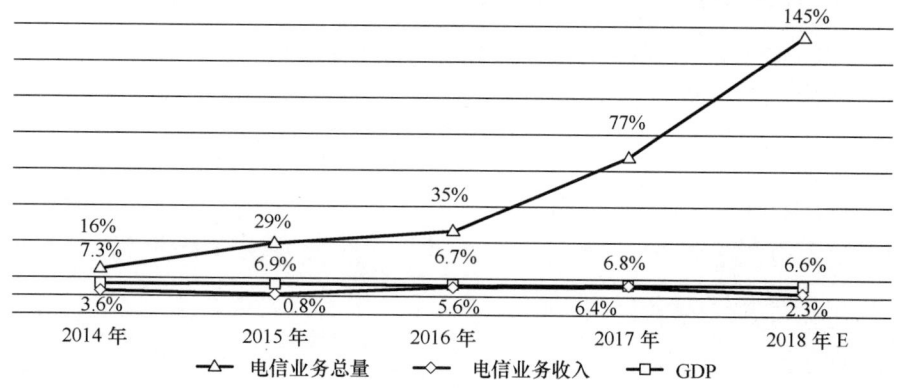

图 12　电信业务总量和业务收入增长情况（数据来源：工业和信息化部通信运营业统计公报）

5. 我国互联网企业营收保持高速增长，对经济的影响增强

我国上市互联网企业保持良好的发展势头。**一是企业营收快速增长**。近年来，我国上市互联网企业营收规模不断扩大，对经济增长的贡献也逐步加强。企业营收方面，2018年我国上市互联网企业总营收将达到19 045亿元，同比增长32%左右，如图13所示。行业营收方面，2018年上半年，我国互联网行业营收增加值占GDP比重提升至1.2%，占比为2015年的两倍。**二是业务结构持续调整**。截至2018年第二季度，我国上市互联网企业业务收入占比最高的仍是电子商务，占比达58%，较2017年同期下降6个百分点；受行业监管加强影响，游戏业务收入占比较2017年同期下降4个百分点；伴随着短视频等陌生场景交友应用的兴起，社交/在线社区业务收入占比由6%提升至12%。

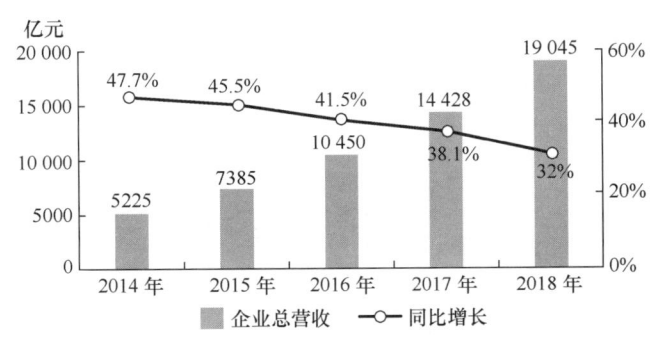

图13 我国上市互联网企业营收增长情况（数据来源：上市公司财报）

6. 我国互联网企业总市值缓慢下降，初创企业持续壮大

我国上市互联网企业市值总额波动下降。受国际形势、政策环境等因素影响，我国互联网企业市值一直处于波动状态并呈现缓慢下降趋势。截至2018年12月10日，我国上市互联网企业总市值达1.2万亿美元，较2018年年初下降27.2%。与上市互联网企业相比，我国的互联网独角兽企业仍处于持续快速变化过程。截至2018年上半年，我国新晋19家独角兽企业，总数达106家，区块链行业企业首次上榜。其中，小米、拼多多、美团点评、腾讯音乐已分别于2018年7月、9月、12月在港交所或纳斯达克联交所上市；2018年10月12日，阿里巴巴集团宣布旗下"口碑"与"饿了么"合并成立阿里本地生活服务公司，估值高达250亿美元；拼多多目前市值已超过280亿美元，跻身我国上市互联网企业市值十强。近十年来全球市值TOP10企业变化情况见表1。

表 1　　　　　　　　　近十年来全球市值 TOP10 企业变化

排名	企业	估值（亿美元）
1	蚂蚁金服	1500
2	滴滴出行	500
3	小米	500
4	今日头条	300
5	美团点评	300
6	腾讯音乐	200
7	菜鸟网络	150
8	大疆	150
9	京东金融	150
10	快手	150
11	陆金所	150
12	京东物流	120
13	比特大陆	110
14	拼多多	110
15	口碑	80

数据来源：《深圳世茂前海中心·2018 第二季度胡润大中华区独角兽指数》，胡润研究院。

7. 互联网领军企业全力拓展新领域，BAT 以资本纽带全力扩展护城河

我国互联网领军企业全力拓展新领域，以资本纽带全力扩展护城河，布局发展新业务。美团收购摩拜，整合线上线下流量入口，汇聚产业链资源，搭建线上线下完备的服务体系。此外，陌陌收购探探、快手收购 A 站，以进一步实现赛道内部强强联合。腾讯、阿里巴巴、百度三大巨头更是全力拓展边界空间：阿里巴巴收购饿了么，补全新零售外卖领域关键一环，将触角伸到更多的细分场景，全力布局大消费市场；腾讯入股永辉超市，进军新零售市场；百度亦入股一脉阳光、极米科技等一系列企业。历经多年布局，三大巨头业已打造形成三大互联网业务生态阵营，图 14 展示了自 2007 年以来三大巨头通过资本纽带打造的关联企业集群，其中腾讯与阿里巴巴更呈现出两超格局，截至 2018 年上半年，我国 106 家独角兽企业中，"腾讯""阿里"两超即捕获其中 36 家。通过对被投企业的领域进行分析，从总体上看，阿里巴巴与百度的战略投资取向特征较为明显，而腾讯财务投资的取向特征较为明显。

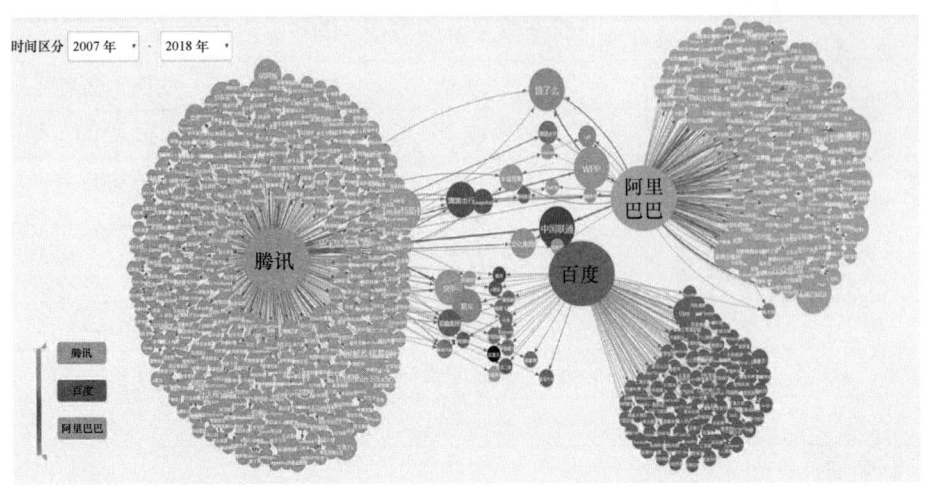

图 14 2017—2018 年三大巨头投资并购视图（中国信息通信研究院互联网产业监测平台）

8. 我国电子信息制造业平稳增长，对工业增长拉动作用日益增强

我国电子信息制造业保持较高增速，在工业中的地位逐步提升。 2018 年，预计电子信息制造业增加值增速为 13.5%，高于规模以上工业增速 7 个百分点。从细分领域来看，2018 年预计通信设备制造业、电子元件及电子专用材料制造业、电子器件制造业等细分领域的增速分别为 14.7%、15.4%、15.3%，明显高于电子信息制造业平均水平；计算机制造业增速为 8.8%，低于平均水平。从收入占比来看，2018 年电子信息制造业主营业务收入占工业的比例达 9.7%，比 2017 年提升了 0.6 个百分点，较近十年最低水平（2011 年为 7.5%）提升了 2.2 个百分点，如图 15 所示。

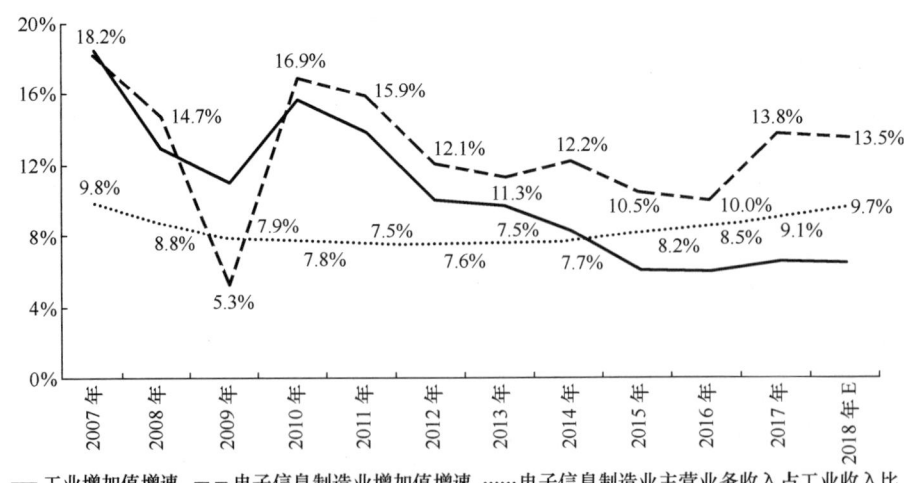

图 15 近十年电子信息制造业增加值增速及收入占比（数据来源：中国信息通信研究院，工业和信息化部）

9. 产业出现集聚发展态势，核心基础技术加快突破

我国在以集成电路、新型显示为代表的上游基础领域加快突破，基本已经形成以环渤海、长三角、珠三角、中西部为代表的四大产业集聚区。集成电路方面，环渤海是国内重要的集成电路研发、设计和制造基地，已基本形成涵盖设计、制造、封装、测试到设备、材料的完备产业链；长三角是国内最主要的集成电路开发和生产基地，区域内汇聚了国内 55% 的集成电路制造企业、80% 的封装测试企业以及近 50% 的集成电路设计企业。中西部地区集聚了紫光、格罗方德等重大投资项目，在国内集成电路整体产业中的地位不断上升，所占产业份额也不断增加。珠三角是国内重要的电子整机生产基地和主要的集成电路器件市场，区域内汇聚了全国 40% 以上的集成电路市场需求。新型显示方面，环渤海、长三角、珠三角、成渝鄂等地区的集聚效应开始呈现，京东方正在加快多条高世代 LCD 产线和 AMOLED 产线建设，天马微电子、维信诺积极布局柔性 AMOLED，相继实现量产，如图 16 所示。

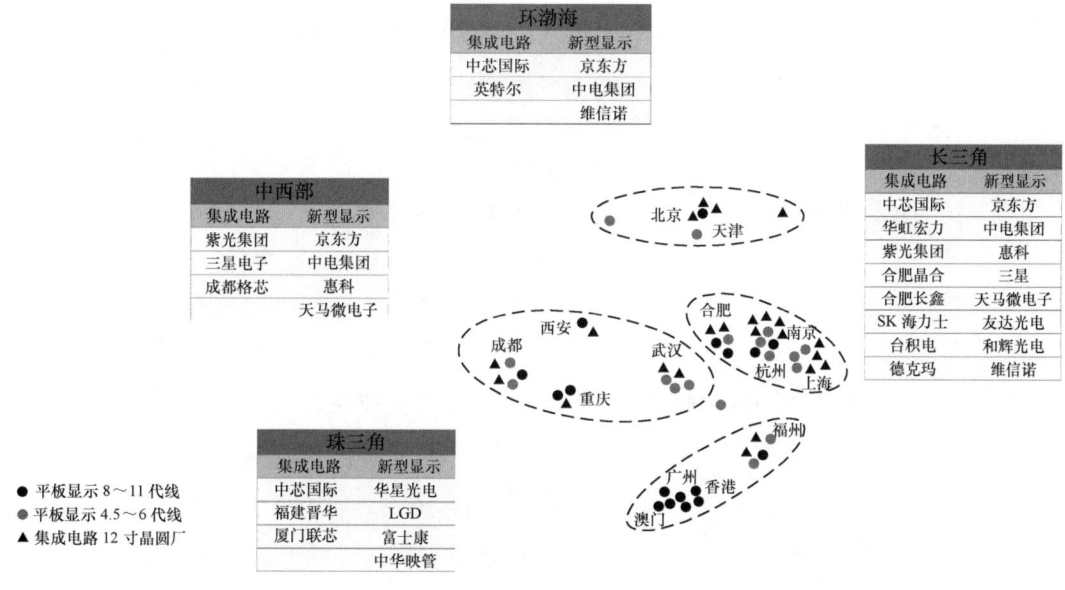

图 16　我国集成电路和新型显示产线建设情况（数据来源：中国信息通信研究院，IHS，Gartner）

二、2018年信息通信（ICT）产业热点分析

（一）提速降费切实落实，支撑经济转型发展

1. "提速降费"助力转型升级，支撑经济新动能发展

2018年，国务院进一步明确"提速降费"的本质使命是"支撑经济转型发展"，"提速降费"的政策重心由刚开始的更为强调降资费惠及民生转向支撑经济转型发展，要求电信业持续提升网络供给、降低信息消费成本。李克强总理在4月4日的国务院常务会议上谈及"提速降费"时讲到，"提速降费不仅可以直接让利百姓，更可以加快促进我国经济的转型升级，可以说是'一手托两家'。"2018年，工业和信息化部与国资委联合发文部署"提速降费"具体工作，主要有两方面的要求：**一是**要求升级宽带网络，补齐网络短板，支撑数字经济发展；**二是**要求降低消费成本，释放提速降费红利，促进信息消费扩大升级。

2. 网络供给能力持续增强，下载速率进入全球前列

我国的固定宽带网络全面迈入光纤时代，4G网络建设实现后发赶超。截至2018年9月，光纤宽带接入端口达7.5亿个，为2014年年末的4.6倍；4G基站数达360万个，为2014年年末的4.2倍，4G基站规模世界第一。2018年，高速宽带普及、边远地区4G覆盖和5G试验网成为"网络提速"的重要内容。网络能力提升推动通信服务水平进入世界前列。SpeedTest数据显示，2018年9月，我国固定宽带下载速率为77.3Mbit/s，在全球126个国家及地区中排第20位，如图17所示；移动宽带下载速率为29.9Mbit/s，在全球123个国家及地区中排名第39位，如图18所示。

3. 电信业务资费持续降低，支撑带动效应日益凸显

基础电信企业持续推动电信业务资费下降。资费降低一方面可提升用户的"获得感"，惠及民生福祉；另一方面能通过薄利多销的模式释放业务发展红利。2014年12月至2018年9月，移动流量平均单价累计下降93.3%，ITU最新数据显示，2017年，我国单GB流量的价格在全球178个国家中排名第57位；固定宽带用户平均支出累计

下降 29.6%（如图 19 所示），固定宽带用户支出在全球 184 个国家中排名第 61 位。我国移动互联网接入流量平均资费如图 20 所示，资费降低不断促进信息消费扩大升级。截至 2018 年 6 月，我国移动互联网应用超过 421 万款，本土第三方应用下载量累计超过 1.38 万亿次，信息消费群体不断发展壮大，信息消费持续扩大升级，中国互联网协会发布的《中国互联网产业发展报告（2018）》显示，2018 年，我国信息消费市场规模继续扩大，信息消费的规模约为 5 万亿元，同比增长 11%，占 GDP 的比例提升至 6%。

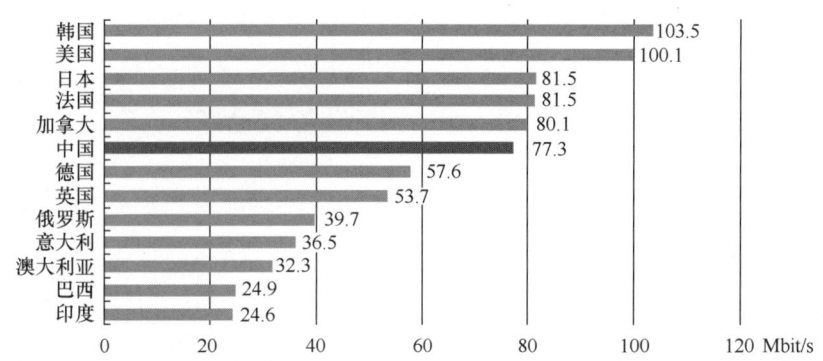

图 17　2018 年 9 月世界主要经济体固定宽带下载速率（数据来源：SpeedTest）

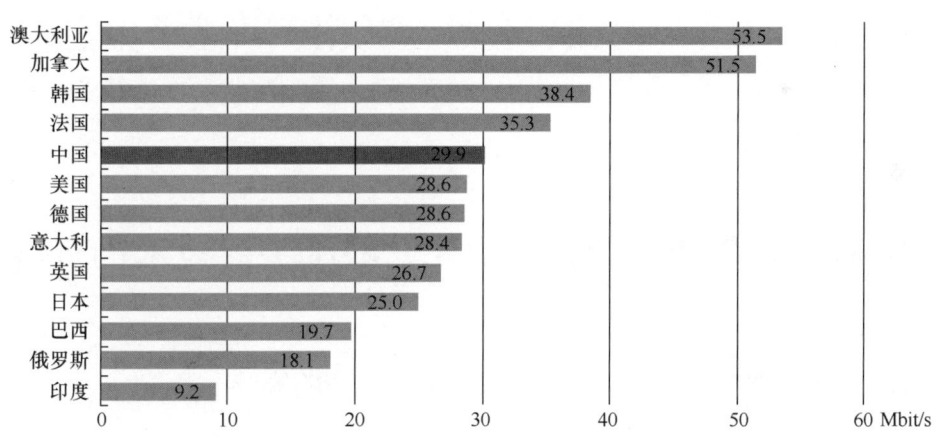

图 18　2018 年 9 月世界主要经济体 4G 网络下载速率（数据来源：SpeedTest）

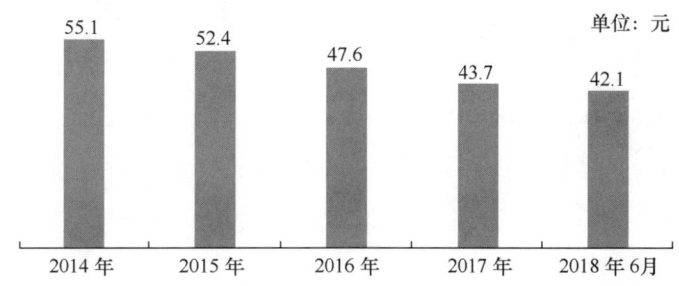

图 19　我国固定宽带用户月平均支出（ARPU 值）（数据来源：工业和信息化部通信运营业统计公报）

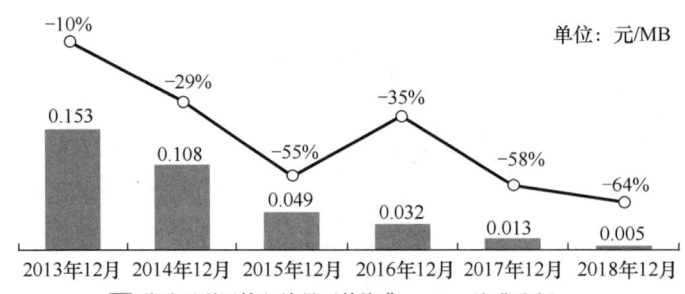

图 20　我国移动互联网接入流量平均资费

（数据来源：工业和信息化部通信运营业统计公报）

4. 电信普遍服务持续深化，助力脱贫攻坚乡村振兴

2018 年，财政部、工业和信息化部发布《关于深入推进电信普遍服务试点工作的通知》，进一步明确"继续深入实施电信普遍服务试点工作，加快农村及偏远地区 4G 网络建设"的总体思路。2015—2018 年，我国累计投入 500 多亿元，支持 14 万个行政村、4.7 万个贫困村信息基础设施建设，到 2018 年年底，我国已实现 98% 行政村光纤通达、95% 以上贫困村宽带网络覆盖，提前实现"十三五"目标，光纤宽带、4G 网络建设为乡村振兴、脱贫攻坚等提供了重要的基础支撑。三大基础运营企业通过加大网络部署、信息应用、产业等方面的投入，持续助力脱贫攻坚。网络扶贫在精准脱贫中发挥着越来越重要的作用。

（二）ICT 产业全球各国分工协作，我国关键技术仍有待突破

1. 中美贸易摩擦跌宕起伏，影响全球 ICT 产业发展

自 2018 年以来，中美贸易摩擦不断演变。2018 年 3 月，美国公布"301 调查"结果，宣布将对从中国进口的约 500 亿美元商品大规模加征关税，限制中国企业对美投资并购。6 月、9 月，美国分别公布了 500 亿美元和 2000 亿美元征税清单，两份清单均已经开始实施。除此以外，4 月，美国商务部再次对中兴实施出口禁令，禁止任何美国公司向中兴销售零部件、商品、软件和技术，有效时间长达 7 年。经过长达 3 个月的交涉，美国商务部与中兴达成协议，以 14 亿美元高价罚款和系列合规措施，取代禁售令。

美国征税清单涉及众多 ICT 产品。从中美贸易结构来看，美国自中国进口的产品

多集中在机电领域,占美国自中国进口总额的 50.8%,其中,ICT 产品占 35% 左右。2018 年 6 月 15 日,美国贸易代表办公室公布对华进口的约 500 亿美元商品加征 25% 关税。首份 340 亿美元清单具体主要涉及 LED、PCB、激光设备、半导体设备、被动元件和分立器件等相关信息通信产品,第二份 160 亿美元清单新增了集成电路、光纤光缆、电动汽车及零组件等,而 2000 亿美元清单中涉及更多的 ICT 产品,基站、电视等整机产品均涵盖在内。

征税影响传导至 ICT 产业链上下游。美国对我国 ICT 出口产品征收关税,直接影响从中国出口的 ICT 企业销售和生存。当前,全球产业分工协作,对我国征收关税也会在不同程度上传导到进口国、贸易相关国等各方面。**一是影响上游供应链企业**。我国出口多为整机产品,其上游大量元器件来自国外,若对整机产品征税,也必将影响上游需求。**二是影响在华外资出口企业**。在首批加征关税清单中,有 59% 的产品由跨国公司在华生产,这其中 70% 以上是美国企业在华进行的加工贸易。加征关税将直接提升这些企业的出口价格,降低产品竞争优势,进而影响其全球布局和竞争力。**三是影响消费者利益**。美国短期内若无法找到替代产品,则会将成本转嫁给消费者,因而损害消费者利益。

2. 各国 ICT 产业贸易分工协作,我国整机制造一枝独秀

全球各国要素禀赋不同,长期发展形成了不同的产业优势和贸易比较优势。结合全球主要产品和服务前五大出口国来看,欧、美等国(地区)创新强,在 ICT 服务业方面领先,其中,美国、英国、法国位居全球前三大电信服务出口国,合计出口金额占全球的比例近三分之一,爱尔兰、印度和德国计算机服务出口最多;日本、韩国、新加坡、美国等高端制造强,新加坡是全球第一大集成电路产品出口国,日本、美国、荷兰的半导体装备全球领先,占据了全球出口的三分之二;我国凭借劳动力优势,成为整机制造大国,在手机、PC 和平板等产品领域具有绝对的优势,全球 50% 以上的电子整机产品来自中国。具体出口情况如图 21 所示。

3. 整机制造优势领域增长乏力,增长动力转换迫切

我国 ICT 整机产品市场需求走弱,新技术推动增长动力加快调整。从国内来看,主要电子信息整机产品产量和出货量增长放缓,以手机为例,我国手机市场 4G 规模换机结束,智能手机在产品创新层面进入瓶颈期,既有市场换机需求动能弱化,部分竞争力不足的企业逐步退出市场,导致国内手机出货量和产量自 2017 年开始基本进入

下行通道，如图 22 所示。面对整机制造领域的增速放缓，我国原有的劳动力要素成本优势已经无法推动增长。加快利用新技术，实现增长动力的调整成为关键。如智能手机领域，以全面屏、人工智能为代表的新技术在手机产品中的应用不断成熟，国内市场手机平均屏占比大幅提升，2018 年年底超过 75%，辅助摄像、语音助手、面部识别等新应用被用户广泛接受，将引领我国智能手机市场的发展。

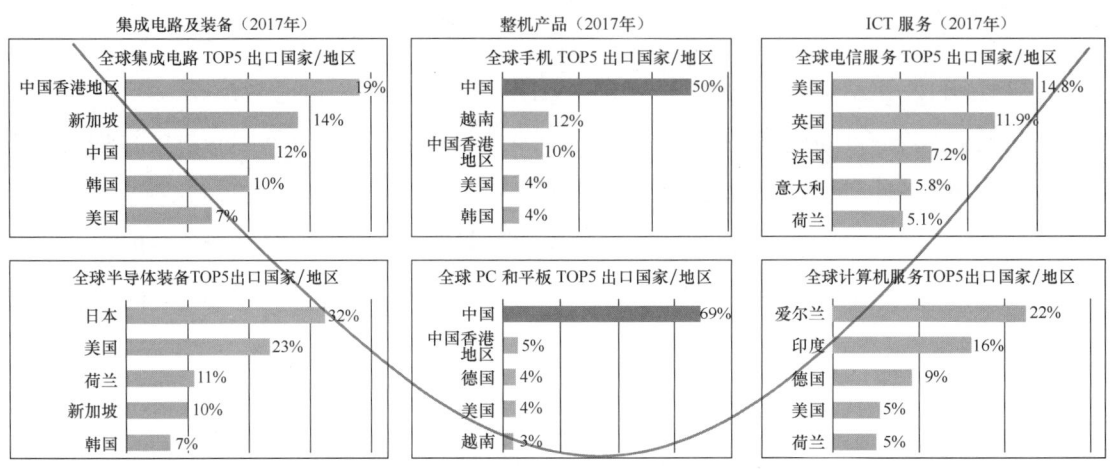

图 21　全球主要 ICT 产品和服务出口情况（数据来源：联合国贸易数据库）

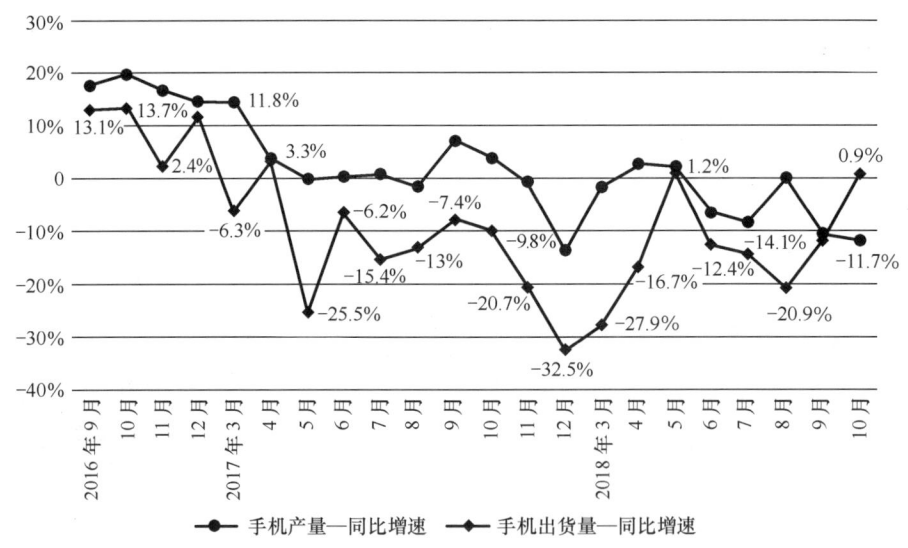

图 22　2016—2018 年我国手机产量和出货量增速变化（数据来源：中国信息通信研究院）

4. 我国上游关键技术不断取得突破，但差距仍然较大

我国整机产品的发展带动了上游关键技术水平的提升。近年来，我国 ICT 整机产品竞争力大幅提升，2018 年上半年，我国市场国产手机品牌市场份额占比超过

80%，国产服务器品牌市场份额占比超过 70%。整机产品的发展带动了上游芯片设计、制造和封测技术水平的提升，其中，2018 年上半年，华为海思、展锐跻身全球芯片设计企业排名前十，中芯国际、华虹半导体分别位居全球芯片制造企业的第五和第九位，江苏长电、天水华天、通富微电等国内企业进入芯片封测市场前十，具体见表 2。

表 2　　　　2018 上半年全球三大芯片产业环节企业市场份额情况

排名	芯片设计		芯片制造		芯片封测	
	企业	份额	企业	份额	企业	份额
1	高通	17%	台积电	56.1%	日月光	10.4%
2	博通	16%	格芯	9.0%	艾克尔	8.2%
3	英伟达	9%	联电	8.9%	江苏长电	7.1%
4	联发科	8%	三星	7.4%	矽品	5.3%
5	苹果	7%	中芯国际	5.9%	力成	4.5%
6	AMD	5%	高塔半导体	2.2%	天水华天	2.7%
7	华为海思	5%	力晶	2.2%	通富微电	2.1%
8	赛灵思	2%	世界先进	1.6%	联测	1.6%
9	迈威尔	2%	华虹半导体	1.5%	京元电	1.3%
10	展锐	2%	X-Fab	1.0%	南茂	1.1%

数据来源：中国信息通信研究院。

我国关键技术与欧、美相比仍然差距较大，有待突破。相比美、日、欧等发达国家和地区，我国核心技术发展起步晚，与国外仍有较大的差距。在数模/模数转换芯片方面，全球市场以美国为主导，我国企业技术落后一代以上；在功率放大器方面，恩智浦、英飞凌、Qorvo 等欧美企业引领市场，国内部分企业小批量出货，但性能有待提升。在高速光器件方面，以美、日企业为主，我国中低端产品基本可大批量供货，但高端市场基本空白。在服务器 CPU 方面，以英特尔、AMD、IBM 等美企为主，其中英特尔占据绝对主导地位，国内服务器 CPU 企业规模较小，仅在中低端市场有少量应用。在操作系统方面，微软 Windows 和 Intel（英特尔）形成 Wintel 联盟，在桌面操作系统领域长期处于垄断地位；安卓和 ARM 形成 AA 联盟，在手机操作系统领域占据绝大多数市场份额，而我国桌面、移动操作系统市场份额都较小。全球 ICT 关键技术领域 TOP5 企业视图如图 23 所示。

数模/模数转换芯片	功率放大器	高速光器件	服务器CPU	半导体装备	桌面操作系统
亚德诺（美国）	恩智浦（荷兰）	Finisar（美国）	英特尔（美国）	应用材料（美国）	微软（美国）
德州仪器（美国）	英飞凌（德国）	Lumentum（美国）	AMD（美国）	LAM（美国）	红帽（美国）
美信（美国）	Qorvo（美国）	Broadcom（美国）	IBM（美国）	ASML（荷兰）	IBM（美国）
凌力尔特（美国）	科锐（美国）	Sumitomo（日本）	ARM（英国）	东京电子（日本）	苹果（美国）
安森美（美国）	住友（日本）	Accelink（中国）	Marvell（美国）	科磊（美国）	HPE（美国）
美国主导，我国企业技术落后一代以上	国内部分企业小批量出货，但性能有待提升	中低端产品基本可大批量供货，高端市场基本空白	国内中低端市场具备供货能力，技术差距大	国产设备占比较低，光刻机与国外差距较大	国内产业基本空白，美企垄断市场

图 23　全球 ICT 关键技术领域 TOP5 企业视图（数据来源：中国信息通信研究院）

（三）互联网进入新一轮发展周期，企业探索突破方向

1. 新技术形成发展合力，助推新一轮发展周期来临

互联网发展正进入"多点技术融合"驱动创新阶段，技术是互联网长期周期演进的关键主导驱动力量，互联网创新体系从"单点"技术到"多点融合"技术，从单点迸发模式向体系化、集成化、融合化模式转变趋势明显，融合移动技术、新终端形态、区块链、人工智能技术交相辉映，缔造出大量高水平创新，进一步发展日益吸纳众多交叉学科领域，制造、材料、能源、生物等技术与 ICT 交叉渗透日益深化，多领域跨界融合形成了一批新技术、创造了一批新产业、形成了一批新产品，引发了更广领域、更多维度、更具系统性的生产方式创新与群体突破浪潮。特别是人工智能、区块链等新兴信息技术将形成发展合力，盘活互联网产业数据资产、挖掘数据价值，迎来数字红利新潮头，极大地完善提升网络空间的信任体系和智能程度，加快虚拟—现实空间交融进化的历史进程，引领互联网产业进入智能融合的新发展周期。

2. 互联网新模式新业态频现，冲击原有业务格局

互联网新模式新业态频现，冲击原有业务格局，特别对传统的社交、电商等互联网基础业务产生显著影响。在社交领域，以短视频为代表的创新业态快速崛起，国内外传统社交业态受到冲击，脸书、腾讯等社交巨头积极开展应对。从全球来看，抖音海外版 Tik Tok 市场影响快速飙升，冲击全球社交市场格局，脸书积极打造 Tik Tok 翻

版产品;从国内来看,2018年第一季度短视频使用时长同比增长近6%,主要切割份额来自即时通信,直接导致即时通信使用时长同比下降了4.8%。在电商领域,根据QuestMobile数据,以拼多多为代表的拼团农村电商发展迅速,用户下载量已逼近京东,活跃度超越京东和唯品会,直追淘宝,电商业务格局正经历深刻重构,见表3。

表3　　　　　　　　　　2018年7月电商应用下载次数

排名	应用名称	分发量（亿次）
1	手机淘宝	94.2
2	京东	35.6
3	拼多多	30.3
4	华为商城	29.2
5	唯品会	29.1
6	手机天猫	14.3
7	百度糯米	9.9
8	苏宁易购	8.7

数据来源：QuestMobile。

3. 跨界融合创造新蓝海空间，融合应用不断深化

企业级服务投融资活跃，互联网企业以核心应用为抓手构建企业服务，打造企业级服务生态平台，连接企业内外部和上下游，从生产端、产品端和平台端切入的三大路径切入产业互联网创新实践。**一是制造领域共享新业态规模初显**，2018年制造业产能共享市场规模将突破4900亿元。海尔公司的"海创汇"企业孵化平台全球布局20个创新创业基地，汇聚了1333家风投公司，吸引了4000多家生态资源，孵化和孕育着2200多家创客小微公司。上海明匠可按照客户需求和生产需要，打造完全自主可控和定制化的智能工厂，用户根据每年线下产品数量向明匠支付加工成本，该成本通常比用户实施智能制造前的生产成本要低30%左右。**二是中国工业互联网发展实现全球同步**。在网络侧开展探索，潍柴集团与中国电信合作，实施了基于工业光纤网络的工业互联网平台。数据采集布局逐步深入，华为梯联网解决方案助力迅达全球百万电梯的统一联网和管理。平台体系成效初显，我国已建成30余个工业互联网平台，形成了一系列创新应用，特别是在工业现场的生产过程优化、企业管理的运营决策优化、企业间协同的资源配置优化、产品全生命周期的管理服务优化方面形成了一系列典型应用场景。

4. 国内企业海外布局迎来热潮，全球化战略布局获取新流量

国内企业海外布局迎来热潮，巨头领军中国互联网企业拓展全球市场，全球化战略布局获取新流量。阿里巴巴极力推动菜鸟网络全球化与蚂蚁金服全球化，以支付为入口规模撬动海外商户和用户；腾讯聚焦游戏和社交，在印度、韩国、日本、俄罗斯、以色列等国广泛布局；百度地图目前已经覆盖全球超过 100 个国家和地区。针对全球争相抢占的印度市场，中国互联网巨头同步推进业务出海和资本出海。2017 年 12 月，GooglePlay Store 移动应用 TOP100（涵盖不同分类）App 中，中国 App 仅占 18 个，而到 2018 年年底，这一数字已经达到 44 个。众多中国中小创新互联网企业基于自身差异化定位，凭借中国本土经验优势，大举进军布局海外市场。APUS、UC 浏览器、TikTok 等实现了用户系统、浏览器、短视频、共享经济等领域业务出海，特别是中国内容型产品出海动作频频，移动出海产品进入内容型产品主导的新阶段。此外，云企业对外投资规模不断扩大，基础设施互联互通逐步升温，国际产能合作稳步推进，区域经贸安排积极构建。

三、2019 年信息通信（ICT）产业趋势展望

（一）ICT 产业规模仍将保持两位数增长，服务业占比继续提升

在数字经济保持迅猛发展态势的背景下，展望 2019 年，我国 ICT 产业收入仍将继续保持高速增长，预计将保持 11% 左右的增速，整体规模超过 27 万亿元，ICT 服务业占比将超过 40%。其中，ICT 制造业增加值仍将保持平稳增长，软件业营收增速持续提升，电信业务收入增长进入下行通道，互联网企业收入仍保持较高速度增长，如图 24 所示。

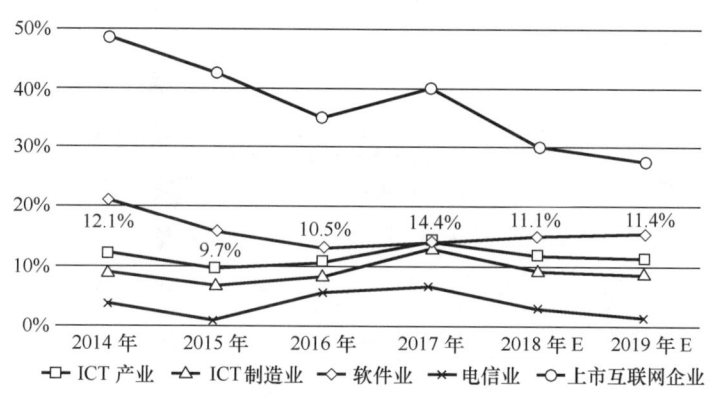

图 24　我国 ICT 产业收入增速预测

（数据来源：工业和信息化部、中国信息通信研究院、上市公司财报）

（二）电信业"提速降费"重心转换，加快供给侧结构性改革

基础电信业进入 4G 技术产业周期成熟阶段，面向公众用户的主要矛盾由"用不上、用不起"转化为"不平衡、不充分"。截至 2018 年 9 月，我国移动宽带用户普及率达 93.1%、固定宽带家庭普及率达 83.6%、50Mbit/s 以上宽带用户占比达 83.9%，行政村通光纤比例已达 96%，行政村 4G 网络覆盖率也已达到 95%，基础电信业发展过程中面临的上网资费贵、上网速率慢、城乡数字鸿沟大等"用不起、用不上"的主要

矛盾已经基本解决。但发展过程中"不平衡、不充分"的因素逐渐凸显，高质量的通信服务需求需进一步满足，行业普惠发展要求需进一步落实，国际通信基础设施建设存在短板等。未来主要矛盾的变化要求"提速降费"政策在公众用户侧的重点将由"强调降费"转向着力解决发展过程中"不平衡、不充分"的问题：面向全球领先水平，加快宽带网络演进升级；聚焦不平衡不充分，补齐宽带网络发展短板；适应人民期待需求，释放网络提速降费红利。

互联网进入产业互联网阶段，企业侧日益增长的智能网络需求与企业侧相对落后的网络供给之间的矛盾逐渐凸显。产业互联网对网络供给提出多样化、个性化、智能化的要求，而现阶段企业侧网络供给资费相对高、组网方式不灵活、智能化程度不够，网络供给短板成为影响企业数字化转型的重要因素，需要"提速降费"重心转向企业市场，促进中小企业专线/宽带费用降低，提升企业侧宽带/专线接入服务水平，支撑产业互联网蓬勃发展，促进中小企业高质量发展，助力供给侧结构性改革。

（三）物联网应用创新百花齐放，连接数将逼近移动电话用户

2019年，基础运营商将进一步完善NB-IoT网络，同时探索eMTC和LoRa等多种接入方式，基于网络接入和平台管理能力，依托物联网产业联盟和专业化运营机构，大力推进物联网在生产、行业、智慧城市、消费等领域的应用创新和产品推广，预计移动物联网终端用户规模将加速增长，2019年将达13.0亿户，如图25所示。

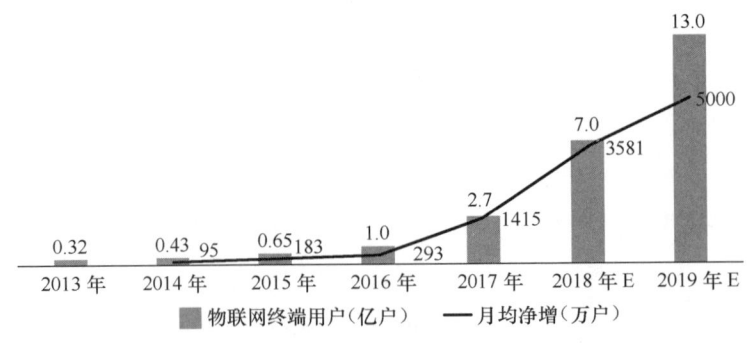

图25　物联网终端用户规模（数据来源：工业和信息化部通信运营业统计公报）

（四）互联网政企市场快速崛起，全球公有云市场将逼近 2000 亿美元

全球面向企业的互联网应用服务市场（企业 SaaS）长期保持 30% 的速度稳定增长，2019 年全年市场规模预计将超 1000 亿美元，预计 2019 年全球公有云市场将逼近 2000 亿美元，如图 26 所示。美国企业互联网发展长期引领全球，从巨头到创新企业全面进军企业互联网创新，SaaS 独角兽 Salesforces 市值突破千亿美元，谷歌、亚马逊云服务更保持高速增长，同时全力进军面向企业的新零售市场，谷歌更开始进军面向政府的智慧城市领域。

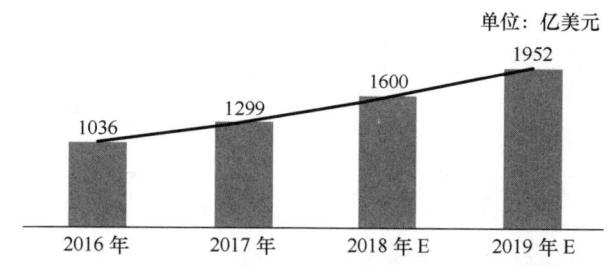

图 26　全球公有云规模（数据来源：参考 IDC 等数据进行测算）

中国互联网企业全面进军 B 端、G 端市场，百度、阿里巴巴、腾讯等领军企业大力推进架构调整与业务布局，智慧城市、工业互联网、人工智能与数据分析等成为当前互联网企业的核心着力方向，预计 2019 年企业、政府市场将成为中国互联网产业的主要增长亮点。

（五）5G 推动 ICT 制造产业升级发展，新产业环节、新应用兴起

5G 系统设备逐步成熟，将带动射频、天线、光模块等通信器件技术升级和产业需求扩张。在集成电路等基础硬件方面，5G 时代频段数量提升及海量设备连接带来滤波器和功率放大器增量明显，到 2020 年全球射频器件整体规模将达到 200 亿美元，200mm 等效的射频 SOI 晶圆出货量将超过 200 万片；同时，5G 网络架构变化以及基站规模部署将有效刺激光模块需求，预计 5G 时代我国光模块产业投资额为 1500～1700 亿元（包括无线网络和传输网）。在设备层面，Massive MIMO 技术要求天线系统具备 64T64R 或 128T128R 并搭配多组射频单元，5G 时期基站天线投资规模将远超

4G，总投资额将达到约 500 亿元规模水平。

5G 将催生微基站等新产业环节规模化发展，带动超高清、虚拟现实等产业链全面进步。一方面，5G 具有高频和低频两种频谱资源，宏基站作为低频载体是前期网络商用部署的重点，而中后期高频网络的无缝深度覆盖，将推动基站需求由宏基站向小基站转移，中小型设备厂商及 IT 设备商积极进入小基站市场，预计 2021 年全球室内小型基站市场规模将达到 18 亿美元。另一方面，5G 通过与交通、医疗、工业、文化娱乐等各个行业融合，孕育新兴信息产品和服务，产生各种 5G 行业应用，如 4K/8K 视频、虚拟现实等，将重塑传统产业发展模式，如图 27 所示。

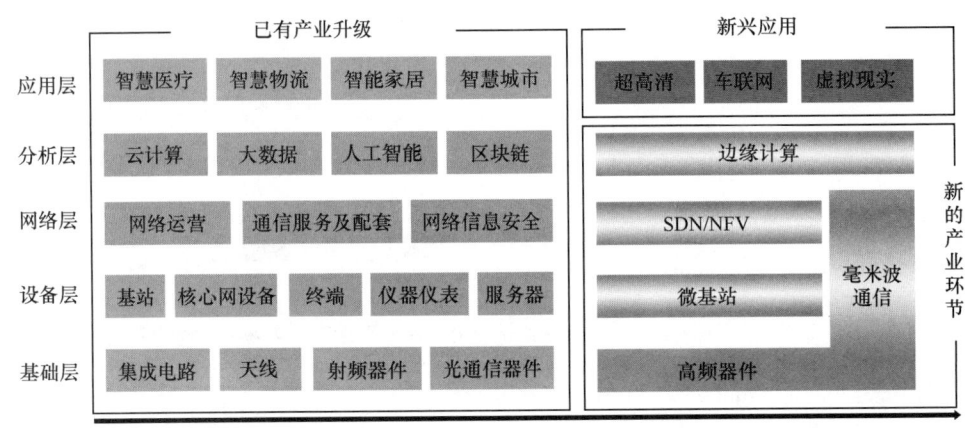

图 27　5G 带来 ICT 制造产业升级变化（数据来源：中国信息通信研究院）

（六）ICT 技术创新以数字化服务需求为核心，加速推动产业生态变革

ICT 技术创新正在围绕数字经济发展的需求，全面推动各个产业的生态发生变革，并逐渐呈现出以下四个特点。

一是产业融通化。人工智能、区块链、5G 等热点技术促进 ICT 产业链内纵向融通，同时 ICT 技术深入到产业应用，创新的活跃引发了大量投资，ICT 技术与消费、生产等多场景的深度融合，提升了效率、质量、性能，甚至开创了诸多新产业。

二是市场集中化。智能手机、通信网络设备、移动操作系统、移动 App、云计算等产业集中度逐渐增加。同时，半导体产业朝集中化方向发展，客观形成垄断。

三是开源常态化。开源已成为 ICT 领域技术突破创新的主要动能,云端、大数据、物联网、人工智能、区块链等热点技术纷纷走向开源创新的形式。但是,开源社区的成立有可能导致 ICT 技术的中立性降低,持有开源技术的垄断者存在将利益损失转嫁给下游参与者的可能。例如,欧盟认为谷歌的开源安卓系统存在垄断行为,并对其做出了 50 亿美元的处罚。谷歌的应对策略则是开始对欧盟市场上的安卓设备收取额外费用,以对冲欧盟反垄断行动影响。

四是服务数字化。在数字化时代,云计算、物联网、大数据以及人工智能等新技术的发展和应用,为传统企业进行数字化转型搭建了阶梯。而且数字化转型也带来了新的发展模式,企业在满足垂直行业的应用需求基础上,将不断提供跨领域的应用和系统整合解决方案,实现跨界创新。

(七) ICT 产业持续赋能传统行业,将拓展出新的产业边界

ICT 与行业融合催生新的产业领域。ICT 技术与汽车、工业、医疗等行业的深度融合,推动了传统行业信息化、智能化水平的提升,催生出了汽车电子、工业电子等新的应用电子产业。在汽车领域,车用芯片、传感器、车载显示的数量和功能需要大幅提升,在高出货量的支持下,屏幕厂商开始越过 Tier1 直接向整车厂供货,成为汽车制造领域的一级供应商,预计 2021 年车规级 OLED 面板出货量将超过 100 万片。在工业电子领域,工业互联网、物联网技术对工业系统中的设备都提出了新的要求,PLC、伺服、运动控制、电机、工业机器人、无人机等设备都要具有数据采集的能力,传感器、处理器和通信芯片需求量巨大,并向着智能化、网络化、数字化的方向发展。

ICT 与传统行业融合的效果正逐步显现。以人工智能、大数据、云计算为代表的信息技术正以传统产业难以比拟的增量效应、乘数效应和技术外溢效应,不断向传统制造业、服务业等领域交叉融合渗透,推动了原有产业转型升级。人工智能方面,预计 2017—2022 年人工智能在金融科技的全球市场规模复合年增长率超过 40%;预计 2018—2023 年全球智能零售市场、人工智能在教育行业的市场规模复合年增长率分别为 24% 和 47%。虚拟现实方面,根据高盛报告,到 2020 年,虚拟现实在医疗领域的营收预计将达到 12 亿美元,2025 年达到 51 亿美元,运用虚拟现实技术能够使得眼底病的早期检测准确率从 70% 提升至 90%。虚拟现实也已经成为市场营销的有效手段,

VR/AR+商贸穿衣能够营造高度沉浸、可交互的用户体验，比传统的营销推广手段更加具有新鲜感和真实感。我国具代表性的电子商务企业开始通过虚拟现实展示商品三维模型，用户停留时长可提高50%，订单转化率将提高10%。

两化融合与产业互联网篇

导 读

2018年，在消费互联网的带动下，在各项技术的助推下，在各类应用的牵引下，产业互联网取得了巨大发展。本报告从2018年两化融合与产业互联网领域发展综述、2018年两化融合与产业互联网领域热点分析、2019年两化融合与产业互联网领域趋势展望三个部分展开研究论述。

在发展综述部分，分析研究了产业互联网的系统架构，并对两化融合与产业互联网细分领域的发展情况进行了综述。**在热点分析部分**，对工业互联网平台、工业软件、数字孪生城市三个发展热点展开了研究论述，对当前所处的发展阶段、发展趋势以及产业生态等方面进行了深入分析。**在趋势展望部分**，对两化融合发展、产业互联网商业化进行了探讨；就人工智能技术、开源技术对产业互联网发展的影响进行了总结；对工业互联网、智慧能源、智慧交通等产业互联网具体应用的商业模式进行了归纳推演；对工业数据空间治理体系进行了总结和建议；就产业互联网对智慧社会的发展所起的作用进行了展望。

本篇作者：

朱敏　刘默　高艳丽　齐曙光　王峰　李海花　刘棣斐　蒋昕昊　杨希　李南
袁林　魏云峰　李尚　张育雄　李亚宁　陈丽坤　杨楠　胡碧波　娄照辉

一、2018 年两化融合与产业互联网领域发展综述

（一）产业互联网系统架构

1. 产业互联网的概念

产业互联网是从消费互联网引申出的概念，是指传统产业借力大数据、云计算、智能终端以及网络优势，提升内部效率和对外服务能力，是传统产业通过"互联网+"实现转型升级的重要路径之一。产业互联网的兴起，意味着制造、农业、能源、物流、交通、教育等诸多传统领域相继都将被互联网改变和重构，并通过互联网提高跨行业协同的效率，实现跨越式发展。

2. 产业互联网系统架构：使能技术 + 核心应用

产业互联网使能技术主要涵盖平台、网络、安全三个方面：平台是各类应用的载体，主要包括感知控制、信息管理、应用支撑；网络是系统互联和数据传输交换的支撑基础，包括数据互通、网络互联、标识解析；安全是网络和数据在产业中应用的安全保障，包括安全管理、安全运行、安全技术。产业互联网核心应用涵盖生产生活的方方面面，包括工业互联网、智慧交通、智慧医疗、智慧能源等，而这些又共同构成了智慧城市。

目前产业互联网的各项核心应用已在产业各界开展了具体的应用探索。工业互联网领域的网络化协同、个性化定制、远程运维，智慧交通领域的智能物流、无人驾驶汽车，智慧医疗领域的临床决算系统、社区医疗服务系统，智慧能源领域的能源负荷预测、能源互联网化交易等都已成为产业各界研究与发展的重点、热点。

（二）两化融合与产业互联网细分领域发展情况综述

1. 新型网络技术逐步成熟，构建产业互联网连接基础

新型网络技术准备较为充分。在网络信息革命的浪潮下，以 5G、OPC UA 及 TSN

等为代表的新型网络技术不断发展。**标准规范方面**，5G非独立组网NR标准与NR独立组网功能相继完成，预示着5G第一阶段全功能标准化工作结束。IEEE 802.1成立了实时工作组，TSN标准研制工作不断推进。**应用测试方面**，垂直领域5G芯片快速发展：高通推出5G车联网芯片9150C-V2X、华为推出工业物联5G模块与车载盒子，相应的工业测试也在持续展开中。TSN在车载以太网领域率先实现应用。华为联合工业互联网产业联盟（AII）、Avnu联盟、边缘计算产业联盟（ECC）、Fraunhofer FOKUS、美国国家仪器（NI）、施耐德电气、贝加莱（B&R）等超过20家国际组织和业界知名厂商发布了工业互联网六大场景的TSN＋OPC UA测试床。

新型技术为各领域实际问题提供明确解决方案。新型网络技术的高可靠、低时延、高精度等特点能够有效解决各领域的实际问题。**工业互联网领域**，5G支持接入网络更多、密度更大，可以为关键任务型的服务提供保障能力，能满足工业数据采集的低时延和高可靠性等网络通信需求，可保证工业数据实时采集和上传，从而实现对生产过程的实时监控。**车联网领域**，面向数据同传与控制要求，5G的高带宽、高峰值速率等能够为LTE-V2X带来质的提升，TSN高度的灵活性与高带宽等性能使其将成为未来L4级无人驾驶系统的核心技术。**智能医疗领域**，高带宽、长距离实时性传输问题能够得到有效解决。通过低时延的5G网络进行远程B超触感回传，即可将远程患者的图像、彩超画面快速传递到远程医生端，还可通过5G远程机械臂实现几乎零时延的远程手术。

未来产业规模可期。新型网络技术能够极大地促进产业发展，有望开启万亿级规模市场。以5G为例，据《5G时代十大应用场景白皮书》预测，从2022年到2026年，5G工业物联网的平均年复合增长率（CAGR）将达到464%；据高通公司报告，5G将为汽车产业及其供应链和客户创造超过2.4万亿美元的总经济产出——几乎占预期5G全球经济影响的五分之一；而中国医院信息系统（HIS）市场报告显示，2035年，5G能实现的医疗服务产业产值将达1.1万亿美元。

2. 产业互联网平台构建技术成熟，支持应用快速开发部署

平台构建技术发展成熟。各关键环节关键技术的不断发展，为产业互联网平台的构建提供了有力支撑。**边缘方面**，以EdgeX Foundry为代表的边缘计算框架和以K8S为代表的开源容器编排引擎成为设备管理和应用开发的关键中间件，开源成为发展热点。**基础设施方面**，Cloud Foundry、Docker、OpenShift等云计算基础设施的计算体

系与关键技术快速成熟。**数据处理与分析方面**,以 Hadoop 为代表的批处理框架,以 Samza、Storm 为代表的流处理框架和 Spark、Flink 等混合处理框架加速走向成熟,并逐步与平台融合,成为平台的必备能力之一。

平台的核心能力不断强化。依托成熟的产业互联网构建技术,平台的核心能力得到增强。**一是低成本、高可靠的基础设施构建能力**,西门子 MindSphere、根云 Rootcloud 等主流平台均采用开源的 Cloud Foundry 架构作为基础框架。**二是数据的有效建模分析能力**,浪潮基于 Hadoop 为车联网大数据平台提供涵盖实时、近时和离线计算能力的数据服务。**三是新业务需求的快速开发部署能力**,IBM Bluemix 平台推出了用于微服务开发的软件工具,可满足新功能要求,降低部署和运维应用程序的难度。

市场规模有望实现爆发式增长。产业互联网有助于传统产业的连接、重构,实现实体产业生产优化、效率提升,在成熟技术与应用需求的推动下,产业互联网的市场规模十分乐观。据 TMR 报告预测,全球车联网市场不断增长,2019 年或达 1319 亿美元。Technavio 报告和 Market Research Engine 分别显示,2020 年全球工业物联网市场规模可达 1320 亿美元,2022 年全球工业物联网市场预计将超过 1760 亿美元。埃森哲研究报告则预测,2020 年我国能源互联网的总市场规模将超过 9400 亿美元,全球能源互联网市场规模将达 50 000 亿美元。

3. 安全技术与信息技术走向融合,解决方案不断涌现

安全技术与人工智能、区块链等信息技术加速融合,提升安全防护能力。一是态势感知和人工智能的融合,主要通过海量的安全数据与深度学习算法来训练相应的智能识别模型,通过模型自动识别出安全问题,从而提升态势感知系统对于攻击行为的发现、溯源、预判能力。二是人工智能与恶意行为检测的融合,主要通过模式识别算法,基于规则、算法、特征等方式来构建能够实现恶意行为检测的模型与系统,从而提升恶意行为特别是恶意代码变种检测的准确性。三是终端身份认证和区块链的融合,主要是通过去密钥、分布式等区块链技术保护终端身份信息的安全性、可控性和可移植性,从而提升终端安全认证体系的稳定性。

安全防护应用不断成熟,安全解决方案不断涌现。例如,在工业互联网方面,蓝盾推出了基于人工智能的工业互联网态势感知平台,其中融合了 AI 引擎,具备强大的智能分析、深度学习和决策进化能力,能从全局视角提升对各种安全威胁的发现识别、

理解分析、响应处置能力。以色列 CyberX 推出了 ICS 攻击途径预测方案，能够预测可能的攻击途径，并帮助制造、制药、化学和石油天然气等行业的组织机构防止黑客入侵。在车联网方面，CarBlock 为汽车厂商提供基于区块链加密与证书的数据访问和授权解决方案，可帮助车主用自己的密钥来管理和授权第三方。

4. 工业互联网：政策落地推进，加快应用探索

工业互联网政策体系逐步完善。由国务院印发的《关于深化"互联网+先进制造业"发展工业互联网的指导意见》，着眼全球工业互联网发展共性需求和我国亟须弥补的主要短板，围绕打造网络、平台、安全三大体系，推进大型企业集成创新和中小企业应用普及两类应用，构筑产业、生态、国际化三大支撑，提出了工业互联网发展的七项主要任务。成立了工业互联网战略咨询专家委员会和工业互联网专项工作组，研究讨论工业互联网发展重大事项，并给予政策引领，印发《工业互联网发展行动计划（2018—2020 年）》。在网络、平台、安全三大领域推出《工业互联网网络化改造实施指南》《工业互联网平台建设及推广指南》《工业互联网平台评价方法》《工业互联网 App 培育工程实施方案（2018—2020 年）》《关于加强工业互联网安全工作的指导意见（征求意见稿）》等一系列政策。

此外，各地方也加快推进工业互联网政策落地。上海、广东、江苏、浙江、重庆、山东、安徽、福建、贵州、山西、甘肃、湖北、河北、天津等地都已推出工业互联网行动计划、实施方案或工程。

创新工程/试点示范推动技术与应用落地。为把握高质量发展的根本要求，加快推进工业互联网创新发展，2018 年工业互联网创新发展工程共支持 91 个项目，比市场预期涵盖范围更广，围绕工业互联网网络、工业互联网标识解析、工业互联网平台、工业互联网安全四个方面，依靠信息技术创新驱动，不断催生新产业新业态新模式，用新动能推动创新发展。

根据工业和信息化部印发的《关于开展 2018 年工业互联网试点示范项目推荐的通知》，围绕工业互联网网络、标识解析、平台和安全四个方向，遴选出 17 个网络化改造集成创新应用试点示范项目、7 个标识解析集成创新应用试点示范项目、40 个平台集成创新应用试点示范项目和 8 个安全集成创新应用试点示范项目，涵盖了钢铁、汽车、水泥、石油化工、纺织服装、液态奶等多个领域。通过试点先行、示范引领，总结推广可复制的经验、做法，推进工业互联网发展。

5. 工业互联网：应用场景相对聚焦，垂直领域各具特色

应用集中于资产性能优化与生产运营分析。 当前工业互联网应用场景主要有安全管理优化、产业链协同、运营管理优化、生产过程优化和资产管理优化五个方面，由单一层次向多层次转变，涵盖设备、工艺、产品、管理、流程、产业、资源等方方面面。其中，资产管理优化占比最重，约占51%，包括可制造性预测、产品溯源、产品全生命周期管理、远程运维、设备预测性维护、性能监控诊断；安全管理优化占比约为1%；产业链协同占比约为12%，包括制造能力交易、大规模定制、供应链协同、协同制造；运营管理优化占比约为15%，包括管控一体化、供应链/客户管理、企业运营可视化；生产过程优化占比约为21%，包括敏捷制造、能效管理、质量管理优化、制造工艺优化、生产过程可视化。基于工业互联网的优化集中于状态可视化与监测层面（约占43%），数据深层次优化应用尚待开发[1]。

垂直领域实施聚焦高价值装备行业。 从当前工业互联网应用行业广度来看，已涉及能源、装备制造、工程机械、汽车、钢铁、家电、食品等多种行业；从深度来看，在垂直行业中，应用场景分布不尽相同，各具特色。在能源领域，主要以设备运行性能优化、全场设备绩效实时监测和基于故障模型的自动诊断为主，例如火电风电设备的监测管理与诊断。在工程机械领域中，主要以"产品混装+流水模式"、产品全生命周期管理及端到端流程打通为主，例如工程机械UBI保险。在钢铁领域，主要以现场数据采集与边缘管控、复杂设备性能管理、钢铁供应链上下游协同为主，例如宝钢汽车板与整车厂供应链协同。

6. 智慧能源：推动能源全周期智能升级

智慧电厂成为发电侧的当前热点。 随着大数据、云计算、物联网等信息技术向发电企业渗透，智慧电厂逐渐成为发电企业实现高效、清洁、安全发电的关键手段。例如，神华北京热电将电站全生命周期的信息、数据同三维模型相结合，强化了设备信息的规范管理和设备隐患的实时监管，并搭建覆盖全厂业务的一站式智能工作台，实现"一键启停、无人值守、全员值班"的自动智能控制。大唐泰州热电打造的智慧电厂主要以三维建模、大数据、人员定位作为基础，通过一体化云平台覆盖全部业务管理，能够使污染瞬时排放量远低于政府环保要求。

---

[1] 数据来源：中国信息通信研究院。

输配电智能化成为输配侧的主流趋势。随着电力改革的不断深化，输配电智能化已成为对配电网实时监控、实现故障预警、分析和决策、达到自我预防和恢复的重要途径。例如，施耐德推出 EcoStruxure Power 配电平台，提供从连接、收集到分析、行动的闭环智能配电新架构，覆盖配电管理链的各个环节，能有效提升用户运营效率和能源效率。ABB 推出 ABB Ability™ 配电控制系统芯——Vision，能够基于云架构对输配电设备进行监测、优化和控制，能有效提升整个电气系统的稳定性。

平台化管理助力用电侧的用电优化。目前结合先进的大数据处理、数据分析等相关技术的用电优化平台产品既能满足海量数据处理的需求，又能满足用电优化的业务需求，正成为促进用电侧智能优化的关键工具。例如，博耳电力智慧能源管理平台通过对用电负荷情况的实时监测，可提醒用户错峰生产，并能够对企业的配电设备进行故障预警。协鑫智慧能源电力需求精细化管理平台能够通过大数据分析，为用电用户制定电能管理方案，以降低高峰负荷，实现智慧用电，获得需求响应资金补贴。

7. 智慧医疗：覆盖三类主体，应用不断深化

面向用户的健康终端应用由简单监测向研究治疗深化。为实时监测健康信息，可穿戴设备目前在医疗领域已被广泛应用，Gartner 数据显示，2018 年全球医疗物联网设备连接数预计将达到 1.12 亿台。值得关注的是，健康终端应用正由简单监测向研究治疗进一步深化，通过将实时获取的用户生理信号数据基于网络传输到医疗机构，实现健康终端在医学监护与研究方面的深度应用。例如，Apple Watch 应用在自闭症、帕金森症等疾病的监测与研究中，为用户提供了更加全面、灵活的诊疗方式。同时，可植入式设备正逐渐发展，具有通信功能的微型可植入式设备将实现临床应用。

针对医生的人工智能辅助医疗诊断，由概念走向商用。人工智能医疗辅助诊断正式走向商用。通过对基因序列、影像图片等进行深度的数据分析，有效节省了临床常规病理诊断方法需要的大量人力、时间成本，诊断水平不断提升，向精准化和智能化方向迈进。2018 年，有近 20 家公司的 AI 医疗工具拿到了美国食品药品监督管理局（FDA）的许可，如 FDA 于 4 月批准了首个用于检测糖尿病视网膜病变轻微程度的自主 AI 诊断产品 IDx-DR。又如初创公司 Zebra Medical Vision 提供了利用深度学习优化医疗影像判读的解决方案，20 分钟便可得到分析报告，已经应用于 150 多家医疗机构。

在医院侧，基于平台管理医疗信息，普及度不断提升。当前，借助平台优化医疗服务模式、提升医疗资源使用效率、提高救治和服务水平已成为推动智慧医疗高速发

展的重要手段。医疗服务平台正加快普及,如杭州市智慧医疗活跃用户超过 800 万户,建设了连接所有市属医院的区域健康信息平台;北京医院互联网医疗服务平台(互联网医院)于 2018 年 9 月正式上线,加强了远程诊断、全生命周期健康档案管理等服务水平。

8. 智慧交通:发展进入新阶段,支撑体系不断完善

自动驾驶、车联网与智慧交通管控进展迅速,商业应用进入探索期。自动驾驶将全面进入 L4 阶段,并逐步走向商业化。特斯拉在售的汽车目前可提供"增强版自动辅助驾驶"选装包,能实现 L2~L3 级自动驾驶;百度 L4 级无人驾驶汽车已经实现量产化,目前能在封闭场地运行;通用 L4 级自动驾驶汽车预计能在 2019 年实现量产并能在开放场地运行。**车联网处于第二阶段的探索发展期。**"车联网安全预警+局部自动驾驶"是目前各大汽车厂商和互联网巨头研发的热点,将成为主流应用。当前正在探索 LTE-V2X 或 802.11p、5G 等通信技术和智能化的汽车电子系统应用,将共同推动车联网向"全联网+全自动驾驶"迈进。**智慧交通管控已进入应用部署阶段。**智慧交通管控应用部署已从分析运行态势走向调配交通资源、修正运行缺陷。阿里巴巴在杭州市萧山区打造了一个"交通小脑",用于实现对特种车辆的优先调度、在线信号控制优化、重点车辆精准管控和异常事件主动感知。

三大系统不断完善,探索路径逐步清晰。车联网的发展支撑智慧交通管控、自动驾驶系统应用的进一步提升。车联网方面,V2X 无线通信技术是未来技术创新、产业培育和交通运输服务变革的重要方向。目前主流的 V2X 无线通信技术有 IEEE 802.11p 和 LTE-V2X 两条路线。IEEE 802.11p 技术注重严格可靠,恩智浦、Autotalk 等芯片公司已开发 802.11p 商用芯片,CohdaWireless、Savari 等已可以提供车载单元(On Board Unit,OBU)设备和路侧单元(Road Side Unit,RSU)设备。LTE-V2X 技术注重高效传输,目前大唐可对外提供 DMD31 商用模组,华为可对外提供商用 Balong765 芯片组,高通可对外提供 9150 芯片组;与此同时,华为、大唐、星云互联、东软、万集、金溢、千方科技、华砺智行、Savari、中国移动等公司基于商用模组和芯片已经可以提供 OBU 和 RSU 设备。**智慧交通管控方面,IT 企业通过"平台+应用"占据市场。**阿里巴巴主要通过"交通小脑"+交通组织、信号控制等应用组合开拓市场;百度通过"交通大脑"+百度地图开展相关业务;腾讯通过"天眼交通平台"+各类地图应用与各地方开展合作。自动驾驶系统的发展呈现两类模式:一类是以特斯拉为代表的"影子学习"模式,主要通过收集实际数据并学习客户驾驶模式;另一类是以谷歌为代表

的"计算模拟"模式,主要依靠强大的模拟仿真算法。

9. 数字孪生城市:概念和技术逐步成熟,国内外开展应用探索

数字孪生城市是数字城市发展的高级阶段,是新型智慧城市实现的亮点。数字孪生城市是指在网络数字空间再造一个与现实物理城市匹配的数字城市,通过构建物理城市与数字城市一一对应、协同交互、智能操控的复杂巨系统,使数字城市与物理城市平行运转,通过虚拟服务现实、数据驱动治理、智能定义一切等运行机制,实现城市全要素数字化和虚拟化、全状态实时化和可视化、城市运行管理协同化和智能化,形成物理维度上的实体世界和信息维度上的虚拟世界同生共存、虚实交融的城市发展新模式。数字孪生城市的技术核心主要包括模型构建、数据驱动、应用支撑三个方面,具体可分为:数字孪生城市模型、城市数据资产管理系统、城市操作系统。数字孪生城市模型主要强化态势实时感知和数据动态更新的能力,城市数据资产管理系统强化数据汇聚分析能力,城市操作系统强化应用服务能力。

涌现出了一批解决方案供应商。西门子可提供城市数据管理解决方案,通过西门子 MindSphere 开放平台提供城市传感网络设备管理、数据交换、数据融合等服务。达索系统可提供城市 3D 建模解决方案,通过 3DEXPERIENCE 平台创建全面的城市虚拟模型,为可持续性城市的数据、流程和人员管理提供统一的数字环境,供城市规划人员对设想进行数字化研究和测试。荷兰 SIM-CI 公司可提供城市事故灾难仿真解决方案,通过提供模拟平台和服务,可在安全的数字环境中预测和模拟事故和灾难情景,助力创建一个更具可持续性和恢复力的社会。

在国内外城市得到广泛应用。近年来,随着数字孪生城市技术的不断成熟,其在国内外的应用逐渐增多。新加坡政府与达索系统、西门子等多家公司合作,完全依照真实物理世界中的新加坡,创建孪生城市数字模型,实现真实世界与虚拟世界的精准映射,广泛应用于城市环境模拟仿真、城市服务分析、城市规划与管理决策、科学研究等领域。法国雷恩与达索系统公司合作,构建城市 3D 模型,用于城市规划、决策、管理和服务市民,通过强化交通等服务协同,优化城市生活品质。雄安新区利用数字孪生技术,实现数字城市与物理城市同步规划同步建设,以高度智能化替代传统的网络化管理,引发城市智能化管理和服务模式的重大颠覆式创新。北京城市副中心打造基于数字孪生的"规管建"一体化大数据平台,把城市规划、建设、管理统一在三维城市信息模型上,实现基于大数据的城市空间治理。

二、2018年两化融合与产业互联网领域热点分析

（一）工业互联网平台发展持续深化，进入务实落地新阶段

1. 全球工业互联网平台发展的"三足鼎立"格局日渐清晰

全球工业互联网平台产业加速发展。 云计算、大数据、人工智能等先进信息技术带动制造业集中监控、预测运维、质量优化等智能化应用日渐普及，驱动工业互联网平台市场规模呈现高速增长态势。研究机构MarketsandMarkets统计数据显示，2017年全球工业互联网平台市场规模为25.7亿美元，2018年增长至大约32.7亿美元，预计2023年整个市场规模有望达到138.2亿美元，预期年均复合增长率高达33.4%，如图1所示。值得一提的是，在整个工业互联网平台市场中，面向设备管理的平台发展较为成熟，目前占据最大市场份额。

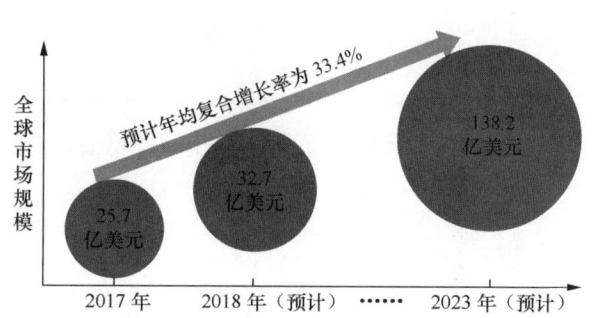

图1 全球工业互联网平台市场规模

（数据来源：MarketsandMarkets）

美、欧、亚是全球工业互联网平台市场的主要贡献者。 受益于通用电气（GE）公司、PTC、罗克韦尔、IBM、微软等诸多领军企业的带动，以及前沿技术创新活跃，美国当前的平台发展具有显著优势，并预计将在一段时间内保持其市场主导地位。随着西门子、ABB、博世、施耐德、SAP等欧洲工业巨头投入力度的不断加大，欧洲立足其全球领先制造业基础在平台领域进展迅速，成为美国当前主要的竞争对手。此外，中国和印度等新兴经济体的工业化需求持续促进亚太地区工业互联网平台发展，因此亚洲市场增速最快且未来有望成为最大市场。

2. 行业巨头布局更加积极，初创企业表现更加活跃

领先行业巨头围绕工业互联网平台布局的积极性显著提高。一方面，**平台发展速度加快且更加务实：** 一是进一步聚焦数字化业务，西门子公司2017年数字化业务收

入超过 140 亿欧元，在其发布的《公司愿景 2020+》战略中宣布将数字化工业作为未来三大运营方向之一。**二是持续强化行业服务能力**，微软 Azure IoT 平台不断丰富远程设备监控、预测性维护、工厂联网与可视化等功能，通过数据采集分析为英国罗罗公司提供发动机远程运维解决方案。**三是积极调整发展策略**，通用电气公司将数字集团业务重组为以 Predix 平台和工业软件为核心的独立运营公司，持续推进数字化领导地位。另一方面，**针对平台的资本投入力度持续加大：一是通过投资并购获取关键技术能力**，西门子公司拟花费 6 亿美元并购低代码应用开发平台 Mendix，以降低西门子 MindSphere 平台中应用软件的开发门槛。**二是利用资本合作实现共同发展**，罗克韦尔向 PTC 注入 10 亿美元的股权投资，收购 PTC 约 8.4% 的股份，用于实现平台能力的互补和业务的协同发展。

工业互联网平台领域的创新企业表现日益活跃。一是技术创新企业不断涌现，位于美国旧金山的 Particle 公司推出工业互联网硬件、软件及连接平台，帮助企业跟踪和管理有价值资产，全球已有 8500 家公司使用其产品；北安普顿初创公司 MachineMetrics 提供实时分析软件，用机器学习算法进行数控机床数据分析，提供运维建议。**二是优秀的初创企业也得到了资本市场的青睐**，2014 年成立的 Uptake 公司在短短四年间就获取了超过 2.5 亿美元的融资，市场估值高达 23 亿美元。提供边缘智能软件的 FogHorn 公司目前累计融资 4750 万美元，仅 2017 年 B 轮融资就高达 3000 万美元。

3. 技术提升与应用普及协同发力，全面推动平台做深做实

平台企业聚焦核心服务需求，提升平台技术能力。一是关注工业现场实施应用，推出边缘解决方案。例如，微软推出开源 Azure IoT Edge 边缘平台，基于云的分析和业务逻辑迁移到边缘；与高通基于此平台共同创建边缘侧的全新视觉 AI 解决方案。**二是提高平台应用开发效率，聚焦微服务、低代码开发等技术**。例如，西门子将在其 MindSphere 平台中引入 Mendix 低代码技术，预计工业 App 的开发部署时间可缩短至原来的 1/10。**三是支撑用户深度数据挖掘，夯实数据分析能力**。例如，PTC 公司推出 Analytics Manager 大数据分析管理工具，可将外部分析工具与模型集成至 ThingWorx 平台。**四是提升行业解决方案供给能力，整合专业技术与行业知识**。例如，施耐德借助 EcoStruxure 平台，汇聚了超过 4000 家工业系统集成商的行业知识，形成了各类工业 App 创新应用及解决方案。

平台建设与应用协同推进。 在平台建设方面，**领先平台能力建设和商业推广进展显著**，其在连接管理的资产、提供的解决方案数量、吸引的行业客户以及入驻平台的开发者等方面都有较大进步。PTC 的 ThingWorx 平台当前已经具备了 600 多个工业 App，每周有 1000 多个客户使用，形成了 380 多个生态合作伙伴。EcoStruxure 平台部署在全球超过 48 万个安装现场，得到了超过 20 000 名开发者和系统集成商的支持，管理着超过 160 万份的资产。ABB 公司的 ABB Ability 平台目前已经汇聚了 210 多个数字化解决方案。在平台应用方面，**覆盖范围向新行业拓展，应用深度迈向新阶段**。平台服务的客户对象从石化、汽车、电子等传统应用领域延伸至食品、建材等新兴应用领域，食品公司 King's Hawaiian 将机器连接到罗克韦尔 FactoryTalk 平台进行性能监控，帮助其每天额外生产 18 万磅面包，产量增加了一倍。基于平台的数据分析更加深入，已经从基础的实时状态监控转向更加深入的分析预测。SAP 为全球最大空气压缩系统供应商凯撒提供预测性维护及服务解决方案，能够对系统故障进行识别、隔离，并对部分故障实现预测，可帮助客户进行主动维护。

4. 国内平台发展迅猛，但仍需进一步打磨硬实力

总体来看，**我国工业互联网平台处于高速发展阶段。一是工业互联网平台数量呈现爆发式增长**。根据中国信息通信研究院的调研统计，截至 2018 年 3 月，我国已有 269 个具备工业互联网平台部分或全部特征的平台类产品。其中，具备完整功能且拥有一定产业影响力的工业互联网平台数量也已经超过 50 个，例如航天云网 INDICS 平台、树根根云平台、海尔 COSMO 平台、徐工信息汉云平台等。**二是平台应用日渐繁荣，模式创新活跃**。制造企业、设备提供商、工业软件企业、信息通信企业四类主体成为国内平台建设的主导者，形成了与国际相似的发展模式。其中，制造企业构建平台实现生产运营优化，例如海尔将自身的家电产品规模化个性定制生产经验转化为平台服务，实现个性化生产模式在其他行业的快速复制推广；设备提供商构建平台输出设备管理服务，例如沈阳机床基于 i5 智能机床打造 iSESOL 平台，提供远程诊断、质量追溯等设备运维管理服务以及金融保险等增值服务；工业软件企业构建平台拓展业务能力，例如索为面向知识自动化和工业技术软件化推出 SYSWARE 平台，提供工程研发和制造解决方案；信息通信企业构建平台赋能工业转型，例如华为 OceanConnect IoT 平台提供数据分析、规则引擎、业务编排等能力，支撑工业企业构筑智能解决方案。此外，基于平台对工业数据的汇聚和分析，**我国也形成了一些独具特色的应用模式创新**，例如宁波易联汇商构建生意帮平台，汇聚中小微企业制造资源，通过分解订

单、管控质量打造协同众包制造新模式。

但需要清醒地认识到，**我国工业互联网平台的核心能力与生态建设仍显不足**。根据工业互联网产业联盟对 168 家平台产业相关企业的资料征集和能力分析，在平台能力水平建设方面，168 家企业中有超过 80% 的企业支持设备协议种类不足 20 个，83% 的企业提供分析工具不足 20 个，68% 的企业积累形成的机理模型不足 20 个，还有 54% 的企业提供少于 20 个工业微服务；在平台开发生态建设方面，168 家企业中超过 52% 的企业目前汇聚的第三方平台开发者数量不足 100 个，还有部分平台尚未开展开发者社区建设，与开发者数量已经达到 5 万个的国际领先平台存在巨大差距。

（二）工业软件持续迭代创新，产业生态日益活跃

1. 新一代信息技术与新型软件架构正在推动工业软件变革

工业软件新功能不断涌现。工业软件与制造业各环节高速融合，不断推动工业软件创新发展，软件功能得到极大的丰富。**一是**工业软件在预测性维护领域快速发展，预计 2022 年预测性维护软件市场规模将达到百亿美元级别；**二是**康耐视、维视图像、凌云光、西门子等各类视觉系统企业纷纷布局智能图像检测软件，将触角延伸到生产现场优化实现产品智能检测分析。

工业软件传统功能不断升级。随着工业软件应用服务功能日益纷繁复杂，传统软件的性能不断提升。经营管理软件方面，SAP、ORACLE、SALESFORCE、金蝶、用友等企业通过模块化手段对软件进行解耦，实现软件的低成本推广；仿真软件方面，达索、ANSYS、MSC 等企业使软件计算单元的复杂度及规模呈指数级增长；生产监控软件方面，西门子、GE、亚控科技等企业可使软件接入百万量级数据点。

数据科学与模型化技术的深度运用，以及工业软件形态的改变共同推动工业软件变革。新一代信息技术与新型软件架构的高速发展，强有力地驱动了工业软件变革。**一是数据科学与模型化技术的深度运用**，深度学习、知识图谱、模型化等技术开始全面渗透于研发设计、经营管理、生产管控等生产过程的各个环节，支持工业软件新功能不断涌现。**二是工业软件形态的改变**，工业软件架构从由传统的单体 C/S 架构、MVC 架构向分布式、云化方向的 SOA 架构、微服务架构快速演进，呈现出"高内聚 + 低耦合"的特征，支撑工业软件传统功能不断升级。

2. 数据科学与模型化技术赋能新型工业软件

建模仿真技术加速推动工业软件数据功能整合，实现虚实协同。数字孪生技术可以将工业软件从单一产品的数据管理和静态虚拟样机，发展为面向产品全生命周期或者生产制造车间的数据管理和动态虚拟映射，基于这一优势使工业软件的数字孪生功能延伸至研发设计、经营管理、生产控制各环节。研发设计类软件方面，PTC 与 ANSYS 利用软件仿真出电机和泵系统的数字孪生体，实现对产品性能数据的动态查询；经营管理类软件方面，西门子利用软件进行工厂设计规划，优化产线布局，实现对实际生产的仿真预测与产线规划的优化调整；生产控制类软件方面，GE 与 ANSYS 公司建立 GE9X 发动机数字孪生体，实现轴承故障提前 15～30 天预测，一级叶片节省维护费达到 4400 万美元。

深度学习为各类工业软件提供了解决问题的全新思路。基于海量训练数据和强大的计算力，深度学习通过关系模型及相关映射关系提升数据分析深度，拓展了工业软件解决问题的思路，并完成了向全链条工业软件功能的渗透。深度学习对工业软件的数据分析深度提升体现在生产过程的各个环节，工业软件在研发设计环节基于深度学习实现设计参数优化，在生产制造环节基于深度学习实现制造参数优化，在质量管控环节基于深度学习实现视觉识别，在供应链管理环节基于深度学习实现库存优化、路线规划，在应用维护环节基于深度学习可实现预测性维护。如 IBM 用预测模型和数据集成模块构建工业 App，为普惠公司的发动机提供维护服务，空中停机预警准确率达到 97%。

知识图谱通过打破数据隔离，加速工业知识沉淀。知识图谱对工业生产各环节的多元异构原始数据进行抽取从而构建出不同的实体和关系，通过图的方式进行结构化存储，将不同领域的知识融合沉淀。**一是提升工业软件开发中的数据分析效率**，谷歌利用知识图谱构建了一个错误预测系统，用于监控工业软件的代码存储库、项目管理工具以及错误报告等，实现对工业软件代码错误的有效预测。**二是增强工业软件的数据自服务能力**，大数据公司 Palantir 与空客合作 Skywise，利用知识图谱对备件消耗、零件数据、机载传感器数据进行建模融合，形成对外分析、利用、查询等功能，完成对空客公司飞机零部件的分析管理。

3. 新兴软件架构推动工业软件向更快、更通用、更敏捷发展

云计算让软件性能更优。云计算为软件开发提供了低成本、即时、无限的基础

设施资源，其灵活性、敏捷性、高可用性可以满足工业软件应对现代业务需求快速变化的挑战，实现更优的软件性能。一方面，云计算可以实现软件功能的灵活裁剪与升级，SAP 通过构建统一云平台 SAP S4 HANA，实现了工业软件的应用快速部署与灵活组合，以及计算资源的灵活合理配置。另一方面，云计算可以有效提升软件运行效率，ANSYS 携手领先的云服务提供商 Amazon 推出安全的企业级工程仿真解决方案 ANSYS Enterprise Cloud，打造基于云端的一站式工程仿真环境，大幅缩短仿真运行时间，提升跨工程数据传输效率。

容器让计算架构更通用。容器技术简化了硬件资源配置的复杂性，将容器技术引入计算架构构建敏捷的开发能力。**一是优化开发工具**，通过容器技术推动代码和组件的重用，微软基于开源容器部署系统 Kubernetes 实现了应用程序的缩放和运行，ORACLE 应用容器技术推出容器构建工具 Smith 和调试工具 Crashcart。**二是形成新的开发理念**，DevOps 实现开发、测试、运维的跨地域协同和同步迭代，阿里云落地 DevOps 实践，为工业软件提供一站式研发平台，提升软件开发效率与协同力。

低代码让软件开发更敏捷。低代码具有组件化、服务化、可视化等一系列优点，使传统的代码编写方式向低代码开发模式转变。组件化可将单个业务系统拆分为多个可以独立开发、设计、运行和维护的组件，以提升软件开发速度。PTC 基于 ThingWorx 提供微服务开发平台，实现全球协同开发、共享应用组件，并支持他人创建的应用组件甚至租用开发资源，无代码化开发使软件开发效率提升了 5～10 倍。可视化利用图形拖拽的开发方式降低了对开发人员编程基础、开发经验的要求，使其可以专注于功能设计，从而降低了应用开发的门槛。西门子以 6 亿欧元收购低代码应用开发领域的 mendix 公司，将编程和部署应用的速度提升最高达 10 倍。

4. 新型商业模式与销售通道正在逐步成形

高安全性要求的工业软件仍以永久许可为主。PTC 对于确保边缘层的数据采集和分析安全性的 Kepware，2019 年后仍保留永久许可模式；IC 芯片仿真高安全性要求和垄断全球 EDA 市场份额等因素，使得 EDA 软件仍以永久许可商业模式为主。

订阅模式从众多盈利模式中脱颖而出。订阅模式的经济性已获市场认可。订阅模式具备后发优势，如订阅版 AutoCAD 前 5 年的收益会低于永久 License+ 维护费用，但第 6 年后将体现出优势；市场认可度持续提升，如 Autodesk 在订阅模式初期全年亏损达 6 亿美元，但后续市场认可度不断提升。**订阅模式已逐步成为主流厂商的第一选**

择。西门子 SolidEdge CAD 新增按月订阅模式；Autodesk CAD 不再销售 License，只支持订阅方式；PTC 全球 70% 以上的业务通过订阅模式完成。

应用商店作为一种新型销售通道仍在探索中。一些主流厂商开始推出少量应用。PTC 在 iOS 上发布了包括 2D CAD 等功能的 7 款工业 App；GE 推出了 SDK（软件开发工具包），打造 iOS 专属工业 App；KUKA 推出了适用于 iOS 的机器人监控 App。

可以看出，工业软件云化部署，推动业务模式多样化发展，License ＋订阅长期并存仍是工业软件的主导商业模式，订阅＋移动应用商店成为工业 App 未来的探索方向。

（三）数字孪生城市推动智慧城市建设进入新阶段

1. 构建数字孪生城市是发展新型智慧城市的技术支撑基础

从局部到系统，智慧城市正在迈向融合创新的发展新阶段。数字城市以城市信息基础设施为支撑，实现可视化管理。智慧城市运用物联网、大数据技术，实现城市的局部智能管理和决策。新型智慧城市消除现有信息孤岛，实现城市建设与产业发展互通共融的系统智能和创新协同。数字城市是坚实的基础，智慧城市是探索尝试，新型智慧城市是面向更高发展需求的全面提升。

新型智慧城市对巨型复杂系统的深度洞察能力要求催生数字孪生城市。数字孪生在虚拟空间构建物理实体的数字模型并进行仿真模拟，实现分析预测和反馈优化。将数字孪生引入城市规划、建设、管理，即表现为在虚拟空间再造一个与现实物理城市匹配的数字城市，实现城市全状态实时可视，以及城市运行管理可仿真、可预测、可优化。数字孪生城市具备以下典型特征：**一是精准映射**，对城市进行全面数字化建模，充分感知、动态监测运行状态，形成虚拟城市对实体城市的精准信息表达和映射；**二是虚实交互**，虚拟城市可了解实体部件、居民、事件的各类信息，控制智能终端，虚实融合、协同推进城市未来发展；**三是软件定义**，建设形成虚拟模型，通过数据计算，以软件模拟城市运行，软性指引和记录交通、能源、基础设施建设等；**四是智能干预**，通过模拟仿真计算，尽早发现城市可能发生的不良影响、矛盾冲突、潜在危险等，以未来视角干预当前发展轨迹和运行状态，优化城市规划、管理和服务，赋予城市"智慧"。数字孪生城市是支撑新型智慧城市建设的基础。

2. 多领域融合性技术支撑数字孪生城市快速发展

虚实映射的数字孪生城市技术体系。数字孪生城市是在真实存在的物理世界里，建设城市全域空间布局的智能化设施和感知监测体系，对人、企业、车、城市部件，以及经济社会活动等进行物联数据采集，通过毫秒级响应速度的安全高效低成本的智能城市专网传输给虚拟孪生的数字世界。经过城市信息中枢处理、建模分析后，发展出城市规划建设仿真、全景扁平化管理、情景交融式服务等一系列应用，并将应用指令通过专网传递给物理世界。

工业领域技术向数字孪生城市领域拓展。工业领域巨头西门子、达索系统等均已开展数字孪生技术应用。西门子的 MindSphere 工业互联网平台可提供城市传感网络设备管理、数据交换、数据融合与理解能力。达索系统推出了 3D EXPERIENCity 城市3D建模应用，为城市的数据、流程及人员管理提供统一的数字环境，已与全球多个城市开展合作应用。

面向数字孪生城市提供专业技术解决方案。近年来，各类数字孪生城市专业技术解决方案也不断涌现。荷兰 SIM-CI 公司提供了预测和模拟事故、灾难情景的仿真平台，为高危情况的应急准备提供支撑。如通过网络复原能力仿真评估各种黑客场景对网络的影响；通过气候复原能力仿真，评估气候变化对城市的影响；通过气候复原能力仿真和能量转换仿真评估分散式发电和使用模式（例如恶化、负载平衡、CO_2影响）导致的网络动态影响。

3. 国外两类路径加快推动数字孪生城市应用落地

目前已形成了两类成熟的构建路径。一类是以孪生系统为核心的新建城区的绿地型建设路径。首先是同步部署天、空、地一体的物联网感知设施、通信网（宽带、移动和无线）及承载平台等；然后是构建统一城市信息模型，与城市建设过程虚实融合；最后是逐步实现在重点领域应用的率先突破，支撑公共设施布局、土地利用变化、基础设施建设、城市治理服务等相关决策影响分析，通过虚实互动，演绎城市未来的发展。**另一类是以资源整合为核心的已建城市的棕地型建设路径**。首先是提升基础设施水平，结合应用需求推动网络和传感节点部署，建立新型城域物联专网，实现城市的透彻感知；然后是以信息共享、互联互通为重点，整合全量城市数据，构建城市信息模型，提升深度学习能力，实现对城市运行状态的自我优化。随着数字孪生技术方案的逐步成熟、构建路径的逐步明晰，数字孪生城市建设将取得蓬勃发展，应用程度将不断加深。

4. 国内借鉴国外经验，分类施策开展数字孪生城市建设

基于孪生系统打造新一代智能城市。雄安新区借助大数据深度挖掘、人工智能、物联网技术和互联网平台等新一代技术，将多方数据空间化，构建了天、地一体的规划时空数据体系，形成了数字孪生的时空信息模型数据库。虚实融合蕴含着无限应用创新空间，支撑城市智能应用。

将已建城市设施数字化、模型化，解决城市发展的痛点、难点问题。长沙经济技术开发区从管廊和用地两大产业园区建设痛点出发，解决实际业务问题，打造智慧园区。**一是开展智慧管网建设，**从能耗、排污等方面给企业画像，指导管网后续维护、建设。**二是开展智慧用地建设，**建设地理资源库、法人库等，从税收情况、用电情况、销售情况、用工情况、安全生产情况等方面为企业画像，支撑园区差异化政策制定。郑州市打造智慧水务数值仿真平台，建立基于云计算技术的数值仿真平台，实现对降水径流过程、污染物迁移转化过程、城市管网和洪水预报的模拟，以及对降水径流、污染物迁移转化、城市管网供水、生态需水、泥石流淹没及洪水演进等过程的数值仿真，并将模拟的结果通过可视化技术实时展现在虚拟场景中，为郑州市水务综合管理提供基础。

三、2019 年两化融合与产业互联网领域趋势展望

（一）两化融合迈上发展新台阶，产业互联网成熟商业化仍需时日

两化融合迈上新台阶。 近年来，工业化正加快从机械化、自动化向数字化、网络化、智能化方向发展，信息化加快从计算机、互联网向人工智能、大数据、云计算方向演进，新技术的广泛应用推动两化融合迈入新的阶段，引领大中小企业融通发展，呈现出新特性。依靠新技术，工业互联网在网络、平台、安全方面都有了重要突破。信息技术应用和商业模式创新有力促进产业结构调整升级，产业体系全面扩展，工业发展质量和效益全面提升。另外，工业互联网生态加速汇聚，国际合作积极开展。工业互联网企业纷纷表示愿与其他诸多行业合作伙伴加强信赖，通过持续的技术创新、深入的行业洞察，依托产业联盟，为客户及合作伙伴提供更优质、更高效、更灵活的数据智能体验，共同搭建共创、共赢与共享的生态圈。

产业互联网仍处于产业化发展前期。 从产业互联网发展阶段来看，目前产业互联网仍处于产业化发展前期，更多的是聚焦于融合技术研究和技术实用化两部分，着眼于概念理论、体系架构研究及实验验证等。商业体系尚不成熟，表现在应用场景缺乏、需求匹配不足、资本支持较少等方面。此外，多类技术问题尚未解决，如微服务等融合技术、区块链等新技术问题，亟待找到突破口。未来产业互联网发展应着力于产品标准化、应用场景适配、大规模生产、自我造血等，构建成熟的商业模式。

在新技术层面，提升边缘与云端协同能力，满足产业场景的灵活部署和适配要求，突破融合发展关键技术。在新产业层面，促使数据科学、新型架构、边缘智能等的融入，催生新产业环节出现，聚焦算法和模型，结合自身优势从不同路径开展平台产业布局，成为跨界企业与第三方开发者共同构建平台产业生态的关键支撑。在新生态层面，推动跨界互补、标准整合、联合创新，打造多元生态模式，形成开源、产业 App 开发等新平台生态，为制造企业开发各类创新应用，最终形成资源富集、多方参与、合作共赢、协同演进的新生态。

（二）人工智能技术将极大地提升传统产业解决问题的边界与能力

人工智能技术使传统产业问题的可解边界不断扩展。 传统产业问题与两大主要因素有关，**一是计算的复杂度**，具体而言是计算机算法的时间复杂度，与工业机理的复杂性和算法的实现效率直接相关；**二是影响因素的多少**，与相关问题涉及的变量个数直接相关。据此，可将传统的产业问题分解为四类，**一是多因素复杂问题**，如工业产品研发、智能网联汽车、综合能源网等；**二是多因素简单问题**，如供应链风险管理、智慧交通等；**三是低因素简单问题**，如分布式电源、负荷控制等；**四是低因素复杂问题**，如复杂质量检测、辅助驾驶、智能配电等。将现阶段人工智能的两大技术方向与之对应，其中深度学习侧重于解决影响因素较少，但计算高度复杂的问题；而知识图谱侧重于解决影响因素较多，但机理相对简单的问题。多因素复杂问题可以拆解为多因素简单问题和低因素复杂问题进行求解。两大驱动技术的发展，使各产业领域可解决问题的边界向两侧不断拓展。各关键环节关键技术的不断发展，为产业互联网平台的构建提供了有力支撑。

人工智能技术使解决传统产业问题的能力不断提升。 一是超越人的感官能力。深度学习能够检测出人眼无法观察到的微小缺陷，以复杂质量（缺陷）检测为例，康耐视（COGNEX）基于深度学习进行工业图像分析，可解决传统方法无法解决的复杂缺陷检测、定位等问题，检测效率将提升30%以上。二是超越人的思维和计算能力。例如，奥地利研究院利用深度学习模型代替机理模型，使传统汽车风阻系数的计算时间从1天降低到了1/4秒。三是赋予机器解决综合复杂问题的能力。例如，西门子基于知识图谱打破信息孤岛，建立自营、合作伙伴、对手等对象之间高维的关系网络，实现融资过程不可预见事件的风险识别。

（三）开源技术迅速成熟，在产业互联网领域得到迅速运用

开源技术蓬勃兴起。 近年来，各领域的开源技术均取得了长足发展，越来越多的系统、架构走向开源，在操作系统、编译工具链、数据库、Web服务器、移动操作系统等各个方面，开源软件已经逐渐成为主流。开源操作系统方面，著名的有Linux、华为LiteOS、RTOS等；开源边缘计算框架方面，EdgeX Foundry、IoTivity等已广泛

应用于边缘应用开发；开源容器部署系统方面，Kubernetes 已被广泛应用于管理集群化容器应用；开源微服务领域，ServiceComb、Spring Cloud 等广泛应用于搭建分布式系统中的公共组件；开源机器学习框架领域的 TensorFlow、Caffe 等，已广泛应用于各类智能应用开发。

开源生态将发挥巨大作用。随着各类开源技术的不断涌现及迅速成熟，开源生态将在产业互联网领域发挥巨大作用。**一是快速提升 IT 工程师的技术水平**，提升 IT 工程师的开发速度。**二是好的开源软件能吸引更多人参与**，集体都在贡献代码，相对来说更新和开发速度都会变快，有利于集中精力解决产业共性问题。**三是开放源码降低了学习者的准入门槛**，使得各产业工程师们不用再花太多精力去开发底层架构，有助于 IT 工程师快速推出个性化产品。

开源技术深刻影响产业互联网发展。随着开源技术的迅速成熟，产业互联网各领域都在积极利用开源技术开发相关应用。开源技术对产业互联网各领域产生了深刻影响，推动了产业互联网的发展。物联网领域，阿里巴巴推出 AliOS Things 物联网开源操作系统，应用在智能家居、智慧城市、新出行等领域；工业互联网领域，Kubernets、EdgeX Foundry 等开源技术在各工业互联网平台广泛应用；智慧医疗领域，微软推出开源生物模型分析器（BMA），应用于模拟细胞互动和通信过程。

（四）商业模式走向互利共赢与平台运营

随着产业互联网的来临，商业模式由 B2B（Business To Business，企业与企业间电子商务）到 B2C（Business To Customer，企业与消费者间电子商务）向开放、合作、共赢、平台的趋势演进。其中，产品性能日益提升，从单一产品扩展到跨界产品。新技术的应用驱动经营模式从传统方式向 API（Application Programming Interface，应用程序编程接口）经济迈进。伴随着网络的发展，线下交易逐步走向平台交易，付费方式由原来的授权变为灵活的订阅模式，盈利模式不仅仅有付费模式，还出现了通过增值服务实现盈利的免费模式。下面以工业互联网和智慧金融为例，从产品能力、经营模式、交易载体、付费方式和盈利模式五方面对商业模式进行阐述。

如图 2 所示，工业互联网以传统的 B2B 商业模式为主。**一是产品能力相对单一**，聚焦到某一层面；**二是经营模式以传统卖产品为主**，API 调用服务不足；**三是交易载**

体以线下交易居多，平台流转交易较少；**四是**付费方式多以授权方式付费，逐渐出现订阅模式的趋势；**五是**目前还是付费的盈利模式。例如，西门子面向企业出售设备或解决方案，是传统的 B2B 商业模式。

当前，一些工业企业的商业模式逐渐从 B2B 迈向 B2C。徐工作为传统工程机械厂商，通过电商平台，完成新机销售 O2O（Online To Offline，线上到线下）、二手和租赁撮合交易、备件销售，B2B 逐步转向 B2C 商业模式。GE 作为全球领先的数字工业企业，还开展个人理财、信贷等业务，从 B2B 向 B2C 商业模式拓展。

智慧金融多是 B2C 商业模式。**一是**跨界产品能力较强；**二是**经营模式实现 API 经济；**三是**智慧金融实现平台流转交易；**四是**现阶段以订阅模式为主要的付费方式；**五是**盈利模式以免费为主，利用增值服务等实现盈利。例如，蚂蚁金服以支付、理财、信用体系为核心，形成 B2C 商业模式。

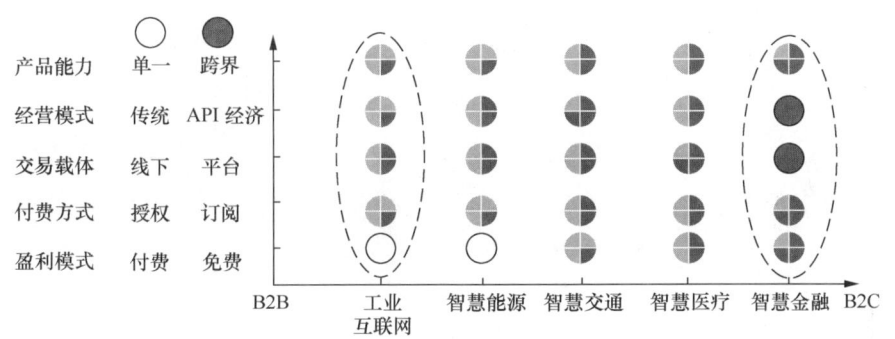

图 2　B2B 到 B2C 商业模式趋势演进

（五）工业数据空间治理体系初步形成并不断完善

工业数据作为数字时代的关键战略资源，是重塑经济形态和制造模式的新生产要素，在生产制造全过程与产品全生命周期的各环节都有广泛的应用。为应对高价值工业数据开放、流动、管控等问题，德国提出了工业数据空间的概念，旨在构建统一的工业数据管理与流通规则，即工业数据空间治理体系。目前的工业数据空间治理体系已经初步形成并不断完善，整个治理体系自下而上分为三层五大部分，分别是：底层的软硬件解决方案和具体应用，中间层的管理系统和标准体系，以及顶层的法律法规。

底层的软硬件解决方案主要是封装协议和工业机理的各类工业 App、提供各类数据集成服务的软件和 GPU 等多种智能硬件；应用部分主要是基于工业数据的生产流程优化、生产数据增值、供应链协同优化、服务增值与延伸、供应链规划、业务创新等。中间层的管理系统主要是一些不同功能的平台，包括基础设施管理平台、主权区块链调度平台、数据区块链支撑平台、区块链记账平台等；标准体系则包括工业大数据标准指南、工业大数据质量评估标准、统一设备接入标准协议，例如互联互通标准、集成技术标准、数据处理标准等成熟的标准都在其中。顶层的法律法规受到了全球各国政府的普遍重视，其中美国主要致力于数据开放相关法律法规的健全，包括联邦政府推出的多个大数据战略规划、州级政府制定的相关政策法律法规和公共服务领域开展的数据开放服务；欧盟的数据保护法律基本健全，例如堪称史上最严的《通用数据保护条例》和规范跨境数据流通的《一般数据保护条例》，但是数据确权法规暂时缺失，有待加强；我国现行的法律法规和行业公约已有数据治理相关内容，但数据认证、可信交易和安全监管规范仍有待明确。可以说，我国的整个工业数据空间治理规则仍在持续完善中。

未来，工业数据空间治理体系需要在三个层面继续深入推进。在底层的软硬件和中间层的管理系统方面，利用区块链构建技术及管理架构预计会成为主流，去中心化、松耦合、灵活认证和安全可信等理念将会贯穿始终。在标准体系中，数据安全标准相对缺乏，因此当务之急是对数据安全类标准的补充和跟进研制。在法律法规方面，针对工业数据空间治理的专门性法律法规需要加快制定。

（六）产业互联网助力迈向智慧社会

伴随着新一代信息技术在生产、生活中日益普及应用，产业互联网实现了迅猛发展，加速社会资源全面互联互通，驱动海量数据汇聚分析，促进价值创新。以智能化生产、智能化生活为特征的智慧社会正在成为继农业社会、工业社会和信息社会之后社会形态变革的最终目标。

智慧社会推动智能制造、智能家居、智慧医疗、智慧能源等各类创新模式融合发展，实现社会发展全要素、全产业链条的智能化改造提升。在智慧社会构建中，有六类要素发挥着关键作用：**一是泛在连接的网络**，高效实时可靠的网络通信技术支撑满足了人与人、人与物、物与物之间在任意地点和任意时间的连接需求；**二是融合共享的信息**，通过开放、统一平台汇聚数据，实现各个系统之间的信息交互和功能集成，打破不同领域之间的"信息孤岛"；**三是科学智能的管理**，充分利用新型的技术手段来提升管理水平，借鉴先进的理念来改造传统的管理机制，更好地适应社会发展需求；**四是优质普惠的服务**，发挥产业互联网对社会资源的优化配置作用，加速模式创新与价值创造，形成普惠包容的高水平公共服务能力；**五是开放协同的创新**，形成开放化、便利化、多样化的创新环境，引导多方创新主体实现大众创业、万众创新，将创新作为驱动社会发展的关键动力；**六是稳定可控的安全**，树立安全发展理念，高度重视发展过程中的生命财产安全、国家安全和生态环境安全。

总体来看，智慧社会发展变革是一项高度复杂的系统工程，其变化规模、影响范围远超以往任何一次社会变革。展望未来，面对生产模式变革、竞争形态变革、社会关系变革等众多潜在挑战，需要社会各界勠力同心、共同推进智慧社会发展。

无线移动篇

导 读

回顾2018年，无线移动领域总体呈现出高速增长但变革显现的趋势。国内移动数据流量增速再创新高，语音业务持续下降，短信业务开始回升。用户数据统计方面，我国移动用户数进一步提升，2G用户快速下滑，4G用户占比已超过七成。网络方面，我国继续保持全球最大4G网络地位，4G网络深度覆盖效果显著；同时，全球范围内5G发展加快，各国陆续进入5G网络试验阶段。终端方面，国内全网通4G手机出货量占比持续提升，但国内手机出货量整体呈现负增长；窄带物联网终端增长态势显著，车载终端向4G演进效应明显。

2018年的无线移动领域呈现出三大热点。**一是5G发展进入商用部署的关键阶段。** 3GPP完成了5G国际标准第一版本的研制，全球主要国家纷纷明确5G商用计划，在产业链主要环节基本满足商用需求的条件下，我国预计将于2019年启动5G商用服务。我国5G技术研发试验第三阶段测试工作有序推进，测试内容涵盖非独立组网和独立组网模式，支持非独立组网的测试工作已经完成。**二是车联网规模化部署条件逐步成熟，顶层设计规划的发布奠定了车联网产业发展的基础。** LTE-V2X核心关键技术标准制定完成，芯片、终端研发取得重要突破，测试验证取得阶段性成果。在LTE-V2X应用示范方面，工业和信息化部、交通运输部从车联网、智慧交通、车路协同的不同角度积极推动示范区建设，促进产业化和应用推广。**三是卫星互联网成为国际竞争焦点。** 国外政府积极支持卫星互联网发展，以建设低轨星座为重点。我国已实现宽带卫星的重要突破，卫星互联网建设正处于关键筹备期，频率轨位、卫星制造、无线组网及业务应用四大技术是现阶段我国卫星互联网建设的关键。

展望2019年，4G普及仍将持续释放移动用户流量需求，未来两三年我国移动数据流量仍将保持高速增长。随着4G的普及，全球移动用户数量也将持续增长，2G和3G用户加快向4G转移。WRC-19（2019年世界无线电通信大会）即将召开，5G等无线系统有望获得全球频段，释放出引导和推进产业化进程的强烈信号。

本篇作者：

万屹　魏克军　曹磊　葛雨明　何异舟　李特　王骏成　郎保真　田云飞　宋颖　果敢

一、2018 年无线移动领域发展综述

（一）用户

1. 全球各地区移动用户发展不平衡，2G 用户快速下滑

根据 GSMA 的统计，截至 2018 年 9 月底，全球移动用户已达到 78.5 亿户，移动用户普及率达到 102.5%（全球平均数），但是各地区间移动用户发展不平衡，如图 1 所示。截至 2018 年 9 月底，4G 用户渗透率达到 41%（较 2017 年同期增长 9 个百分点），2G 用户呈现快速下滑趋势，如图 2 所示。

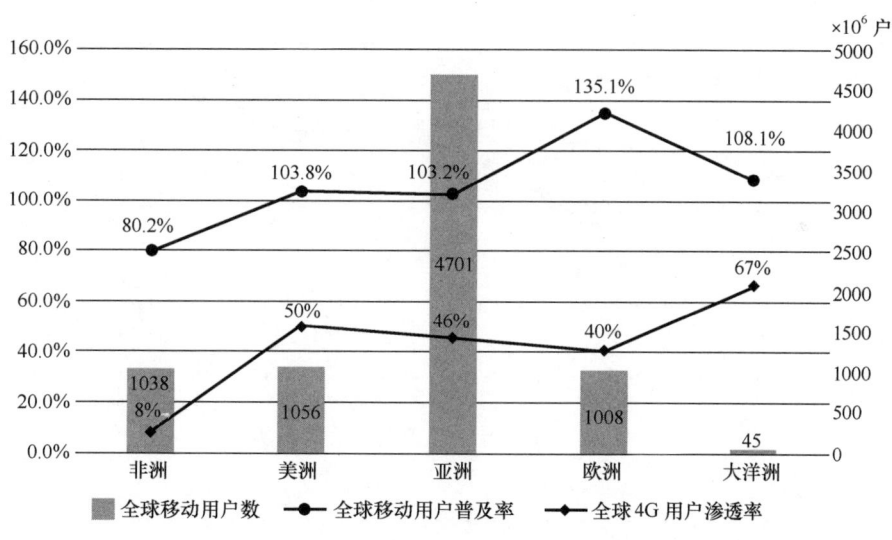

图 1　全球各地区移动用户发展情况

2. 我国移动用户数进一步提升，4G 用户占比已超过七成

随着 4G 网络的大规模商用，我国移动电话用户数和普及率进一步提升，2018 年年底移动电话用户总数达到 15.7 亿户，移动电话用户普及率达到 112.2%，如图 3 和图 4 所示。

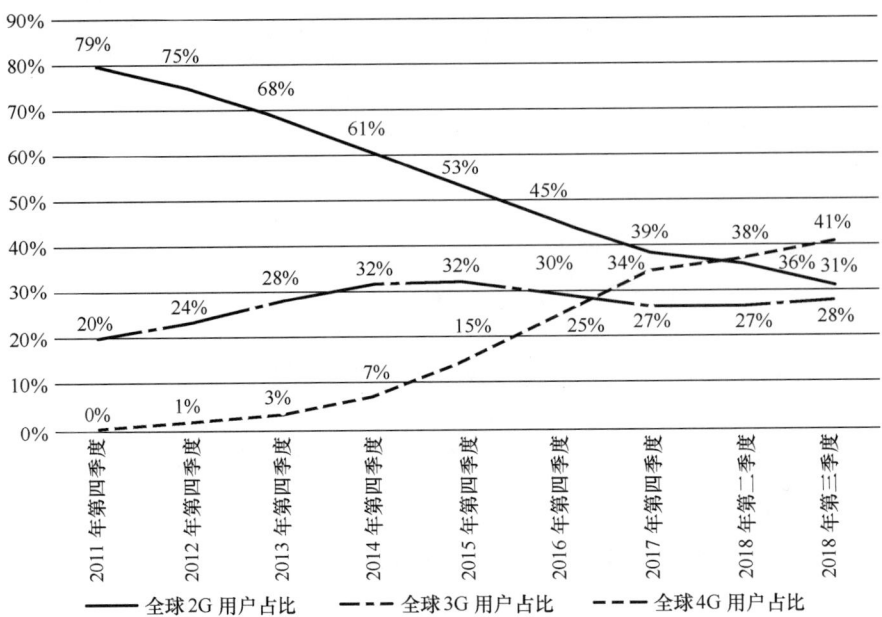

图 2 全球 2G/3G/4G 用户占比变化情况

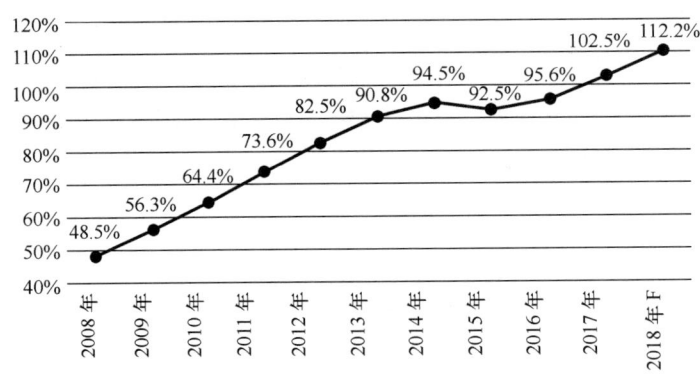

图 3 2008—2018 年我国移动电话用户普及率

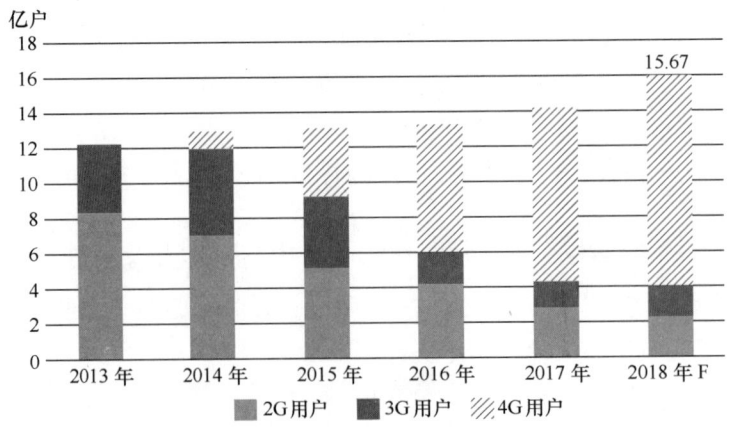

图 4 2013—2018 年我国移动电话用户数

我国移动宽带用户持续增长。截至 2018 年 10 月底，中国移动宽带用户（即 3G 和 4G 用户）总数达 13 亿户，占移动电话用户总数的 83.8%；4G 用户总数达到 11.6 亿户，占移动电话用户总数的 74.6%。

（二）网络

1. 全球 4G 网络持续增长，同时加快 5G 发展

全球 4G 网络部署持续增长。根据全球移动供应商协会（GSA）的统计，截至 2018 年 11 月底，全球共有 208 个国家和地区开通了 715 个 LTE（4G）商用网络，其中 122 个国家和地区部署了 270 个 LTE-Advanced（4G+）网络，73 个国家和地区部署了 147 个 TD-LTE 网络，86 个国家和地区的 176 个网络开通了 VoLTE 业务。

全球加快 5G 发展，已进入 5G 网络试验阶段。根据 GSA 的统计，截至 2018 年 11 月底，全球已有 192 个运营商进行了 5G 相关的演示、测试或者试验，其中 46 个国家和地区的 80 个运营商已经宣布在 2019—2022 年之间提供 5G 商用服务。

2. 我国 4G 网络深度覆盖效果显著，继续保持全球最大 4G 网络地位

我国持续深入推进 4G 网络建设，网络深度覆盖取得显著进展，已覆盖超了 98% 的全国人口，城区及人口密度较大的中东部农村地区已实现较好覆盖。截至 2018 年 9 月，4G 基站总规模超过 360 万个，继续保持全球最大 4G 网络地位，具体情况见表 1。

表 1　　　　　　　　　　　国内运营商 4G 基站数

4G 基站数累计	2017 年 12 月（万个）	2018 年 4 月（万个）	2018 年 9 月（万个）	2018 年 9 月分类建设情况
中国电信	74.6	79.6	84.3	TD-LTE 室外基站 2.4 万个，LTE FDD 室外基站 81.9 万个，室内分布系统 23.7 万套
中国移动	187.2	191.0	201.2	室外站 152.4 万个，室内站 48.8 万个，支持载波聚合基站 16 万个
中国联通	68.1	70.3	76.42	TDD 基站 0.62 万个，FDD 基站 75.8 万个，4G 室内分布系统 13.9 万套

综合来看，2018 年运营商的 4G 网络建设进入优化提升阶段，基站数量呈缓慢增长态势，预示着我国 4G 建设进入平稳发展期。

（三）流量

1. 国内移动数据流量增速再创新高

受到三大运营商持续推出不限流量套餐的刺激，2018年国内移动数据流量继续保持迅猛增长，1～10月，移动数据流量累计达544亿GB，同比增长198.4%，预计全年月均移动数据流量将达到5.7EB，同比增长达到200%，如图5所示。

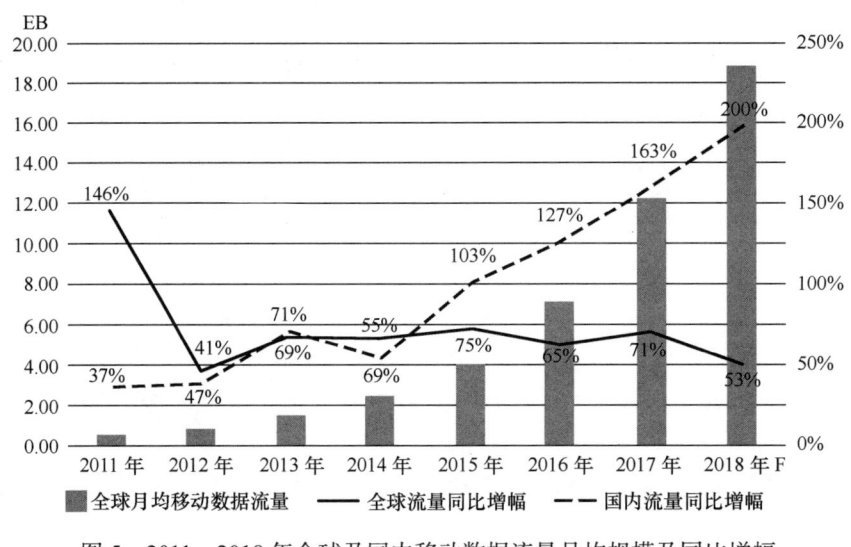

图5　2011—2018年全球及国内移动数据流量月均规模及同比增幅

2. 语音业务持续下降，短信业务开始回升

移动数据流量的进一步攀升，对传统的移动话音业务的替代作用愈发明显。移动电话去通话时长的负增长愈加明显，2018年1～10月，移动电话去通话时长的负增长达到4.7%。

由于服务登录和身份认证等服务的普及，企业短信业务量自2018年以来呈现大幅提升的态势，1～10月，全国移动短信业务同比增长10.6%。

国内移动数据流量增幅不断攀升，2018年1～10月移动数据流量累计达544亿GB，同比增长198.4%；10月平均每户每月上网流量（DOU）达5.66GB/（户·月）。

我国国内不同业务同比增幅具体见表2。

表 2　　　　　　　　　　　我国国内不同业务同比增幅

	2014 年	2015 年	2016 年	2017 年	2018 年 1～10 月
移动电话去通话时长	1%	-2.6%	-1.4%	-4.6%	-4.7%
短信业务量	-14%	-8.4%	-4.6%	-1.7%	10.6%
移动数据流量	55%	103%	127%	163%	198.4%

（四）终端

1. 全球手机出货量稳定

2018 年全球手机出货量预计约为 18.5 亿部，相比 2017 年增长 0.78%，市场新增需求基本饱和，出货量态势稳定，如图 6 所示。预计 4G 手机占比为 78.23%，占有率较 2017 年进一步提升，已成为全球手机市场的主流。

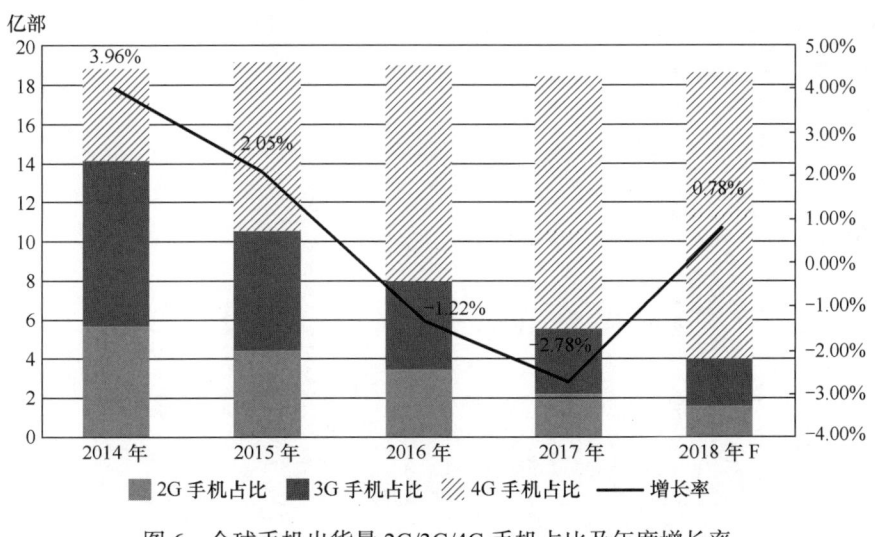

图 6　全球手机出货量 2G/3G/4G 手机占比及年度增长率
（数据来源：Gartner "Mobile_Device_Forecast_2018Q3"）

2. 国内手机出货量出现负增长，4G 手机占比稳步提升

2018 年我国手机出货量预计达 4.04 亿部，相比 2017 年下降 17.65%，如图 7 所示。我国 4G 手机换机红利基本耗尽，市场趋于饱和，出货量下降明显。4G 手机出货量预计达 3.81 亿部，市场占比为 94.4%，相比 2017 年提升 0.3%。

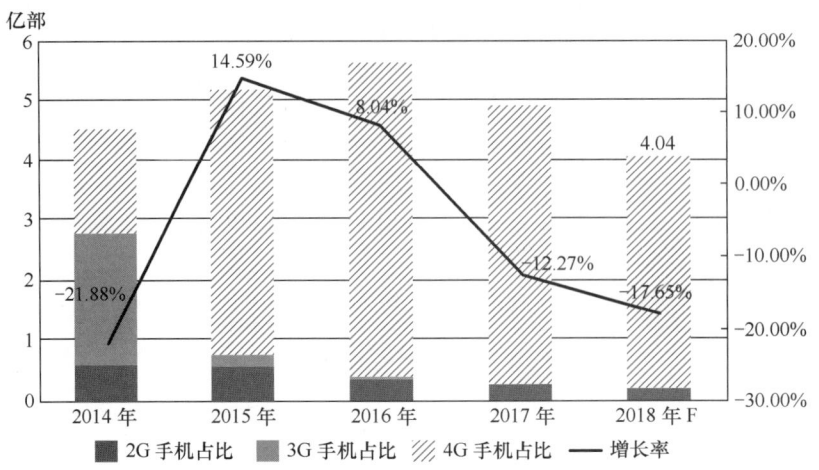

图 7　我国手机出货量 2G/3G/4G 手机占比及年度增长率

（数据来源：根据"中国信息通信研究院国产手机市场运行分析报告"统计预测）

3. 国内全网通 4G 手机出货量占比持续提升

2018 年我国国内全网通 4G 手机出货量占比持续提升；手机款型方面，全网通 4G 手机款型占比在小幅波动中逐步提升，单月款型占比最高达 92.2%，如图 8 所示。

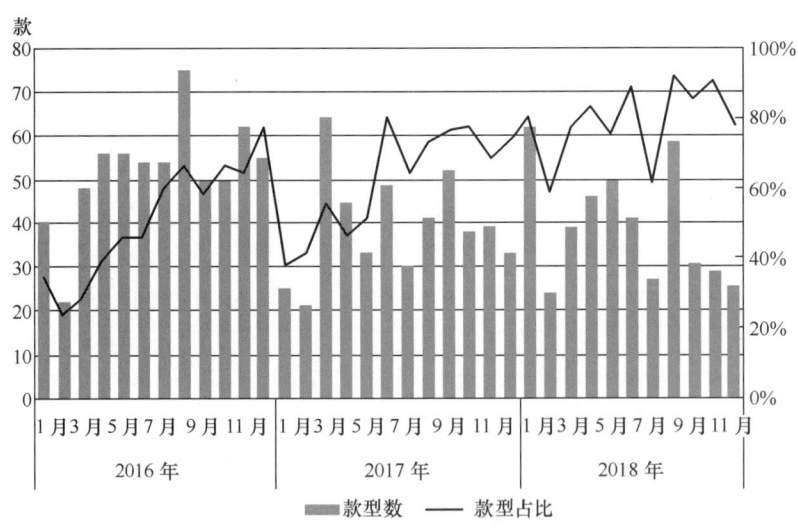

图 8　我国全网通 4G 手机款型

（数据来源：中国信息通信研究院泰尔终端实验室）

4. 窄带物联网终端增长态势显著

窄带蜂窝物联网方面，据 GSA 统计，截至 2018 年 8 月，全球已推出 eMTC（Cat-M1）单模模组 53 款，NB-IoT（Cat-NB1 或 NB2）单模模组 63 款，NB-IoT（Cat-

NB1 或 NB2）/eMTC（Cat-M1）双模模组 48 款；各个模式的款型数同比都大幅提升。此外，各个模式的厂家数量同比也有所增加，如图 9 所示。

2018 年，我国 NB-IoT 无线数据终端款型数也持续增长，如图 10 所示。

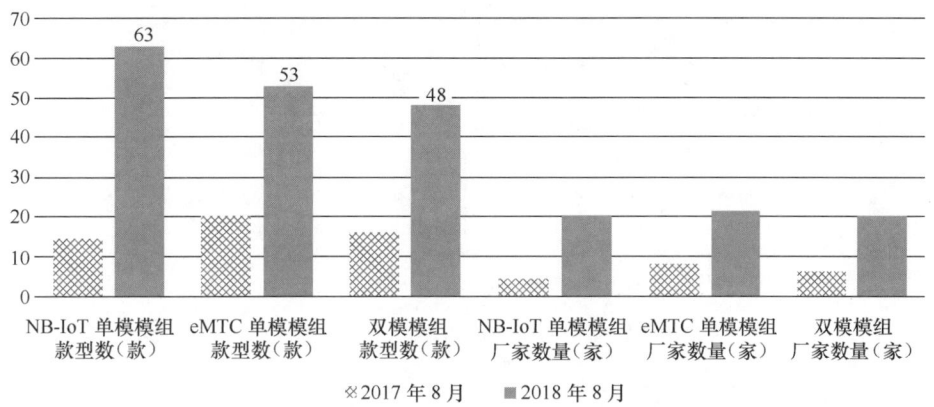

图 9　窄带蜂窝物联网技术模组款型数和厂家数量
（数据来源：GSA "NB-IoT and LTE-M: Global Market Status"）

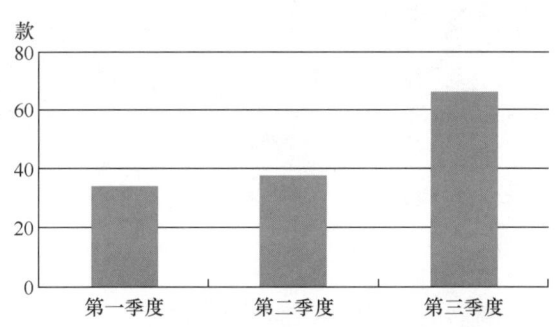

图 10　2018 年 NB-IoT 无线数据终端款型数
（数据来源：中国信息通信研究院泰尔终端实验室）

随着窄带蜂窝物联网在垂直行业的广泛应用，终端产品类型呈现出多样性，据 GSA 不完全统计，终端类型包括：智能路灯、数据终端、智能表具、智慧农业终端、智慧停车终端、智能货架、开发套件、测试终端、网络诊断终端等。

5. 车载终端向 4G 演进效应明显

车载终端向 4G 演进效应明显，凸显了车联网领域对高速率低时延的通信需求。车载无线终端款型数逐年提升，截至 2018 年第三季度，4G 占比最高达到 76%，如图 11 和图 12 所示。

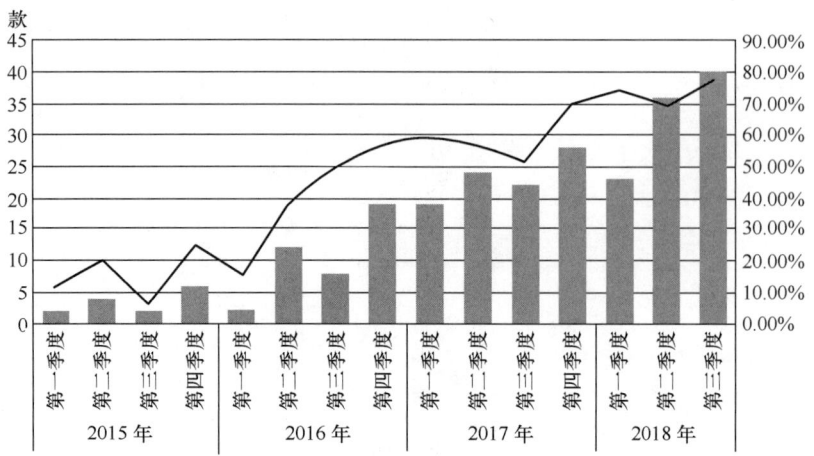

图 11 2018 年车载无线终端款型数及 4G 占比趋势

（数据来源：中国信息通信研究院泰尔终端实验室）

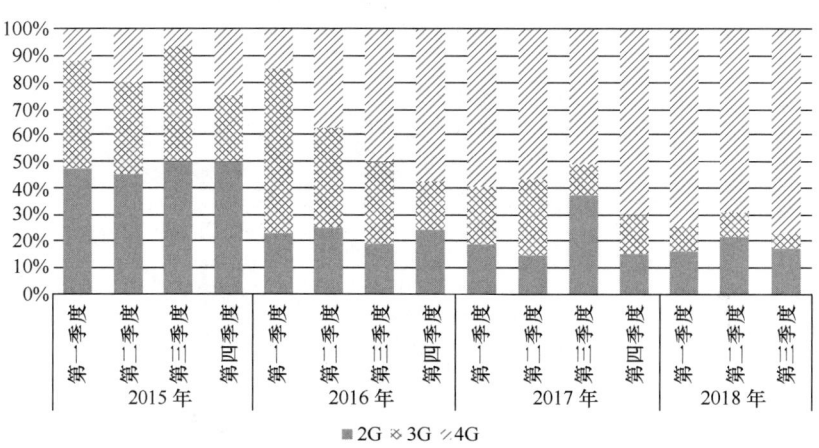

图 12 车载无线终端 2G/3G/4G 款型占比

（数据来源：中国信息通信研究院泰尔终端实验室）

二、2018 年无线移动领域热点分析

（一）5G 发展进入商用部署的关键阶段

1. 3GPP 完成 5G 国际标准第一版本的研制

2018 年 6 月，3GPP 批准了支持独立组网的 5G 国际标准研制，加之 2017 年 12 月完成的非独立组网 5G 标准，5G 已经完成了第一阶段的全功能标准化工作。此版本主要面向增强移动宽带场景和超高可靠低时延场景，支持独立组网的 5G 标准，使 5G 具备独立部署能力，带来全新的端到端架构，赋能企业和垂直行业的智慧化发展，为运营企业和产业合作伙伴带来了全新的商业模式。随着第一版本 5G 标准的发布，5G 已经进入商用部署的关键阶段。完整版（R16）5G 国际标准将于 2019 年年底制定完成，将全面支持增强移动宽带、低时延高可靠和低功耗大连接三大场景，全面满足 ITU 的性能指标要求。5G 国际标准工作计划如图 13 所示。

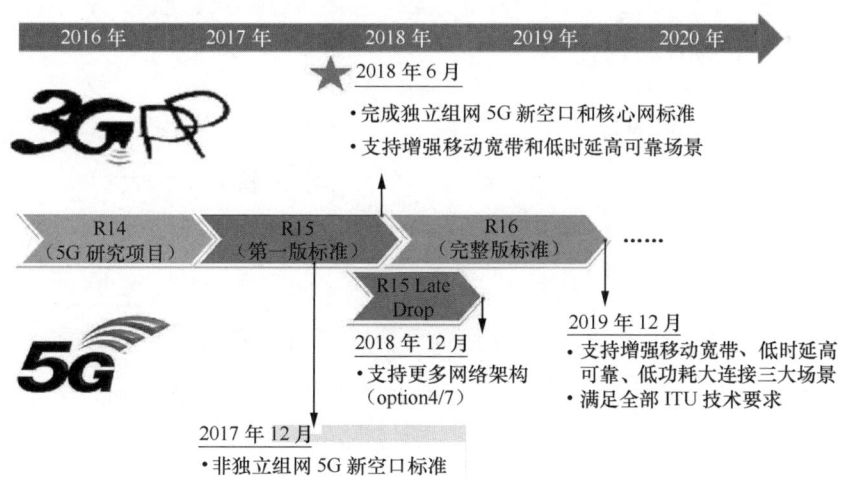

图 13　5G 国际标准工作计划

2. 5G 标准版本的关键特征

5G 新空口（NR）支持大带宽、低时延、灵活配置，满足多样业务需求，同时易于扩展支持新业务。在带宽方面，5G 新空口支持低频最大 100MHz 的基础带宽，高频

最大 400MHz 的基础带宽；此外，5G 新空口采用部分带宽设计，支持多种终端带宽，可适应多种业务需求。在低时延方面，5G 新空口支持较宽子载波间隔，支持符号级的调度资源粒度，支持自包含时隙和快速重传机制。5G 新空口的灵活设计体现在基础参数设计、帧结构、参考信号设计、控制信道设计等方面。在网络架构层面，5G 核心网支持灵活部署和差异化的业务场景，采用服务化架构设计，系统模块化，可方便地实现功能重构，同时，5G 核心网基于 NFV/SDN 等关键技术，实现硬件与软件的解耦、控制与转发的分离，采用通用数据中心的云化组网，网络功能部署更加灵活，可通过网络切片等技术满足垂直行业多元化的性能需求。

3. 全球 5G 频率规划和许可工作进展迅速

规划新的频谱资源是满足 5G 频谱需求的最直接手段，包括我国在内的多个主要国家和地区都积极推进 5G 频率规划和许可工作。多国启动首批 5G 频谱资源拍卖。截至 2018 年 8 月，全球已有 5 个国家完成了首批 5G 频谱拍卖：2017 年 5 月，爱尔兰将 3600MHz 频段附近的 350MHz 频率资源许可给 5 家运营商；2017 年 12 月，拉脱维亚完成了 3400～3450MHz 和 3650～3700MHz 频段的 5G 频率许可；2018 年 3 月，英国将 3400～3600MHz 频段中的 150MHz 频率拍卖给 4 家运营商；2018 年 6 月，韩国将 3420～3700MHz 和 26.5～28.9GHz 频段拍卖给 3 家运营商；2018 年 7 月，西班牙完成了 3600～3800MHz 频段的拍卖。

全球 5G 频率许可发放逐渐进入高峰期。截至 2019 年第一季度，全球已经有超过 20 个国家开展了 5G 频率规划，其中英国、韩国、澳大利亚、意大利、西班牙、芬兰、爱尔兰、拉脱维亚、墨西哥、阿拉伯联合酋长国、瑞典、捷克、斯洛伐克等国家已正式完成了至少一个 5G 频段的频率使用许可。总体而言，各国在 3400～3800MHz 频段的共识度最高，多国已开展该频段全部或部分频谱的许可准备或已完成首批频率许可。此外，美国和韩国已完成首批 5G 高频频谱拍卖，重点推动 28GHz 频段的产业化进程，其他多个国家也正就 5G 高频方案积极研究论证或公开征求意见。

随着 5G 第一个标准版本的制定完成，各国在 3400～3800MHz、26GHz 和 28GHz 等频段的清理和拍卖进度明显加快，释放出引导和推进各频段产业化进程的强烈信号。总体而言，各国在 3400～3800MHz 的频段共识度最高，多国已开展该频段全部或部分频谱的许可准备工作，有的甚至已完成首批许可。高频段方面，美国和韩国的实质性进展较快，其他多个国家均表示积极支持，但大多仍处于论证或公开征求意见阶段。

4. 全球主要国家纷纷明确 5G 商用计划

全球主要国家 5G 商用计划如图 14 所示。

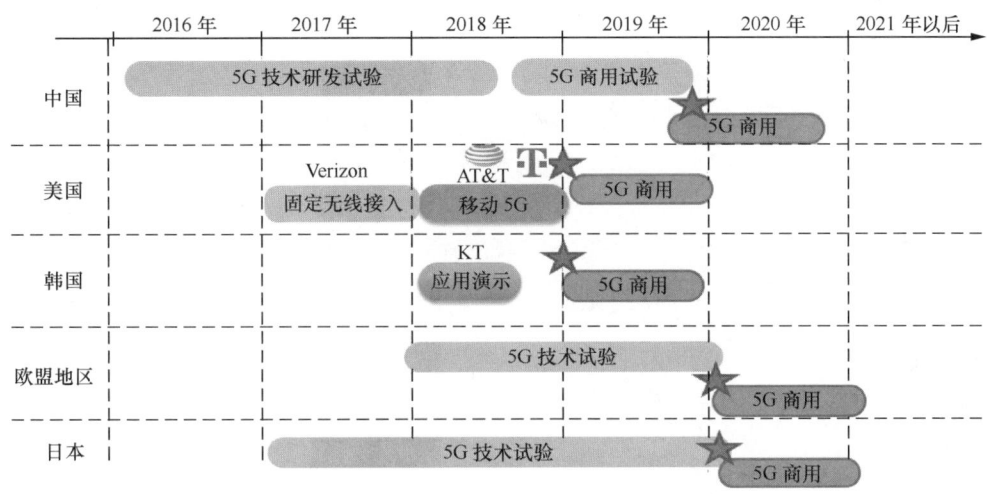

图 14　全球主要国家 5G 商用计划

美国运营商已宣布启动 5G 商用。Verizon 已于 2018 年 10 月 1 日基于私有标准 5GTF 规范在 3 个城市提供固定 5G 商用业务,仅面向固定无线接入场景,并计划在 2019 年年初推出 3GPP 5G NR 标准的移动 5G。AT&T 于 2018 年年底推出 5G 商用服务,所部署的 5G 网络将以支持非独立组网的 5G 国际标准为基础。T-Mobile 正在寻求与 Sprint 公司的合并,以获得更多的 5G 频率,加速 5G 创新和部署,计划于 2019 年在 26 个城市提供 5G 服务。

韩国运营商 KT 在 2018 年 2 月举办的平昌冬季奥运会上开展了 5G 业务演示。韩国在 2018 年 6 月完成了 5G 频谱分配,2018 年下半年起重点面向多媒体、公共安全、智慧城市、自动驾驶以及智能工厂等垂直行业开展试验验证。2018 年 12 月 1 日,韩国的三家运营商 SKT、KT 和 LG Uplus 共同宣布启动 5G 商用服务。

日本于 2017 年启动 5G 技术试验,NTT DoCoMo、软银、KDDI 三家运营商全部参与,根据 5G 试验计划,2017—2019 年开展 5G 外场试验,2018—2020 年开展部署试验验证,2020 年东京奥运会期间启动 5G 商用服务,主要针对增强移动宽带场景。

欧盟地区 2018 年启动 5G 规模试验,并计划 2020 年启动 5G 商用服务,支持行业应用发展。

我国目前正在组织 5G 技术研发试验,通过 5G 试验加快推进产业成熟。随着我国明确 5G 中频频谱分配方案,国内运营企业积极开展规模试验,优化产品性能,积累运营经验。在产业链主要环节基本满足商用需求的条件下,我国将于 2019 年启动 5G 商用服务。

5. 5G 技术研发试验第三阶段测试工作有序推进

第三阶段测试主要基于 3GPP R15 国际标准,对系统设备厂商研发的 5G 预商用 / 商用设备开展了单站和组网测试验证,测试内容涵盖非独立组网和独立组网模式。为保障 5G 技术研发试验第三阶段测试的开展,在北京市怀柔区外场建设了超过 100 个基站,与中国信息通信研究院的 MTNet 实验室一起,构建了全球最完整的 5G 室内外一体化试验网络。同时,基于球形探头墙,构建了 MIMO OTA 性能测试系统,可全面支持 Sub 6GHz 频段及毫米波频段的射频性能测试以及 5G 端到端的吞吐量性能精准测试。截至 2018 年 9 月,面向 eMBB 宏覆盖场景,华为、爱立信、中兴、大唐等系统设备厂商已经完成了 5G 预商用 / 商用基站 NSA 实验室和外场性能测试,验证了物理层基本功能,以及多天线、双连接等关键技术,支持 NSA option3X 架构。目前,5G 技术研发试验的主要测试工作已基本完成,系统设备基本达到预商用要求,接下来将重点开展终端与系统的互联互通测试、毫米波系统测试等,为后续的 5G 产品研发试验和正式商用奠定产业基础。

6. 支持非独立组网的测试工作已经完成

截至 2018 年 9 月,支持非独立组网的测试工作已基本完成。各厂商的系统设备均采用 64 通道 192 天线,利用 MU-MIMO 技术以及高阶调制,通过多传输大幅度提升系统频谱效率。测试结果表明,在 100MHz 带宽条件下,单小区的下行峰值速率超过了 4Gbit/s,最高超过了 10Gbit/s,单终端的下行峰值速率可达 1.5Gbit/s。但系统设备的功能仍需进一步完善,AAU 的重量和体积需进一步降低,同时,系统的适用性和稳定性仍需进一步提升。

7. 工业和信息化部成功组织"绽放杯"5G 应用征集大赛

为推动 5G 与垂直行业应用发展,IMT-2020(5G)推进组与中国信息通信研究院于 2018 年 1 月举办了"绽放杯"5G 应用征集大赛。为更好地发挥大赛对产业的催化作用，大赛组委会陆续在北京、重庆、广州、鹰潭等地举办了行业应用研讨会、无线网络与医疗行业融合发展高峰论坛、车联网论坛、5G 云 VR/AR 创新论坛、工业互联网论坛、开源平台论坛等系列活动。大赛得到了业界的广泛关注和支持，经过 3 个多月的项目征集，共收到面向工业、VR/AR、交通、医疗、无人机、环保等众多领域的参赛项目 334 个。参与此次大赛的企事业单位和政府部门共计 189 家，涵盖电信运营企业、通信设备企业、终端设备企业、科研院所、行业应用企业及第三方企业。"绽放杯"5G 应用征集大赛的参赛项目基本反映了目前我国 5G 应用的进展及发展脉络。

8. 我国快速稳步推进 5G 商用进程

当前，我国正在组织开展 5G 技术研发试验，自 2018 年下半年起，运营商主导的 5G 产品研发试验正式启动，在产业链主要环节基本满足商用需求的条件下，我国将于 2019 年启动 5G 商用服务。在商用初期，我国将重点在中频频段开展 5G 网络部署，在实现良好覆盖的同时，可有效支持车联网、工业互联网等垂直行业应用。我国 5G 商用推进计划如图 15 所示。

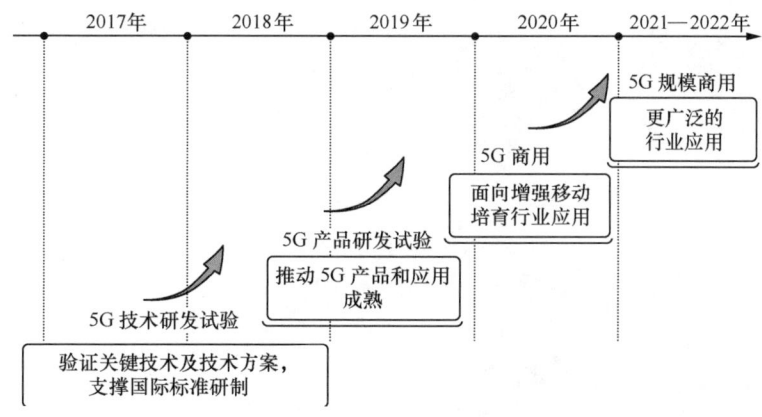

图 15　我国 5G 商用推进计划

9. 5G 推动基础器件市场迅猛发展

5G 终端和基站的需求将推动基础器件尤其是射频前端器件市场迅猛发展。终端方面，考虑到多模多频全网通手机的需求，5G 发展初期仍然需要向下兼容 2G/3G/4G，而且 4G 将与 5G 长期共存，在支持多模多频的 5G 终端中需要涵盖支持不同频段的射频前端模块和射频收发模块。以滤波器为例，通常每增加一个频段，需要多加两个滤波器（上行和下行），多模多频将对滤波器、功率放大器等射频前端器件起到明显的拉动作用。根据 Yole 数据，到 2023 年，射频前端器件市场规模将达到 350 亿美元，年增长率为 14%。基站方面，主要以 6GHz 以下中低频段基站为主，毫米波基站数约占 20%，大规模 MIMO 射频收发通道多达 64 个（是 4G 的 8 倍），对应的各射频收发通道的前端器件数量也需要增加数倍，基站基础器件市场规模将超过 300 亿美元。除此之外，核心网和传输网中的芯片和器件也需要同步升级，以满足 5G 网络云化和高速传输等需求。

当前，美、日、欧的 IDM（Integrated Device Manufacture，整合器件制造）企业在射频前端领域优势显著，国内正在加速布局该领域。Gartner 数据显示，Skyworks、Qorvo、博通、村田制作所占据了终端射频前端超过 90% 的市场份额，基站功放 / 低噪声放大器也主要由 Qorvo、恩智浦半导体、英飞凌科技、住友电工等美、日、欧的 IDM 厂商主导。射频前端器件龙头企业不仅通过 IDM 模式把控产业链上下游所有环节，还拥有包括 PA（Power Amplifier，功率放大器）、滤波器、开关等在内的完整产品技术能力，通过多年专利积累，技术领先优势明显。目前国内射频前端企业纷纷加大 5G 产品布局，其中北京中科汉天下电子技术有限公司、北京紫光展锐科技有限公司、唯捷创芯电子技术有限公司、深圳国民飞骧科技有限公司等功率放大器企业发展迅速，但产品主要占据 2G 和 3G 市场；诺思（天津）微系统有限责任公司、中电科技德清华莹电子有限公司、中电科技集团重庆声光电有限公司等企业正在加快 5G 终端滤波器的研发和产业化步伐，但是基础薄弱，市场规模较小；在基站功放 / 低噪声放大器方面，中国电子科技集团公司第十三研究所、中国电子科技集团公司第五十五研究所、苏州能讯高能半导体有限公司等虽有小批量供货能力，但可靠性、一致性、成品率有待提高，市场规模仍较小。

10. 5G 对基础器件的要求全新升级

5G 通信技术需求成为终端芯片变革的动能，推动基带、射频收发和射频前端基础器件升级。5G 带宽要求超过 800MHz，工作频率达到 1GHz 左右，对基带的高速并行处理能力提出了更高的要求，同时基带制造工艺需要持续的升级，以满足 5G 高速率和低功耗的需求，预计到 2019 年 5G 预商用时期，终端基带芯片将升级到 7nm 工艺，当前高通、英特尔、华为、联发科、三星都相继推出了 5G 基带芯片。射频收发器的复杂度在于需要支持越来越多的频带，包括 6GHz 以下中低频段和毫米波高频段，设计的复杂程度随着射频收发通道数量的增加而增加，5G 射频收发通道数将超过 10 个，因此 5G 终端收发器仍将沿用高性能集成方案。5G 终端射频前端是 5G 终端的重点和技术难点所在，5G 终端中频段射频前端模块延续了 4G 分立器件方案，越来越多的 PA、射频开关、滤波器等分立器件集成到前端模块中，形成集成双工器的前端模块（Front-End Module with integrated Duplexers，FEMiD）或集成 PA 模块和双工器的模块（PA Module integrated Duplexer，PAMiD）等，而硅基集成化成为毫米波频段射频前端的重点升级方向，毫米波频段射频前端延续分立器件架构会产生较大的信号传输损耗。当前终端毫米波频段射频前端采用数字波束赋形（Digital Beamforming，DBF）架构和基于 CMOS（Complementary Metal Oxide Semiconductor，互补金属氧化物半导体）硅基集成工艺已成为业界共识，这有助于实现高效集成化和小型化。

5G 中频基站延续了 4G 分立器件方案，高频技术方案未定。5G 中频段基站采用全数字波束赋形架构，射频前端模块延续了 4G 分立器件方案，升级的重点在于大规模天线阵列的应用，通道数从 4G 时期的 8 发 8 收提升至 64 发 64 收。材料和工艺技术将是 5G 中频基站器件变革的重点，基站 PA 将从硅基 LDMOS（Laterally Diffused Metal Oxide Semiconductor，横向扩散金属氧化物半导体）工艺转向承载功率、高频性能、效率更具优势的氮化镓（GaN）工艺，5G 陶瓷介质滤波器迎来发展新机遇。5G 高频基站采用数模混合的波束赋形架构，通过数字基带+射频模拟调相共同实现大规模天线阵列，目前存在多技术路线：**一是基于 CMOS/SiGe（锗硅）工艺的大规模天线阵列集成方案**，集成度高且成本低，但设计和封装难度较大、效率低；**二是基于 GaAs（砷化镓）/GaN 等分立器件的低复杂度天线阵列方案**，可复用现有成熟器件技术，易实现且效率高，但系统设计复杂、成本高；**三是透镜天线方案**，射频通道数少，波束赋形方案简单，但需采用大功率功放，且透镜加工工艺不成熟，体积大、成本高、效率低。目前国内外主要企业在 5G 高频段基站领域倾向于采用基于 CMOS/SiGe 工艺的大规模天线阵列集成方案。

（二）车联网规模化部署条件逐步成熟

1. 顶层设计规划发布，奠定了车联网产业的发展基础

一是为促进智能网联汽车在我国的应用和发展，满足车联网等智能交通信息系统的发展需要，回应产业期盼。2018 年 11 月，工业和信息化部发布了《车联网（智能网联汽车）直连通信使用 5905～5925MHz 频段的频率管理规定（暂行）》，规划 20MHz 带宽的专用频率资源用于 LTE-V2X 直连通信技术。二是为加快车联网（智能

网联汽车）产业发展，**大力培育新增长点，形成新动能**。2018年12月，工业和信息化部制定了《车联网（智能网联汽车）产业发展行动计划》，提出到2020年实现车联网（智能网联汽车）产业跨行业融合取得突破。**三是为进一步加强部门协同，做好国家层面的顶层设计和统筹规划，务实推动产业发展**。2018年11月，国家制造强国建设领导小组"车联网产业发展专项委员会"第二次全体成员会议于雄安新区召开，会上提出要抓好关键核心技术攻关组织工作，强化产业链协同创新，加快基础设施升级改造，深化体制机制改革，充分发挥专委会的统筹协调作用，加强国际交流合作，加快推动车联网产业持续健康发展。

2. 核心关键技术标准制定完成，加强跨行业协同

国内信息通信、交通、汽车等领域的行业协会和标准化组织积极开展LTE-V2X标准协议栈各层面的技术标准制定工作，包括总体技术要求、空中接口技术要求、应用消息集、信息安全等，能够指导上下游企业开展相关产品研发。此外，工业和信息化部、国家标准化管理委员会共同组织制定了《国家车联网产业标准体系建设指南》系列文件，全面推动车联网产业标准制定，推动整个产业的健康可持续发展。

2018年11月，全国汽车标准化技术委员会、全国智能运输系统标准化技术委员会、全国通信标准化技术委员会和全国道路交通管理标准化技术委员会于雄安共同签署了《关于加强汽车、智能交通、通信及交通管理C-V2X标准合作的框架协议》，将建立高效顺畅的沟通交流机制，相互支持和参与标准研究制定，共同推动C-V2X等新一代信息通信技术在汽车、智能交通以及交通管理中的应用。通信标委会/通标协相关C-V2X标准制定应充分考虑汽车、交通及交通管理行业的实际应用需求，为实现汽车及相关设施的信息互联互通提供基础支撑；汽车标委会相关标准中涉及基础通信的内容应采用通信行业领域标准并考虑与交通基础设施、交通管理设施标准的兼容性，促进C-V2X技术在汽车各类具体场景下的实际应用；ITS标委会的交通基础设施标准应考虑与通信、汽车、交通管控设施等标准的兼容性，以促进C-V2X技术在交通基础设施方面的应用；交通管理标委会的交通管理设施标准应采用通信行业领域标准并考虑与汽车及交通基础设施标准的兼容性，以促进与C-V2X技术在交通管理中的实际应用。

3. LTE-V2X芯片、终端研发取得重要突破

在产业基础方面，我国已建成全球最大的4G网络，并初步形成了覆盖LTE-V2X

系统、芯片、终端的产业链。在 LTE-V2X 商业芯片或模组方面，大唐已经可以对外提供 DMD31 商用模组，高通可以对外提供 9150 芯片组，华为可以提供商用 Balong765 芯片组。在终端设备方面，华为、大唐、星云互联、万集、金溢、Savari、中国移动等基于商用模组和芯片已经可以提供车载单元（On Board Unit，OBU）和路侧单元（Road Side Unit，RSU）设备，符合应用层、网络层国家标准，可以为车联网安全类、效率类等应用提供通信支持。在车联网业务运营和网络建设方面，整车厂商、移动通信、互联网等行业已经实现了多种安全和效率类车联网应用，并开展了协同服务类应用的研究，支持 V2V、V2I、V2N 等多种场景，并且形成了软件开源平台、数据云平台等 LTE-V2X 相关体系解决方案。上汽、北汽、长安等国内多家整车厂商均积极进行典型 LTE-V2X 应用的开发；电信运营商积极开展 LTE-V2X 网络基础设施以及 5G 预商用基站的建设试点；中国移动联合华为与上汽、中国联通联合爱立信与驭势先后演示了基于 5G 的远程遥控驾驶能力。百度发布了支持车路协同的 Apollo 版本，全面支持网联式自动驾驶。阿里巴巴宣布全面升级汽车战略，打造车路协同系统，协同产业力量共同落地"智能高速公路"。

4. LTE-V2X 测试验证取得阶段性成果

根据 LTE-V2X 研发与产业化的进展，测试试验分为"LTE-V2X 通信产品与解决方案验证—典型 V2X 应用端到端验证—大规模测试验证"三个阶段逐步实施。目前阶段一和阶段二已经完成，并开始启动阶段三的大规模测试验证准备工作。

在实验室环境下，中国信息通信研究院搭建了 LTE-V2X 测试验证服务平台，推动相关测试规范的制定，通过模拟各种交通场景和车与车无线通信环境，具备端到端的通信功能、性能、互操作以及一致性测试的服务能力。2018 年 9 ～ 10 月，IMT-2020（5G）推进组 C-V2X 工作组在中国信息通信研究院实验室组织华为、大唐电信、万集科技、金溢科技、星云互联、东软集团、Savari、千方科技、华砺智行共 9 家终端设备厂商，依据《合作式智能运输系统 专用短程通信 第 3 部分：网络层和应用层规范》《LTE-V2X 终端网络层一致性测试规范（实验室）》和《LTE-V2X 终端应用层一致性测试规范（实验室）》标准，完成了网络层和应用层互操作及一致性测试。2018 年 10 月中旬，在中国信息通信研究院实验室，中国信科集团旗下大唐电信集团和华为共同完成了基于 3GPP R14 的芯片级产品直连通信（PC5）互操作测试。结果标志着国内 LTE-V2X 基本实现了物理层、传输层、网络层、应用层全协议栈的互联互通，也标志着 LTE-V2X 技术标准和解决方案已经基本成熟，具备部署和商用化能力。

在外场环境下，结合前向碰撞预警、交叉路口碰撞预警等典型 V2V 应用需求，开展了 LTE-V2X 性能和典型应用场景的小规模验证。测试场地为中国汽车工程研究院股份有限公司测试场、长安汽车测试场、国家智能网联汽车（上海）试点示范区封闭测试区等，涉及模拟城区视距（Line Of Sight，LOS）场景、城区非视距（Non Line Of Sight，NLOS）交叉口、高速 LOS 直道、相向行驶等场景。结果表明，LTE-V2X PC5 通信功能已基本实现，覆盖距离、端到端时延和数据分组传输可靠性等性能指标可满足相应场景典型 V2V 业务需求（时延≤ 100ms，可靠性≥ 90%）。

此外，IMT-2020 C-V2X 工作组立项开展 LTE-V2X 大规模测试验证与应用示范，验证一定车辆密度下的通信功能与性能测试，以及更多测试场景、跨厂家跨层的互操作验证等，进行 LTE-V2X 技术对车辆运行安全和交通效率提升的综合评价，收集用户反馈，形成 LTE-V2X 行业共享数据库。

5. 应用示范，促进产业化成熟和应用推广

在 LTE-V2X 应用示范方面，工业和信息化部、交通运输部从车联网、智慧交通、车路协同等不同角度积极推动示范区建设，促进产业化和应用推广。无锡车联网（LTE-V2X）城市级示范应用项目标志着全球第一个城市级的车路协同平台进入全面实施阶段，于 2018 年 9 月建成覆盖无锡老城区、太湖新城、高铁站、机场、雪浪测试场等 240 个路口和 5 条高架的 LTE-V2X 开放道路示范样板。上海示范区建设了 13 座 LTE-V2X 基站，完整搭建了一套 V2X Server 数据中心平台，2018 年 11 月由中国智能网联汽车产业创新联盟、IMT-2020 C-V2X 工作组和上海国际汽车城共同组织实施了跨通信模组、终端设备、整车厂商的世界首例"三跨"互联互通应用示范，验证了中国 LTE-V2X 标准的全协议栈有效性，为跨行业产业协同营造有利条件。其他如北京—河北、重庆等国家级车联网示范区，以及相关企业或地方自建 / 商业运营的车联网项目，也都在积极开展 LTE-V2X 基础设施建设和应用示范，推动 LTE-V2X 技术创新，促进产业融合发展。

（三）卫星互联网成为国际竞争焦点

1. 全球高轨宽带卫星已实现跨越式发展，低轨星座系统建设成为竞争焦点

近年来，高轨高通量卫星（High Throughput Satellite，HTS）已实现了商业应用。

当前最大容量的系统为 Viasat-2，整星吞吐量可达到 300Gbit/s，正在建设的 Viasat-3 系统预计容量将达到 1Tbit/s，有望在 2019 年实现部署，可为全球用户提供个人宽带、航空船舶宽带、基站回传等服务。

低轨星座系统与高轨宽带卫星系统、地面光纤系统相比，具有全球覆盖、部署简便、数据传输时延小等特点。2025—2030 年预计全球的低轨卫星互联网容量将达到 Pbit/s 级，单用户传输速率约为 1Gbit/s。

以 OneWeb、SpaceX、O3b 为代表的商业卫星公司正在积极探索创新发展模式，社会资本的引入充分支持了商业航天公司前期部署卫星系统的成本花销。此类卫星企业通过商业运营的发展理念，将卫星制造、发射的成本控制在极低的范围内，每颗低轨卫星的制造成本为 80 万～ 150 万美元，地面终端销售价格仅为 300 ～ 600 美元，OneWeb 公司甚至有望推出免费流量套餐。

2. 各国政府积极支持卫星互联网发展，以建设低轨星座为重点，将服务能力向全球拓展

各国相继出台若干政策支持卫星互联网产业的发展，例如美国总统特朗普签署了"过渡授权法案"，将继续鼓励私营的商业航天公司进军航天领域；白宫于 2018 年宣布了一项新的《国家航天战略》，通过调整军事航天、开展商业监管改革来保护美国的太空利益；澳大利亚 12 月发布了"超高速宽带基础设施"立法草案，内容涉及为国家卫星宽带网络提供长期资金支持；英国于 2017 年 1 月发布了卫星和空间科学领域的空间频谱战略，计划放宽非同步轨道卫星的频谱使用，考虑引入新业务，提高卫星通信频谱利用率。

全球卫星互联网产业在 2018 年突显三大发展趋势。

一是世界大国积极部署低轨卫星互联网。各国政府依据自身特点与发展优势，相继出台了一系列规划计划、相关法律和政策措施，加速推动卫星通信产业创新和商业航天发展。按照当前所公布的星座计划，未来两三年内，成千上万颗低轨卫星将实现部署，紧缺的频率及轨道资源将被瓜分殆尽。

二是网络服务能力从区域向全球覆盖。互联网的蓬勃发展、创新应用以及网络空间的利益抢占，推动整体互联网络的服务能力从区域向全球发展，由人和人的覆盖需求，逐渐向人和物、物和物的需求发生转变。在互联网影响无处不在的背景下，互联

网巨头公司通过卫星互联网全球服务能力建设，积极抢占互联网宽带接入的新入口。

三是网络建设借鉴互联网思维及经验。国外低轨星座系统充分借鉴了互联网思维及成功经验，创新投融资方式、商业模式，呈现出技术创新带动全面创新的态势，降低了卫星制造和系统建设成本，提升了系统竞争力，使传统卫星制造业和卫星运营企业产生了较大变革。

3. 我国已实现宽带卫星的重要突破，卫星互联网建设正处于关键筹备期，业务应用场景较为明确

2017年4月，中星16号卫星成功发射，该星采用Ka频段多波束宽带通信载荷，通信总量大于20Gbit/s，标志着中国的卫星通信进入高通量时代。2017年，中国长城工业总公司将低轨卫星纳入搭载发射规划，标志着我国的低轨小卫星星座进入快速发展期。中国航天科技集团、中国航天科工集团、中国电子科学研究院、上海微小卫星工程中心、九天微星等国内企业单位相继发布了低轨卫星互联网建设计划，预计于2019—2020年部署试验星座。

依据卫星互联网系统的市场需求，将基本业务分为宽带互联网接入、数据回传/承载、语音和短数据、物联网/数据采集、多媒体广播和多播、应急通信六大类，与地面网络形成优势互补、紧密融合、立体分层的融合网络系统，实现信息在全球范围内的传输和交互。

4. 频率轨位、卫星制造、无线组网及业务应用四大关键技术是现阶段我国卫星互联网建设的关键问题

我国卫星频率轨位资源需进一步扩展，频轨申请与协调工作需提前布局规划。扩大频轨资源储备，保障组网方案的可行性，通过多系统干扰共存、卫星及终端天线研发、空间异构组网等技术提升频率利用率及频谱效率。

我国的卫星系统容量及通信效率还需提升，在无线与网络技术方面需加强研究力度。应以天地融合为设计理念，构建立体分层的网络架构。尽可能采用地面5G无线技术，实现与地面移动网的深度融合；构建统一的天地融合核心网，实现卫星业务和蜂窝业务的一体化管理、资源分配等。

我国卫星的自动化制造还处于发展阶段，单星研发成本高，组网速度较慢。应积

极发展新兴技术，提高单星容量，利用 3D 打印、模块化设计等技术的应用，缩短低轨宽带卫星的研制成本和周期。

积极推动商业航天发展，大众消费服务领域的渗透度有待提升。需尽快开展技术试验验证，促进网络应用发展。构建仿真系统和环境，完成关键技术链路级仿真和系统级仿真，研究开发信关站和终端原型样机。突破低成本相控阵天线、核心芯片、高频段器件、终端测试环境等关键技术，形成重大原创性成果。

三、2019 年无线移动领域发展展望

（一）用户：随着 4G 的普及，全球移动用户持续增长，2G 和 3G 用户加快向 4G 用户转移

全球移动用户数 2019 年预计将超过 83 亿户，普及率达到 107%，预计 2023 年将超过 88 亿户。4G 用户占比持续增长，2G 和 3G 用户加快向 4G 用户转移；5G 商用之后，2023 年用户预计将超过 7 亿户，如图 16 所示。

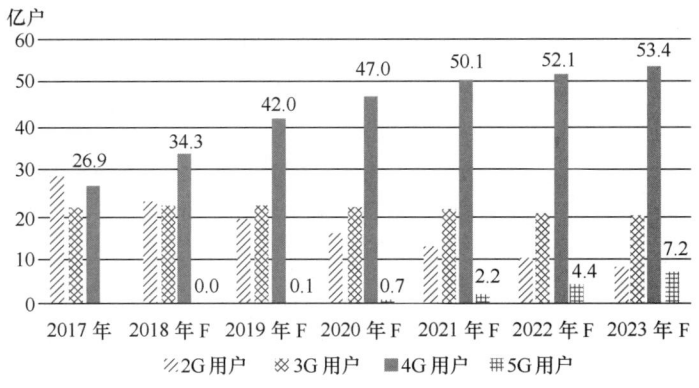

图 16　2017—2023 年全球移动用户预测

我国移动用户数 2019 年预计将超过 16 亿户，普及率超过 110%，预计 2023 年将接近 18 亿户。4G 用户发展逐步进入稳定期；5G 商用之后，2023 年用户预计将超过 2 亿户，如图 17 所示。

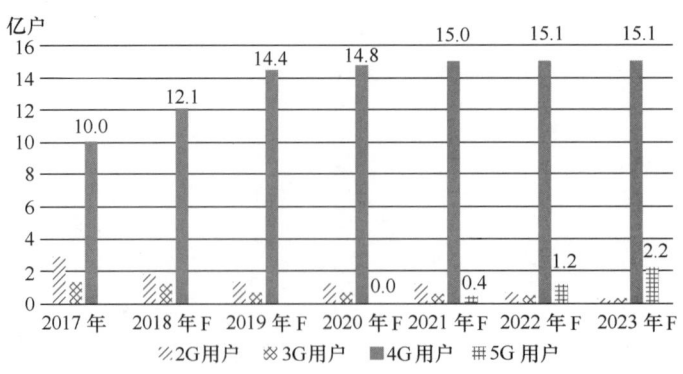

图 17　2017—2023 年我国移动用户预测

（二）流量：4G 普及将持续释放移动用户流量需求，未来两三年我国的移动数据流量仍将保持高速增长

得益于 4G 网络的大规模普及，我国用户流量的潜在需求将得到持续释放。全年月均移动数据流量增速在 2018 年达到 200% 的历史新高之后，将逐步回落，但增速将依然保持在 90% 以上，如图 18 所示。

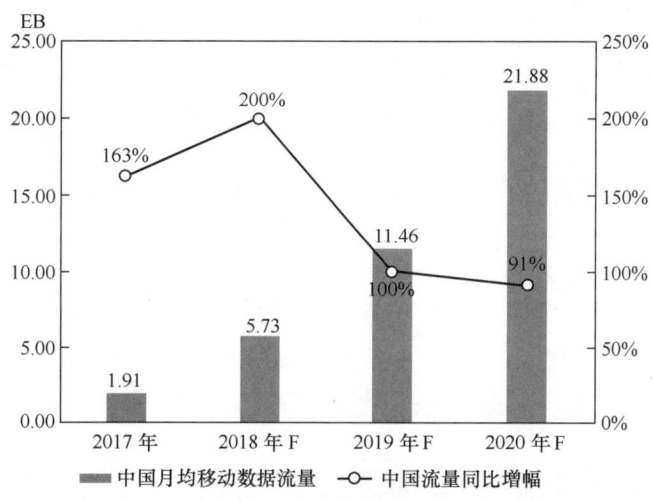

图 18　2017—2020 年我国月均移动数据流量预测

预计平均每户每月上网流量（DOU）也将继续保持高速增长，2018 年达到 4.42GB/（户·月），预计 2020 年将达到 10GB/（户·月），如图 19 所示。

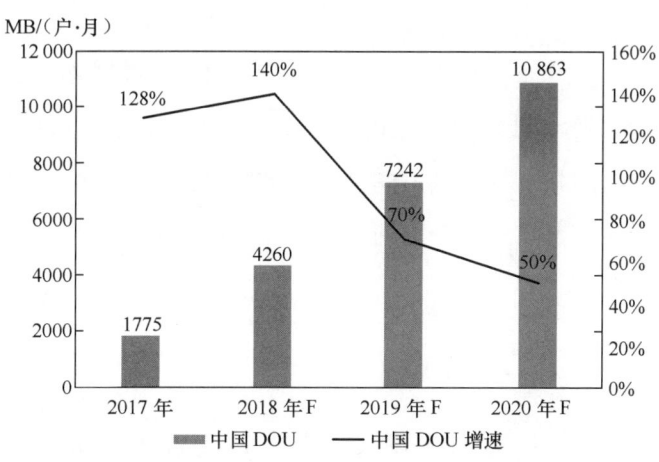

图 19　2017—2020 年我国 DOU 预测

（三）WRC-19 即将召开，5G 等无线系统有望获得全球频段

每三至四年召开一次的世界无线电通信大会（World Radiocommunication Conference，WRC）是国际电信联盟（ITU）组织召开的，由世界各国政府无线电主管部门参加的，对国际无线电有关事项进行立法缔约的最高级别会议。会议期间，世界各国政府无线电主管部门将讨论并决定重要的无线电频率划分和修订频率使用的规则程序，并形成相关决议。会议成果不仅事关各国的无线电频率资源的使用，而且会对未来五年、十年甚至更长时期内的无线电技术应用和无线电产业发展产生重要影响。

2019 年世界无线电通信大会（WRC-19）将于 2019 年 10 月 28 日至 11 月 22 日在埃及沙姆沙伊赫召开。WRC-19 共设 30 多个议题，内容涉及国际移动通信、智能交通系统和高空平台通信系统等各方面，同时也涉及对相关规则的修订。而这些议题体现了全球无线电技术应用发展的趋势，与未来无线电产业的长远发展息息相关，受到了各国的高度重视。下面是 WRC-19 的一些热点和焦点。

1. 1.12 议题：智能交通系统（ITS）

WRC-19 的 1.12 议题将为演进的智能交通系统考虑可能的全球或区域统一频段，为车联网发展规划频率资源。ITU 经过四年时间的研究，已经将 5850～5925MHz 频段作为融合频段写入了大会议题准备报告（CPM），有望在 WRC-19 上达成全球共识。2018 年 11 月 13 日，我国工业和信息化部无〔2018〕203 号文正式发布了《车联网（智能网联汽车）直连通信使用 5905～5925MHz 频段管理规定（暂行）》，规划 5905～5925MHz 频段作为我国基于 LTE-V2X 技术的车联网（智能网联汽车）直连通信的工作频段。对比全球统一频段（5850～5925MHz）和我国的规划频段（5905～5925MHz）可以看出，我国的 ITS 规划频段是全球统一频段的一部分，同时保留了向下扩展的可能性。

2. 1.13 议题：移动通信系统（IMT）

WRC-19 的 1.13 议题将考虑在高频段上为 IMT 谋求新的全球频率划分，以满足 5G 发展的频率需求，这对移动通信的持续演进发展具有十分重要的意义。该议题考虑的候选频段包括：24.25～27.5GHz、31.8～33.4GHz、37～40.5GHz、40.5～

42.5GHz、42.5~43.5GHz、45.5~47GHz、47~47.2GHz、47.2~50.2GHz、50.4~52.6GHz、66~76GHz、81~86GHz这11个频段。其中26GHz频段（24.25~27.5GHz）和40GHz频段（37~43.5GHz）是各国重点关注的频段，将是大会讨论的焦点。

3. 1.14议题：高空平台（HAPS）

WRC-19的1.14议题将研究现有高空平台频谱划分是否满足频谱需求，并在现有固定业务划分内为高空平台考虑新的频率划分。高空平台通信系统能以较低成本覆盖大面积区域，适用于沿海、山地、沙漠等偏远地区的网络覆盖。高空平台通信系统的部署受地理、天气等外部环境因素影响小，因此也可应用于灾区的应急通信，提供可靠的通信保障。该议题将考虑将全球范围内的38~39.5GHz、2区的21.4~22GHz和24.25~27.5GHz新增频段用于高空平台通信系统的可能性。

信息网络篇

导　　读

随着云计算、大数据、物联网、移动互联网业务对网络提出越来越高的要求，5G 等即将商用的新技术也给信息网络带来了新的挑战，2018 年信息网络围绕着大容量、智能化、融合发展取得了诸多成果。基础电信运营企业的骨干第三张网建设持续推进，"云网协同"初见成效，全国新增骨干直联点基本按计划完成流量疏导，直联点所在省份网络性能明显提升，大型 ICP 互联顶层架构实施 SDN，智能调度能力从数据中心（DC）走向网内、网间。传送网的 100Gbit/s 继续引领骨干网络建设，固定接入网络的光纤宽带部署规模和普及水平均稳步提升。国际通信网络中发展中国家发展提速，我国的国际传输网络布局在全球范围内加速延伸，国际信道出入口数量与通达范围双增长。我国骨干网的平均时延已优于国际主要运营商平均水平，下载速率大幅提升，但国际性能方面仍有差距。

云网一体化服务趋势显现，重塑云网产业生态。当前云服务和网络呈现出前所未有的融合态势，云网一体化的应用场景丰富多样，围绕云网一体化服务，云服务商强化网络建设，加强优势互补。基础电信企业构建云网互联平台，通过深度合作实现 CT 向 IT 服务延伸，新兴云连接服务商整合各类资源，提供端到端云网互联灵活调度，随着 SDN、虚拟化等技术走向新阶段，产业内正积极打造云网一体化服务合作生态，推动 ICT 融合发展。

国际 IPv6 应用持续升级演进，我国基础电信企业积极推进网络基础设施改造，三大运营商的骨干网设备已全部支持 IPv6，并完成了 LTE 网络的 IPv6 改造，我国 IPv6 国内网间互联带宽快速增长，中国电信、中国移动、中国联通、教育网累计开通 IPv6 网间互联带宽已达 3.5Tbit/s，三大基础电信企业共开通 100Gbit/s 国际互联带宽。IPv6 应用基础设施改造加速，三大运营商的大型数据中心已全部完成改造，CDN 企业加快了 CDN 的网络改造，但节点数量、覆盖率距满足互联网应用全面支持 IPv6 需求仍显不足。在互联网应用改造中，我国政府、中央企业发挥了先行示范作用，商业网站及应用改造进度相对缓慢。

边缘计算发展迅速，边缘计算的认识和实现技术思路逐步形成共识，形成了两种不同的发展路径和产品形态。IT、CT、OT 企业依托自身优势，布局边缘计算，掌握发展的主动权，互联网和云计算公司利用边缘计算完善自身的云计算能力，将云分析逐步扩展至边缘设备；通信企业以边缘计算为契机，补充和完善自身的服务能力，借助网络新技术的应用和部署向工业、交通等行业领域延伸；工业企业则着力于利用设备边缘计算能力，将行业知识的应用延伸到工业现场。边缘计算应用处于探索阶段，重点在视频处理、车联网和工业互联网等方向开展，正在从机遇期迈向成熟期，仍需面对技术和应用方面的多项挑战。

展望 2019 年信息网络的发展，IPv6 的基础设施与应用改造加速，新型交换中心有望试点，推动网间架构全新升级。随着新业务流量持续高速增长，现有干线和城域传送网的带宽压力增加，200/400Gbit/s 应用需求明显，干线和城域需求有可能并发。接入网层面三大运营商陆续进入 10Gbit/s PON 规模部署阶段，光接入网进入新老更替阶段。物联网、车联网等的快速发展对边缘计算提出了迫切的需求，边缘计算与云计算彼此融合，"边云协同" 逐步形成。随着人工智能的发展，运营企业和应用基础设施企业进入以 AI、大数据为前景的 2.0 时代，基于 AI 的云服务 "百花齐放"，企业巨头将全面布局，推动业务创新发展。

本篇作者：

张海懿　李原　赵锋　沈辰　时晓光　罗松　李想　杨波　程强　张杰　赵文玉

一、2018 年信息网络领域发展综述

（一）骨干网络第三张网建设突飞猛进，骨干网设备已全部支持 IPv6

基础电信运营企业的骨干第三张网建设持续推进，"云网协同"初见成效。 随着云计算技术的发展和应用，数据中心云化趋势日益显著，骨干网络中的东西向流量也不断增大，且呈现出变化快、突发性强以及更加离散等特征，这对骨干网络的资源动态配置能力提出了较高的要求。为了满足云数据中心发展的急迫需求，各基础电信运营企业近两年已着手建设数据中心互联（DCI）网络，同时积极采用智能化资源调度手段，在动态满足资源配置需求的同时提高网络的承载效率。中国电信 2017 年开始建设第三张网，2018 年持续采用 SDN 技术优化网络，以更好地实现"云网协同"。中国联通基于其产业互联网构建数据中心网络，一期建设已实现 65 个自有优质数据中心的接入，计划 2018 年年底实现地市全部支持 SDN，同时在海外新增 30 余个 SDN 覆盖点，其 DCI 网络架构如图 1 所示。中国移动计划建设一张全新的 4+45 的 DCI 网络，用于全国的数据流量疏导。

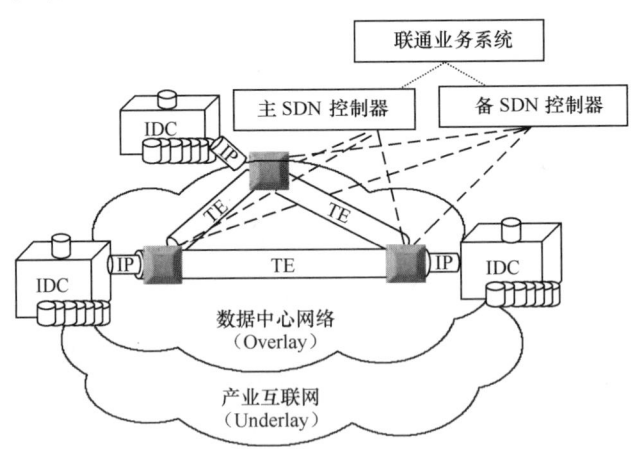

图 1 中国联通 DCI 网络架构

全国新增骨干直联点基本按计划完成流量疏导，直联点所在省份网络性能明显提升。 2017 年新增杭州、福州和贵阳 3 个骨干直联点后，经过一年多时间的建设，基本已完成全国到本省流量的疏导，全国网间互联架构总体进一步优化。同时，网间互联带宽也持续增长。截至 2018 年年底，全国网间互联互通带宽预计将达 6800Gbit/s，较

2013 年增幅超过 300%。随着互联架构的不断优化，网间互联性能也在不断提升。如图 2 所示，据中国信息通信研究院互联网监测分析平台监测，2018 年全国直联点所在省份网间时延均值为 39.59ms，分组丢失率为 0.19%，较上年分别提升 15.27% 和 56.65%。

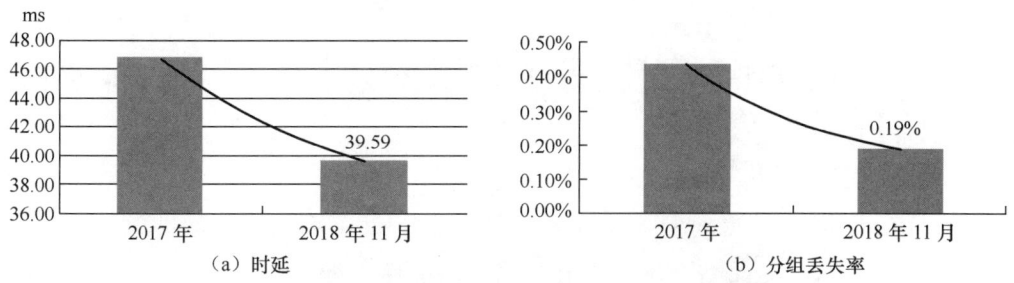

图 2　直联点所在省份网间性能变化情况

（数据来源：中国信息通信研究院互联网监测分析平台）

骨干互联网设备已全部具备支持 IPv6 能力。 目前，全球 BGP（边界网关协议）路由表中有 25.8% 已广播 IPv6 前缀，如图 3 所示。随着我国 IPv6 行动计划的推进实施，2018 年骨干互联互通设备已全部支持 IPv6，部分直联点设备已开启 IPv6 双栈功能。同时，全国互联网骨干网络设备均已具备支持 IPv6 的能力。

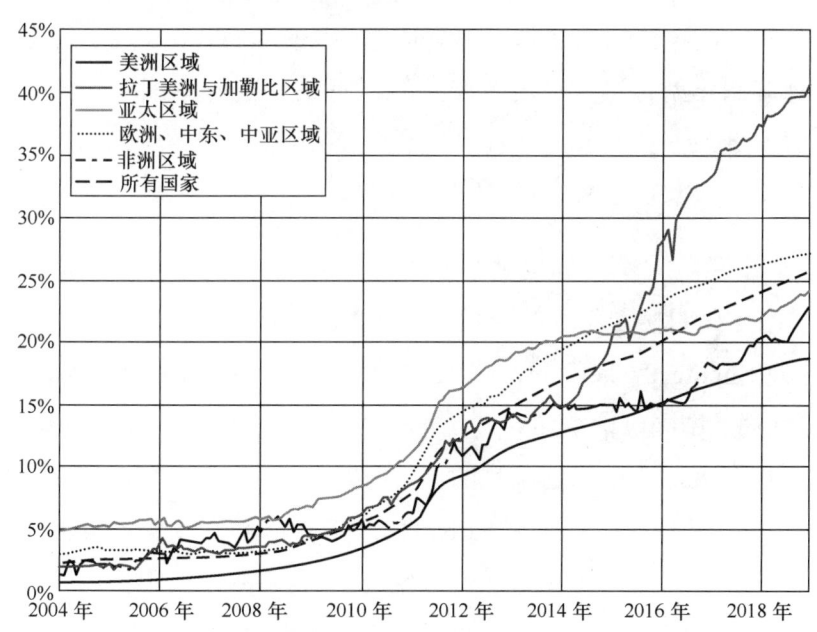

图 3　全球 BGP 路由表广播 IPv6 前缀情况

大型 ICP 互联顶层架构实施 SDN，智能调度能力从数据中心（DC）走向网内、网间。 为了更好地实现互联资源的分配调度，提升 BGP 互联的效率性能，保障不同业务的资源需求，全球一些大型的 ICP 开始在网络互联层面部署 SDN。谷歌通过其部署于全球和本地的 SDN 控制器，根据互联互通业务等级、带宽需求，动态调配网间边缘互联路由器的链路、端口与带宽。Facebook 通过 SDN 控制器计算最佳路径，指导不同 Prefix 在多个 ASBR（Autonomous System Boundary Router，自治系统边界路由器）之间做负载均衡。

（二）100Gbit/s 继续引领骨干传送网建设，三种 5G 典型承载方案协同并行发展

100Gbit/s 依然主导着运营商骨干传送网建设，200/400Gbit/s 实验室和试点评估继续开展。2018 年三大运营商继续采用 100Gbit/s 技术建设骨干传送网络，根据公开采购信息，除了继续扩容升级现有 100Gbit/s 骨干传送网络之外，中国电信延续采用 100Gbit/s ROADM（Reconfigurable Optical Add-Drop Multiplexer）技术规模化新建华南和华北骨干网络，预计本次 100Gbit/s OTU（Optical Transfer Unit）采购规模为 3000 个量级。中国移动基于 100Gbit/s OTN（Optical Transport Network）技术启动国际和政企专线网络建设，采购 OTN 设备约为 9900 端量级，为近几年传输设备一次性最大采购规模。另外，中国联通也在 2018 年下半年启动了京津冀 ROADM 系统实验网建设工程。另外，业界持续关注基于更高速率的 200/400Gbit/s 技术的发展，2018 年继续进行多种调制码型传输性能的实验室测试评估，同时中国移动等运营商也开展了 200/400Gbit/s 现网试点测试验证工作，预计 2019 年干线传送网络建设将逐步引入 200/400Gbit/s 速率，以满足快速增长的承载需求。

三种 5G 典型承载方案协同发展，测试验证和国际标准进展明显。5G 业务指标显著提升、网络结构明显变化等催生新型承载需求，三种典型承载方案，也即中国移动主导的 SPN（Slicing Packet Network）、中国电信主导的 M-OTN（Mobile-optimized OTN）、中国联通及中国电信主导的 IP RAN（IP Radio Access Network）增强整体协同发展。2018 年三大运营商根据各自的主推方案开展了实验室和试点测试验证工作，其中中国移动已完成多个厂商新型 SPN 设备、PTN 升级 SPN 等实验室测试评估工作，同时启动了上海、广州和武汉三地的现网试点测试。中国电信完成了 25G BiDi（Bidirection）、OTN 前传、IP RAN 增强等实验室测试，同时在北京进行了 OTN 前传现网试点，并在第一批试点地市开展 IP RAN 测试等。中国联通已完成多厂家 IP RAN 和 PeOTN（Packet enhanced OTN）实验室测试、4 个 5G 试点地市的 IP RAN 承载测试等工作，并拟在 2019 年 4 月下旬开展基于 IP RAN 增强的业务承载测试。另外，在 ITU-T SG15 国内对口组和 IMT-2020（5G）推进组 5G 承载组的协同组织下，国内业界

聚集力量共同推进 5G 承载国际标准制定。在 2018 年 10 月的 ITU-T SG15 全会上，国内主推的两项标准——G.mtn 和 G.709-25G-50G 成功立项，标志着我国的 5G 承载国际标准推进工作取得明显进展。

（三）光纤宽带部署规模和普及水平均稳步提升，速率提升尤为明显

2018 年，我国继续加快以 PON 技术为基础的光纤带宽升级，接入网络基本实现全光纤化，宽带普及和提速卓有成效。

光纤接入用户数量和占比世界第一：截至 2018 年第三季度，我国固定宽带互联网用户总数达到 3.96 亿户，其中光纤接入用户总数达到 3.48 亿户，光纤用户占比达 88.1%（见图 4），在全球主要国家中稳居首位。

宽带网速快速提升：宽带用户持续向高速率迁移，截至 2018 年第三季度，100Mbit/s 及以上接入速率的固定互联网宽带接入用户总数为 2.43 亿户，占总用户数的 61.4%（见图 4），比 2017 年同期提升了 33.5 个百分点。

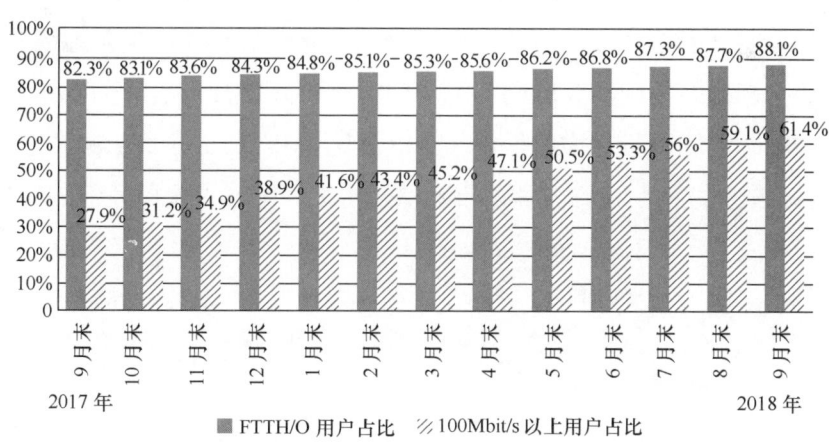

图 4 光纤接入（FTTH/O）和 100Mbit/s 及以上接入速率的固定互联网宽带接入用户占比情况
（数据来源：工业和信息化部 2018 年 9 月通信业经济运行情况）

宽带普及水平快速攀升：到 2018 年第三季度我国固定宽带家庭普及率达到 85.4%（见图 5），已提前三年大幅超过"十三五"规划和"宽带中国"战略 2020 年年末目标。

电信普遍服务效果显著：自 2015 年开始，我国组织实施了三批次电信普遍服务试点工作，效果显著，助力农村脱贫攻坚。到 2018 年第三季度，贫困村通宽带比例已超

过 94%，提前完成了"十三五"目标。

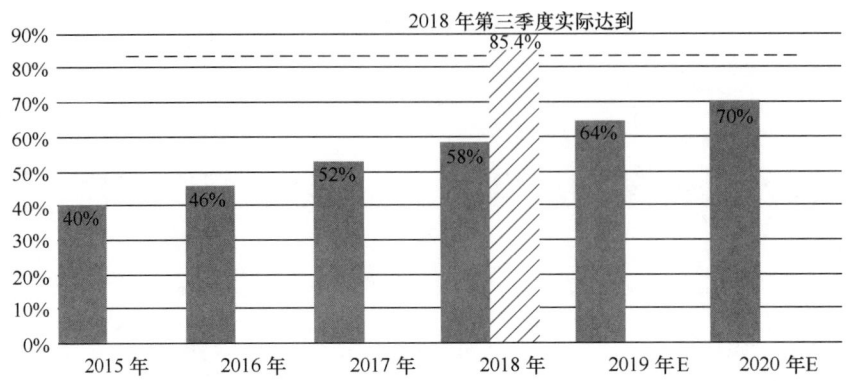

图 5　我国"十三五"规划固定宽带家庭普及率年均目标（按平均复合增长）和目前进展情况
（数据来源：2018 年第三季度中国宽带普及状况报告）

（四）发展中国家国际通信网络发展提速，我国国际传输网络布局在全球范围内加速延伸

近年来，发展中国家积极推进国际通信网络建设，国际互联网带宽的全球占比显著提升。如图 6 所示，与 2010 年相比，亚洲、非洲、拉丁美洲和中东地区的区域内国际互联网带宽全球占比总共提升了 7.0 个百分点；亚洲、非洲、中东地区和欧洲之间，拉丁美洲和北美洲之间的国际互联网带宽全球占比总共提升了 7.4 个百分点。其中，亚洲国家之间的国际互联网带宽增速最快，全球占比提升了 5.8 个百分点；亚洲和欧洲之间、中东地区和欧洲之间的国际互联网带宽增速次之，全球占比提升了 2~3 个百分点。

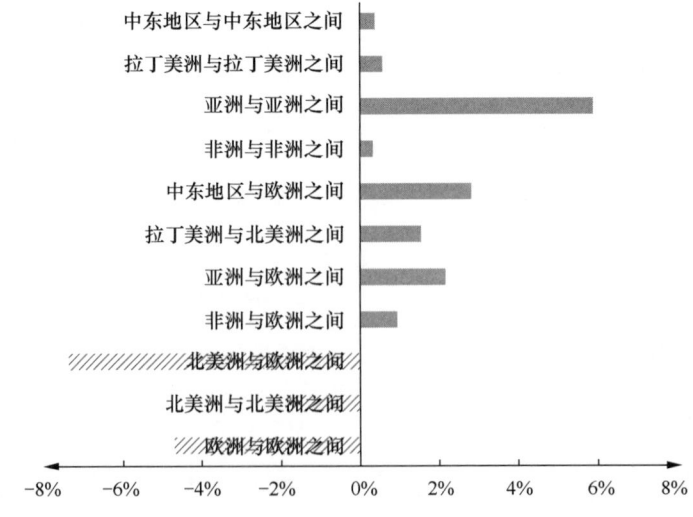

图 6　各大洲 / 区域国际互联网带宽的全球占比提升度（数据来源：TeleGeography）

国际通信信道出入口数量与通达范围双增长，国际传输网络布局进一步向全球扩展。2018年，中国电信、中国移动、中国联通分别扩展广东珠海国际通信信道出入口通达范围至香港地区和澳门地区，中国移动增设了通达尼泊尔的西藏吉隆国际通信信道出入口。同年，中国联通和喀麦隆电信共同投资建设贯通了南大西洋洲际直连海底光缆（South Atlantic Inter Link，SAIL），这是第一条跨南大西洋、连接非洲和南美洲的洲际直达海缆，直连喀麦隆的克里比和巴西的福塔雷萨，全长约6000km，设计总容量达到32Tbit/s。

（五）云计算企业马太效应加剧，全球根镜像破千个

云计算市场份额向巨头集中，IaaS市场马太效应加剧。 虽然众多厂商开始进军云计算市场，但以亚马逊、微软、阿里巴巴、谷歌等企业为代表的互联网巨头企业一直处于绝对领先位置，占据了70%左右的市场份额，而且集中度进一步扩大。根据Gartner发布的全球云基础设施即服务（IaaS）魔力象限，2017年有14家企业入围，而2018年Gartner大幅缩小了这个领域，只剩下6家供应商，分别为AWS、微软、谷歌、阿里云、Oracle和IBM，公有云IaaS市场步入寡头时代。在我国也有类似的趋势，阿里云、腾讯云、金山云等前5名云企业的市场份额超过75%，马太效应加剧。

CDN市场规模持续攀升，云计算企业打破传统市场格局。 据MarketsandMarkets测算，全球CDN市场规模过去五年间复合增长率超过32.8%，预计2022年将达到308.9亿美元。到2021年，亚太市场规模预计将超过北美地区。此外，互联网的快速发展，带动了多媒体内容的不断丰富，网络直播、人工智能、虚拟现实、物联网等新业务新技术快速成熟，为CDN的发展提供了新动力。Cisco数据显示，受全球流量持续增长影响，预计到2021年，全球71%的流量承载在CDN中，其中视频流量增长将成为主要动能。

云计算企业积极拓展CDN业务，并对传统CDN服务商造成了一定的冲击。 根据Datanyze的数据，全球TOP100万网站中，亚马逊的CloudFront市场份额占比最高，将近30%的网站使用了亚马逊的服务。其次是jsDelivr和Cloudflare。而传统CDN巨头企业Akamai的市场份额仅有9%。在我国，云企业CDN市场份额也在不断加大，根据Gartner 2018年3月数据，全球TOP18 CDN服务商中我国有5家入选，除传统服

务商网宿、蓝汛外，云企业阿里云、腾讯云、白山云等也在榜单之中。

大型数据中心全球广覆盖，数据中心向中心城市聚集。紧随大企业客户的全球化战力，国际领先的传统数据中心服务商加大全球扩张，通过投资并购等方式在全球各地建设数据中心，提供全球化服务。如美国 Equinix 公司通过近几年的收购，牢牢占据了托管市场第一的位置，目前在全球范围内拥有 196 个数据中心，遍布美洲、亚太、EMEA（欧洲、中东、非洲）地区，主要位于全球各区域中心城市。而亚马逊、IBM、阿里巴巴等以提供云服务为主的新型数据中心企业，其数据中心主要布局在北美洲、亚洲、欧洲和大洋洲四个大洲，大多位于经济发达的大型城市，如洛杉矶、华盛顿、伦敦、法兰克福、东京、香港、悉尼、北京等城市。

域名解析设施全球扩展，根镜像突破千个，根区密钥签名密钥（KSK）执行首次轮转。根服务器运行机构以设置镜像服务器的方式形成全球分布式架构，如图 7 所示，截至 2018 年 8 月，全球根服务器及其镜像服务器数量已达到 1048 个，覆盖超过 140 个国家或地区，为全球用户提供就近的根解析服务能力。相比 2017 年，全球根镜像服务器数量涨势明显，增长约 33%。其中 E 根近一年中新增了 109 个镜像节点，增幅达 129%。此外，D 根、E 根、F 根、J 根等镜像数量均有一定规模的扩展。

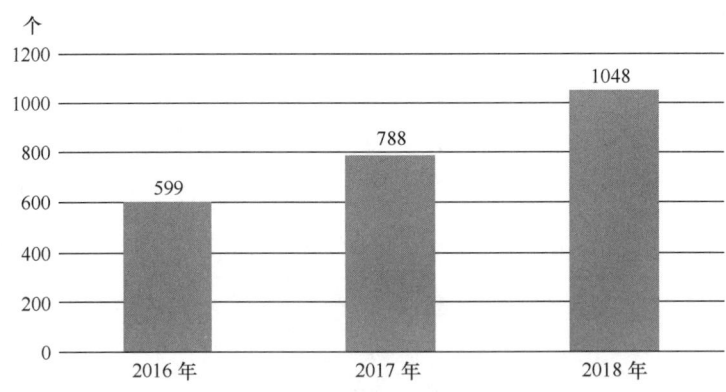

图 7　根服务器及镜像服务器数量发展

（数据来源：root-servers.org，中国信息通信研究院整理）

为提升域名系统的安全性，ICANN 多年来持续推动以域名系统安全扩展（DNSSEC）为核心的安全认证机制的部署。截至 2018 年 12 月，域名系统根区的 DNSSEC 部署工作全部完成，顶级域部署率达到 91.2%，DNSSEC 密钥签名密钥（KSK）全球同步轮转（Rollover）工作经过一年的延期准备，于 2018 年 10 月顺利完成，只有少数解析服务器受到了不利影响，但这些受影响的解析服务器都能够很快恢复。根据 ICANN 的工作计划，旧 KSK 于 2019 年 1 月 11 日失效并从根区移除。

（六）我国骨干网平均时延已优于国际主要运营商平均水平，下载速率大幅提升，但国际访问性能仍有待提升

我国骨干网网间性能持续提升，网络整体发展态势良好。中国信息通信研究院监测数据显示，近年来，我国基础电信运营商骨干网网间时延和分组丢失率性能得到持续优化。2015—2018 年，我国骨干网网间时延从 64.01ms 下降到 40.31ms，下降幅度达 37.03%；分组丢失率从 1.01% 下降至 0.19%，下降了 0.82 个百分点，如图 8 所示。

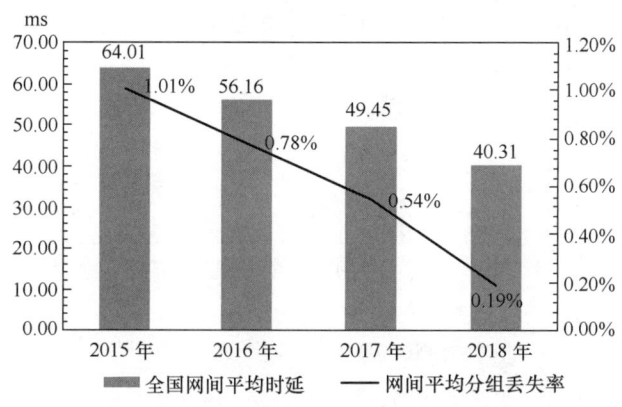

图 8　2015—2018 年我国骨干网网间时延和分组丢失率情况
（数据来源：中国信息通信研究院互联网监测分析平台）

我国骨干网网内性能与国际基本持平，国际访问性能与发达国家之间仍存在一定差距。根据中国信息通信研究院监测数据和 keynote 网站数据，我国骨干网网内平均时延优于 AT&T、Verizon、Sprint、Cogent、Savvis 和 NTT 等国际运营商的网络性能，分组丢失率与国际运营商之间存在一定的差距，但正在缩小，整体性能基本与国际持平，如图 9 所示。全球 133 个重点国家和地区的国际网络访问平均时延为 224ms，欧洲地区整体访问性能较优，我国以 260ms 的平均时延位列第 101 位，国际访问性能与其他国家 / 地区之间存在一定差距，如图 10 所示。

我国固定宽带下载速率大幅提升，视频平均首次播放时延低至 757ms，用户上网体验良好。据 Ookla 统计，2018 年 7 月，我国平均固定宽带接入速率为 77.6Mbit/s，全球排名 19/33。中国信息通信研究院监测数据显示，2018 年第二季度，我国固定宽带下载速率全球排名 44/70。该平台统一选择百兆固定宽带接入环境作为对比分析基

准，对全球范围内广泛部署、用户经常访问的知名信源开展下载速率测试，测试范围涉及全球 70 个国家和地区。如图 11 所示，我国家庭固定宽带用户在线观看视频平均卡顿率为 0.22%，平均首次播放时延是 757ms，用户视频观看应用体验良好。

IPv4 骨干网内		2017 年	2018 年 11 月
平均分组丢失率	国内	0.11%	0.05%
	国际	0.06%	0.01%
平均时延（ms）	国内	38.10	34.76
	国际	37.73	38.52

图 9　2017—2018 年我国 IPv4 骨干网网内时延和分组丢失率
（数据来源：中国信息通信研究院互联网监测分析平台，keynote）

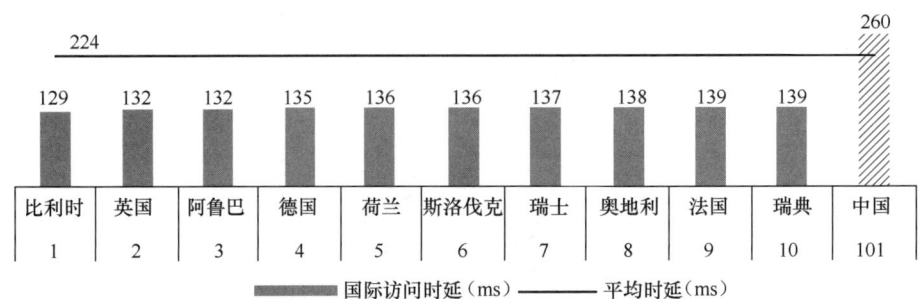

图 10　2018 年我国访问国际主要国家和地区时延情况
（数据来源：中国信息通信研究院互联网监测分析平台）

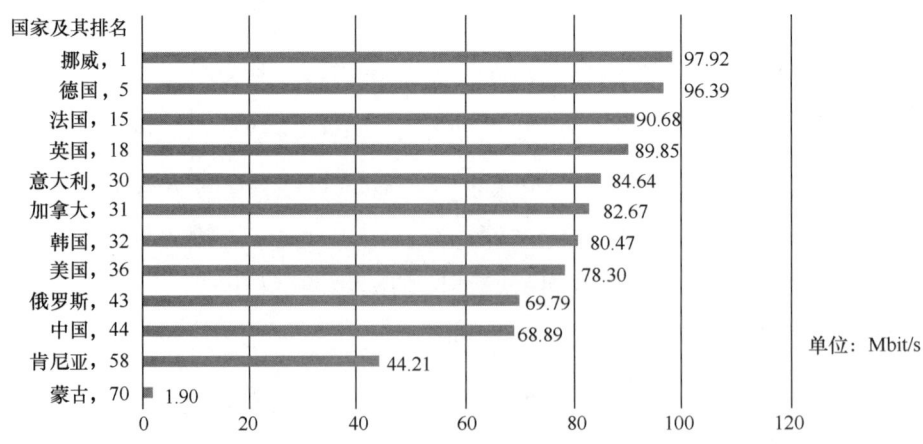

图 11　全球主要国家和地区百兆测试用户下载国际常用网站文件平均下载速率对比情况
（数据来源：中国信息通信研究院互联网监测分析平台）

我国 IPv6 骨干网正处于调整优化阶段，访问性能持续快速好转，整体性能略低于 IPv4，稳定性有待进一步提高。中国信息通信研究院监测数据显示，2018 年 8～10 月，我国IPv6骨干网网内性能持续转好，网内时延趋于IPv4，但网间时延仍与IPv4存在一定差距，如图12所示。我国IPv6骨干网分组丢失率较大，约有2%的测试链路存在70%以上的分组丢失情况，IPv6链路的稳定性有待进一步提高，与IPv4存在较大差距，如图13所示。

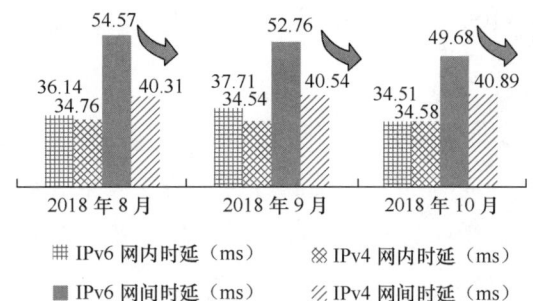

图12　2018年8～10月我国IPv6与IPv4骨干网网络时延情况
（数据来源：中国信息通信研究院互联网监测分析平台）

	IPv6 网内分组丢失率	IPv4 网内分组丢失率	IPv6 网间分组丢失率	IPv4 网间分组丢失率
2018年8月	0.97%	0.05%	4.33%	0.19%
2018年9月	0.93%	0.03%	3.30%	0.17%
2018年10月	0.68%	0.04%	1.00%	0.17%

图13　2018年8～10月我国IPv6与IPv4骨干网网络分组丢失率情况
（数据来源：中国信息通信研究院互联网监测分析平台）

二、2018 年信息网络领域热点分析

（一）云网一体化服务趋势显现，重塑云网产业生态

当前云服务和网络呈现出前所未有的融合态势，云网一体化的应用场景丰富多样。从企业传统 IT 系统上云到业务的大规模混合云部署均要求云和网提供一体化服务。从应用场景来看，主要需求集中在四个方面。**一是企业系统上云和高效入云。**在通过互联网基于公有云构建 IT 系统中，企业需要网络提供高质量入云专线。**二是企业多云备份。**当数据或业务较为重要时，企业系统需实现两地三中心部署（同城或异地灾备），满足热备/冷备需求。**三是企业多云／混合云业务部署。**由于业务系统的属性不同，业务资源分别部署在不同公有云、私有云或 IDC 内，企业需通过高质量云专线打通不同类型的资源池。**四是企业云组网。**某些大型零售业、制造业企业通常需要实现分支机构跨地区组网，并支持分支机构同时一点入云。随着云网融合的逐渐深入，服务一体化的需求也不断涌现，产业各方纷纷推出相关解决方案。

围绕云网一体化服务，云服务商强化网络建设，加强优势互补。云服务商通过打造自身的云骨干网络，并借助运营商和合作伙伴力量打通用户上云通道，直接面向用户提供云网一体化服务。如图 14 所示，一方面，国内外云服务商通过自建或租用基础电信企业光缆组建云骨干网络，实现全球范围内各资源池的高效互联。另一方面，在广泛建立业务边缘节点的基础上，云服务商开展与包括基础电信企业、IDC 企业以及互联网交换中心等在内企业的合作，营造边缘合作生态，解决"最后一公里"用户高质量上云问题。

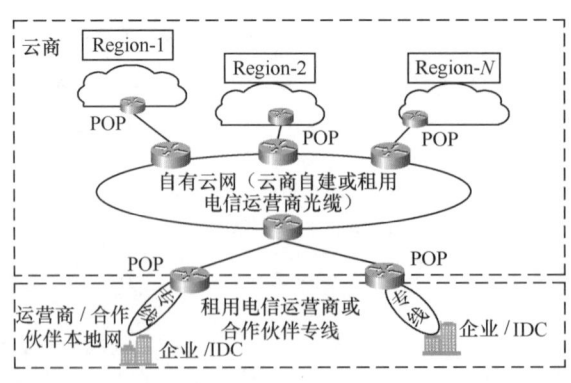

图 14　云服务商通过打造云骨干网和边缘合作提供一体化服务

基础电信企业构建云网互联平台，通过深度合作实现 CT 向 IT 服务延伸。通过与云服务商的深度合作，基础电信企业利用多层次的管道优势，打造云网资源一体化的管理和调度平台，如图 15 所示。2017 年，AT&T 率先推出 NetBond for Cloud 平台，并预集成了多云资源，实现用户 VPN 向云服务商延伸。截至 2018 年 5 月，该平台已经涵盖了 AWS、Google Cloud、IBM、Azure 等在内的 20 多个云服务商的 130 多种云服务。2018 年年初，NTT 通过与云服务商合作，打造云网资源一体化管理平台，实现网络链路资源和外部云服务计算与存储资源的单一窗格的可视化的资源管理。2018 年 3 月，中国联通发布了 7 款网络创新产品，重点打造云联网业务，构建"云网一体"新格局。通过与云服务商深度合作，中国联通预先接入国内 TOP10 云商，实现"云主机—云主机"的深度打通。

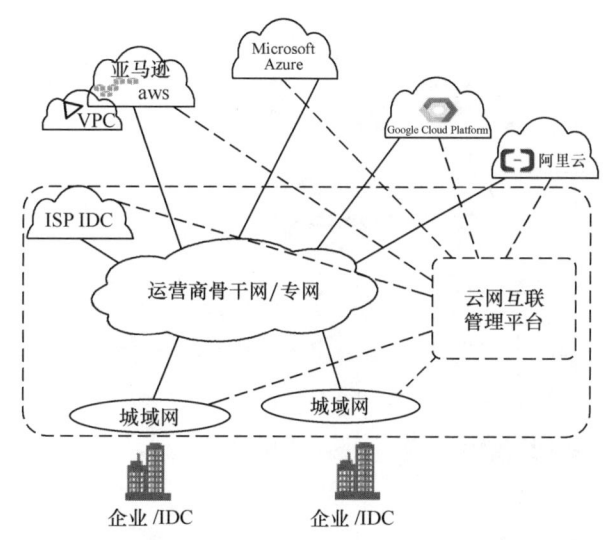

图 15　基础电信运营商打造云网互联管理平台推出一体化服务

新兴云连接服务商整合各类资源，提供端到端云网互联灵活调度。随着 SD-WAN 的快速兴起，产业内涌现出了大量聚焦云网融合的第三方服务商。如图 16 所示，利用软件化的链路调度能力，云链接服务商通过专用网络、互联网等多种链路资源，为用户提供灵活、动态的云连接服务以及方便、快捷的云网资源统一操作平台。以 Megaport 为例，通过整合各类型资源，在其搭建的基于 SDN 的第三方平台上，用户可实现按需自动与云互联，云连接开通甚至可以达到分钟级。

综合来看，随着 SDN、虚拟化等技术走向新阶段，产业内正积极打造云网一体化服务合作生态，推动 ICT 融合发展。一方面，SDN 调配云网骨干互联路由，其动态调度能力已从网内向网间调度延伸。另一方面，国内外云服务商均保持了积极开放的态度。通过云 API 开放为多方共同打造云连接服务的技术基础。随着云网融合的更深层次发展，ICT 融合发展也进入了新阶段。**一是**云网资源统一调度将成为未来的重要趋势，网络资源、云资源的自动、智能化配置与灵活调度将成为用户刚需。**二是**随着企业间的合作更加广泛，产业各方的能力更加开放。基础电信企业开展网络重构，将在未来实现能力更加开放的云化组网。云服务商也将开放更多的计算资源、存储资源的配置接口，从而满足各方的需求。

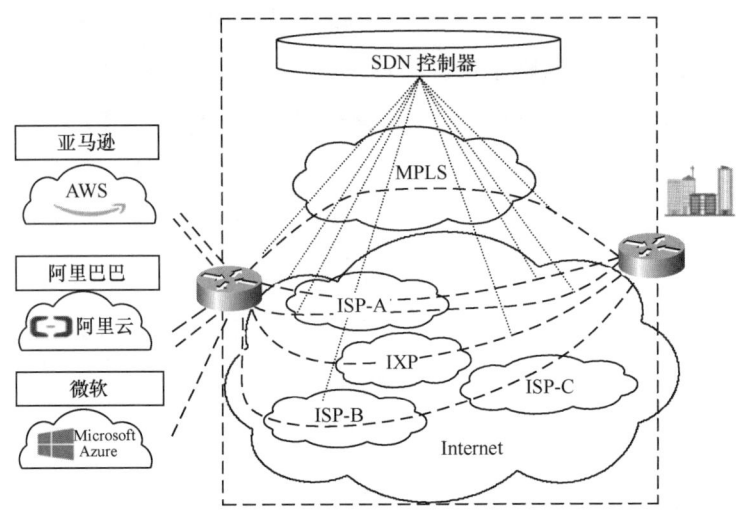

图 16　云连接服务商通过整合资源实现动态灵活的云网融合服务

（二）我国 IPv6 规模部署进入加速阶段

1. 国际 IPv6 应用持续升级演进

2018 年，美国、比利时、德国等发达国家以及印度、马来西亚等发展中国家在 IPv6 部署方面都有较快的发展。根据亚太互联网络信息中心（Asia-Pacific Network Information Center，APNIC）的统计，2016—2018 年，全球 IPv6 用户增幅超过 100%，总数已达 5.65 亿户，印度 IPv6 用户数达 2.5 亿户，位居世界第一。

以谷歌（Google）、脸书（Facebook）等公司为代表的国外大型互联网企业已全面向用户提供 IPv6 服务。Google 公司的 IPv6 用户访问量也在不断攀升，截止到 2018 年 12 月，访问 Google 网站的用户中，IPv6 用户比例为 21.79%，相比 2017 年同期增长了 3%（参见图 17）；2018 年 5 月，Facebook 宣布其来自美国的 IPv6 访问流量首次超过了 50%。

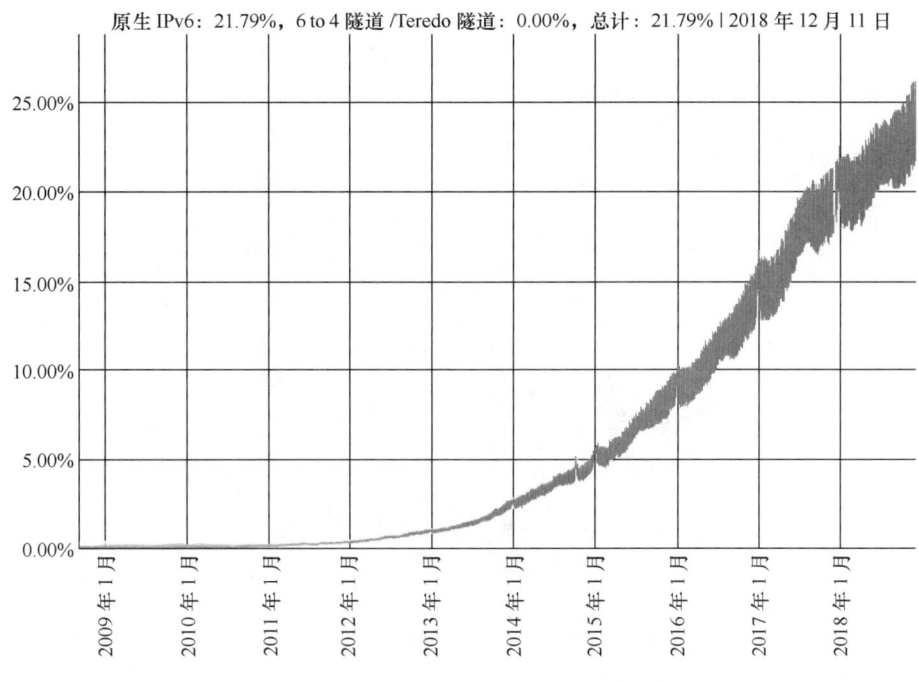

图 17　Google 公司 IPv6 用户访问统计

根据国际互联网协会（The Internet Society）基于 5 个网站（Google、Facebook、Akamai、LinkedIn、Yahoo!）的 IPv6 用户访问情况统计，截至 2018 年 11 月，Comcast、AT&T、Verizon Wireless、T-Mobile USA 等美国运营商的 IPv6 部署率都已经超过 40%，其中 Verizon Wireless、T-Mobile USA 的 IPv6 部署率已经超过 80%，其他如 British Sky Broadcasting（英国）、Deutsche Telekom AG（德国）、Reliance Jio Infocomm Limited（印度）、Rogers Communications（加拿大）等运营商的 IPv6 部署率也已超过 40%。

2. 我国 IPv6 网络基础设施改造初见成效

自 2017 年 11 月中共中央办公厅、国务院办公厅印发《推进互联网协议第六版（IPv6）规模部署行动计划》（以下简称"《行动计划》"）以来，基础电信企业积极推进网络基础设施改造，截至 2018 年 12 月，中国电信、中国移动和中国联通骨干网设备已全部支持 IPv6，并全面支持 IPv6 承载服务；三大基础电信企业均完成了全国 31 个省（市、自治区）的 LTE 网络 IPv6 改造，并已在全国 31 个省（市、自治区）为固网用户提供 IPv6 接入服务；截至 2018 年 12 月，我国基础电信企业已分配 IPv6 地址的 LTE 网络用户数达 7.95 亿户（2018 年变化趋势参见图 18），固定宽带接入网络用户数达 7370 万户（2018 年变化趋势参见图 19）。

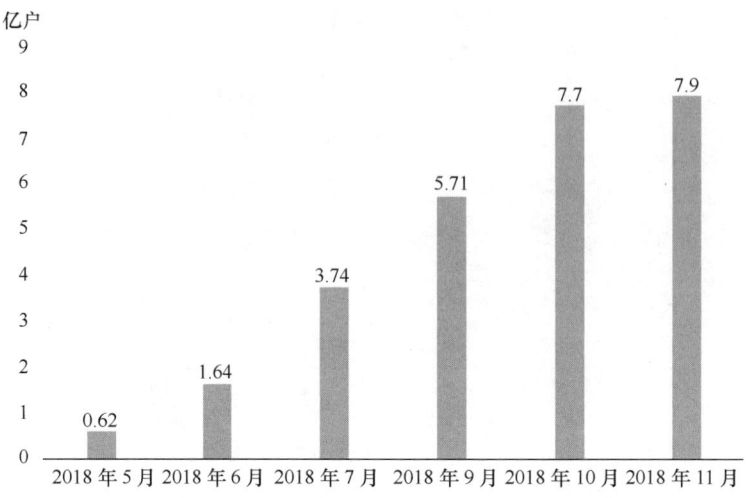

图 18　LTE 网络已分配 IPv6 地址用户总数变化趋势

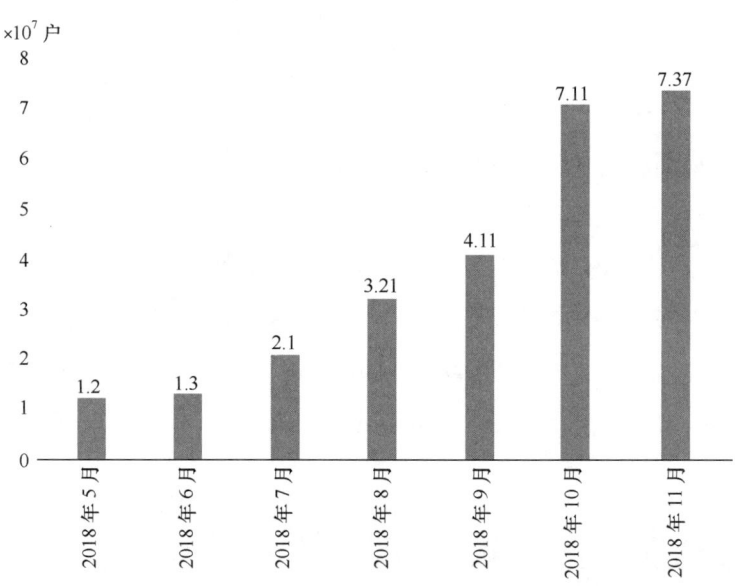

图 19　固定宽带接入网络已分配 IPv6 地址用户总数变化趋势

2018 年，我国 IPv6 国内网间互联带宽快速增长，中国电信、中国移动、中国联通、教育网累计开通 IPv6 网间互联带宽已达 3.5Tbit/s，全国 13 个骨干网直联点中已有郑州、成都、广州、上海、北京 5 个直联点开启了 IPv6 互联互通。商用网络 IPv6 国际出入口带宽"从无到有"，三大基础电信企业共开通了 100Gbit/s 的国际互联带宽，实现了与国际 IPv6 商用网络的互联互通，但与 IPv4 国际出入口带宽相比，IPv6 国际互联带宽仍显不足，需进一步扩充。

3. 我国加快推进 IPv6 应用基础设施改造

第一，在因特网数据中心（Internet Data Center，IDC）方面，三大基础电信企业的超大型、大型数据中心均已全部完成 IPv6 改造，可为用户提供 IPv6 服务；同时，为配合内容分发网络（Content Delivery Network，CDN）及互联网应用的改造进度，基础电信企业也加快了中小型 IDC 的改造，截至 2018 年 12 月，共完成 957 个 IDC 的 IPv6 改造。

第二，在 CDN 方面，网宿科技、北京蓝汛等 CDN 企业加快了 CDN 的 IPv6 改造，共完成 128 个 CDN 节点的 IPv6 改造，已初步实现了全国范围的 IPv6 网络加速，但节点数量、覆盖率距离满足互联网应用全面支持 IPv6 的需求仍显不足，需要进一步加快改造速度。

第三，在云服务方面，2018 年，阿里云、腾讯云、金山云、百度云、金山云、中国电信、中国移动、中国联通等云服务企业对其负载均衡、云主机、对象存储、云服务器等主要云产品进行了 IPv6 改造，并已开始提供对外服务。

第四，在域名解析服务方面，自 2017 年《行动计划》发布以来，我国基础电信企业加快了递归服务器的 IPv6 改造，目前已完成所有递归服务器的 IPv6 地址分配，全面开启了 IPv6 域名解析服务。

4. 我国互联网应用的 IPv6 改造进展已经起步

在互联网应用改造过程中，我国政府、中央企业发挥了先行示范作用。截至 2018 年 12 月，我国 31 个省（市、自治区）的 91 家省部级政府网站中，其主页可通过 IPv6 访问的共有 90 家，占比为 98.9%；我国 96 家中央企业网站中，其主页可通过 IPv6 访问的有 95 个，占比为 99%。

商业网站及应用由于改造周期较长、牵涉环节较多，改造进度相对缓慢。截至 2018 年 12 月，国内用户量排名前 50 位的商业网站及移动应用中，可通过 IPv6 访问的共有 31 家。

（三）边缘计算发展迅速，将成为驱动行业数字化转型的重要能力

1. 行业的数字化和智能化转型为边缘计算的发展壮大提供直接的驱动力

全球已经掀起工业数字化转型的浪潮，在这一转型过程中，数字化是基础，网络

化是支撑，智能化是目标。边缘计算是在靠近物或数据源头的网络边缘侧，构建融合网络、计算、存储、应用核心能力的分布式开放体系。通过边缘计算能够"就近"提供边缘智能服务，满足工业在敏捷联接、实时业务、数据优化、应用智能、安全与隐私保护等方面的关键需求。

行业数字化转型带来的数据增长与网络带宽之间的"剪刀差"将越来越大。随着万物互联时代的到来，网络边缘的设备数量和产生的数据都飞速增长。据IDC（International Data Corporation）预测，到2020年全球数据总量将大于40ZB（Zettabyte，泽字节），而相对来说，网络带宽能力的提升速度则十分缓慢，且全部数据传输至云端会造成网络带宽的巨大压力。例如，波音787每秒产生的数据超过5GB，而飞机与卫星之间的带宽不足以支持实时传输，因此行业数字化转型迫切需要边缘计算的发展。

目前技术无法满足行业应用对于数据处理的超低时延要求。传统云计算模型下，应用数据传送到云计算中心，再经过数据处理分析将指令或结果下发到端侧，会大大增加系统时延；而万物互联场景下，应用对于实时性的要求越来越高。例如工业控制系统中，一般要求时延低于10ms，无人驾驶汽车应用中，高速行驶下的汽车更是需要小于5ms的反应时延，一旦由于网络问题加大了系统时延，将会造成严重后果。以上场景对超低时延的技术要求，驱动边缘计算技术不断突破与革新。

扩展到更多的应用场景中，边缘计算在**连接多样性、服务实时性、数据丰富性、应用智能性、安全隐私性**等方面也提供了不同于云计算的独特价值。得益于这些优势，边缘计算近年来得到了迅速发展。

2. 边缘计算的认识和实现技术思路逐步形成共识，但形成了不同的发展路径和产品形态

边缘计算发展的应用目标是将计算、存储、连接作为基础能力，提供给所有行业，实现行业的数字化、网络化和智能化。其实现技术思路主要围绕硬件通用化及软硬件解耦、计算与存储能力的开放、软件实现任务调度、按需提供实时处理能力几个方面来展开，具体发展路径有两条。

路径一是将ICT基础设施下沉，为边缘侧提供更丰富的计算能力。主要面向对象为消费者和行业用户，以运营商企业为主导，较为典型的实现是边缘云的部署。边缘

云技术将传统的集中式数据中心演化成小的数据中心部署在网络边缘侧,为行业用户提供按需的计算能力。2017年年底,中国联通和英特尔、腾讯等联合建设成业界首个边缘数据中心测试床,并计划在未来几年建成6000个边缘数据中心。

路径二是通过对现场侧设备的升级改造,打造具有计算能力、可为第三方服务应用提供开放接口的边缘设备。 其中较为典型的应用是边缘网关。亚马逊公司发布了"AWS Greengrass"边缘侧软件,将亚马逊云服务的各项功能无缝扩展至工业设备;航天云网公司推出了一款连接其自身INDICS工业互联网平台的工业物联网网关"Smart IoT"产品,可提供采集、转换、处理和传输不同厂商品牌工业设备数据、工厂组网和通信协议转化等功能。

3. IT、CT、OT 企业依托自身优势,布局边缘计算,掌握发展的主动权

互联网和云计算公司利用边缘计算完善自身的云计算能力,将云分析逐步扩展至边缘设备。 Google IoT Core是谷歌推出的边缘计算领域核心处理平台,企业可轻松连接并集中管理全球各地的物联网设备,吸纳数据并连接至谷歌的先进云服务器进行分析处理。另外,谷歌还推出了Edge TPU芯片,该芯片能让边缘传感器更高效地处理数据。微软推出了开源Azure IoT Edge套件,它会有各种传感器和小型计算设备追踪工业场景中的数据,然后由微软的云和人工智能工具进行分析,通过这项功能将计算能力由云推向边缘。此外,Azure IoT Edge不仅能采集和分析数据,还可以将Azure机器学习和人工智能认知服务带进设备端,让设备就近结合机器学习变得更容易。

通信企业以边缘计算为契机,补充和完善自身的服务能力,借助网络新技术的应用和部署向工业、交通等行业领域延伸。 国内的通信企业以三大运营商为代表,利用5G技术进行边缘网络重构,全面部署MEC(移动边缘计算),其能力开放主要体现在四个方面:**一是网络能力开放**,主要为第三方App提供无线网络信息等,提供本地分流和业务缓存等服务能力;**二是第三方应用托管**,提供统一的边缘业务应用托管平台,构建面向本地边缘业务的"私有云";**三是搭建基于边缘云计算的App Store(PaaS平台)**,支持全业务能力开放,构建边缘业务孵化基地;**四是利用好虚拟化、组件化、可编排等5G网络架构的特点**,各种不同的业务场景由不同的网络切片来负责处理。

工业企业则着力于利用设备的边缘计算能力,将行业知识的应用延伸到工业现场。 西门子的MindSphere平台,其边缘功能可以帮助云更有效地分析和评估现场生产数据,优化生产流程,提高生产效率,做出预测性维护智能决策;富士康的工业互联网

平台（BEACON），边缘层连接海量工业设备，自主研发的工业网关、机台控制、工厂设备等组成了信息感触层/挖掘层，采集关键、有效、微观、纳米的数据，配合边缘技术，实现底层数据的汇聚，处理数据并上传至云端。

4. 边缘计算应用处于探索阶段，重点在视频处理、车联网和工业互联网等方向开展

随着边缘计算技术的逐步发展，边缘计算应用重点在三个方向进行探索落地。

(1) 视频处理：利用边缘计算实现的视频监控和图像识别、AR/VR 等

边缘计算在视觉智能中的应用，可以让工业品柔性质检事半功倍。传统产品的外观检测存在检测效率低、准确率波动大、可检测产品单一、设备高度专业化等问题。利用边缘计算技术搭建的视觉智能应用平台是以工业视觉为基础，引入人工智能和边缘计算技术，通过云端的强大算力，结合深度学习算法，构建有效的识别模型，通过"云边协同"，将训练好的模型下发至边缘计算节点，实现外观缺陷的快速识别，其检测准确率达到几乎 100%，综合成本显著降低，并且此方案通用型强，通过在云端更换算法，可完成更多场景检测，如各类薄膜、产品外观等柔性外观检测。

(2) 车联网：利用边缘计算能力实现自动驾驶判断和车路协同

自动驾驶计算场景无疑是目前最热的研究方向之一，目前在工业界有许多针对此场景推出的边缘计算平台，例如 OpenVDAP 是一个开放的车载数据分析平台，其提供了车载计算平台、操作系统、函数库等全栈的车载数据计算服务。除自动驾驶外，OpenVDAP 中还总结了三类智能网联车应用中的典型计算场景，分别是实时诊断、车载娱乐和第三方应用。在车载第三方应用中有很多使用边缘计算技术，例如安伯警报助手，根据司机行为判断司机身份的 PreDriveID；通过分析车辆行驶行为数据，车内的音频数据和手机摄像头数据可保证出租车内司机和乘客安全的 SafeShareRide 等。

(3) 工业互联网：工业机器人，工业产品质量检测，基于现场反馈的实时控制等

九州云的刀具监测与寿命预测智能管理边缘计算平台基于 OpenStack 技术，以 CNC（Computerized Numerical Control，计算机数值控制）机床加工设备的物联为基础，对主轴负载数据进行采集与分析，实现边缘侧刀具在加工过程中的实时状态监测和寿命预测管理以及数据信息可视化。边缘数据能够统一在核心云平台进行管理，集成了

市场上约 85% 的不同品牌类型的 CNC 系统，可实现车间看板、电脑端、移动端的同时在线监控和索引。

5. 边缘计算正在从机遇期迈向成熟期，仍需面对多项挑战

目前全球范围内边缘计算的发展正处于技术创新的关键期和企业抢占主导权的机遇期，仍需面对多项挑战。

技术挑战主要包括：体系架构亟待统一，技术理论尚未成熟；设备种类繁多，数据多源异构，参差不齐，缺乏开放性标准；智能化情景感知能力和统一开放平台有待完善。

应用挑战主要包括：边缘计算平台的开放性、通用性、兼容性、安全性有待增强；技术方案碎片化，跨厂商的互联互通技术方案整合难度更大；互联网背景下多方协作的新商业模式有待探索。

面对以上挑战，国家高度重视边缘计算技术领域的发展，工业和信息化部、科技部分别部署边缘计算相关专项，顶层规划引领边缘计算从单点技术突破向体系化发展。在技术发展趋势上，海量终端连接将对人工智能、机器学习等技术产生深远影响，促进微内核技术的发展，推动将算法、模型等嵌入海量设备的固件当中，使前端智能更具发展前景；在应用发展趋势上，物联网、移动互联网、工业互联网的发展将使数据处理平台向"去中心化"方向发展，"云边协同"将是未来行业数字化转型的体系构建模式。

三、2019年信息网络领域发展展望

（一）骨干网智能化持续演进，网间互联格局或迎新变

IPv6基础设施与应用改造加速。 2018年，在国家IPv6行动计划的实施推动下，我国的互联网基础网络、应用基础设施和业务应用等多层面的IPv6升级改造取得了较大进展。2019年，基础设施和业务应用的IPv6改造力度还将持续加大。首先，骨干直联点、国际出入口等关键基础设施的IPv6改造将取得大的进展。预计骨干直联点将全部开启双栈，加大IPv6互通流量承载；国际出入口IPv6支持能力将大幅提升，国际IPv6流量将稳步增长。其次，宽带用户侧设备的IPv6改造将加速，CDN边缘节点与应用覆盖度将快速提升。再次，国内重点互联网网站和应用的改造将进一步提速，IPv6支持度将不断提高。最后，随着网络不断优化，IPv6骨干网络的质量也将持续提升。预计2019年IPv6骨干网络的性能将与IPv4网络相当。

产业共推"云网协同"生态发展。 随着多云互通发展，电信企业的"云网协同"发展将重点聚焦网络能力，为ICT客户提供"云网融合"服务。未来"云网协同"要实现灵活的业务创新，还需吸收OTT/IT的灵活敏捷优势，实现网络架构标准化，降低互通复杂度。

电信运营企业逐步加大SDN在骨干网的部署力度，网络智能化改造成效将逐步显现。 2016年，中国电信发布了CTNet2025计划，希望通过十年左右的时间，打造一个简洁、敏捷、开放、集约的新型网络。随着SDN技术在骨干网络中的优化试点推进，其业务性能取得了较大的提升，如CN2网络杭州到西安的VPN时延下降了约50%。随着CTNet2025计划的推进，中国电信将不断提升网络互通性、增强开源性。中国联通随着CUBE-NET 2.0的推进，已取得了骨干网SDN重构的系列创新成果（如CUII产业互联网）。未来，将基于CUII提供"云网协同"连接服务。AT&T发布的Domain 2.0计划通过ECOMP平台打造集中国电信、云计算服务商及厂商于一体的SDN生态系统，目前"随选网络"的部署比率已超过55%，预计2020年这一比率将超过75%。

新型交换中心有望试点，推动网间架构全新升级。一方面，随着全国骨干直联点整体上持续推进架构路由优化，网间互联绕转将进一步减少，网间流量疏导效率将进一步提升。另一方面，工业和信息化部当前正持续开展新型交换中心建设的研究和筹备，并计划于近期开展试点创建工作。2019年，交换中心发展将迎来新机遇，未来有望形成"骨干直联点＋新型交换中心"的网间互联架构（见图20）。

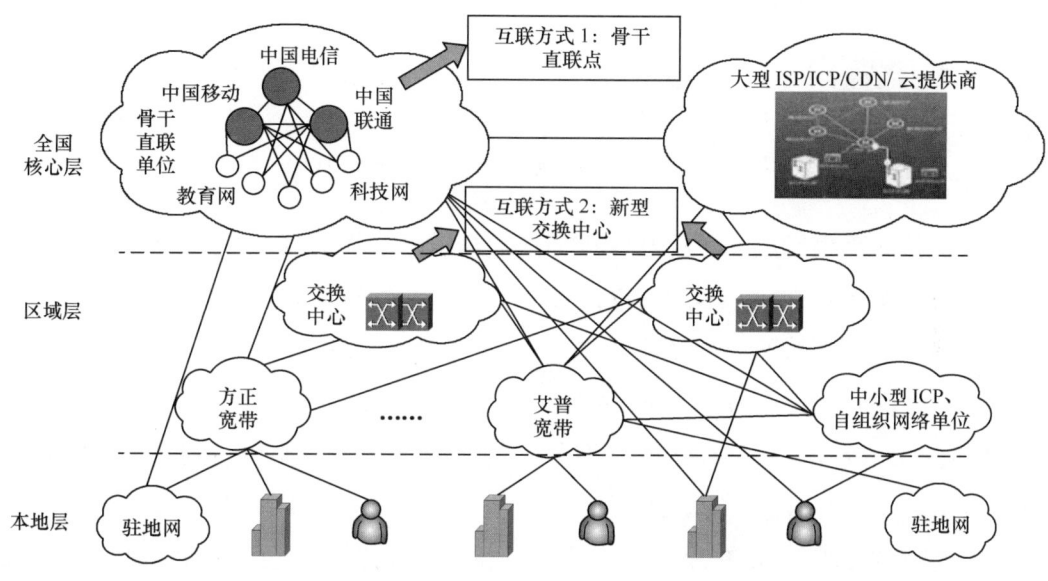

图20　我国未来互联网网间架构

（二）传输网200/400Gbit/s应用增速，组网管控演进稳步推进

200/400Gbit/s应用增速，城域和干线将可能同步部署。5G回传、IDC互联、宽带接入等多种应用的流量需求持续高速增长，现有城域和干线网络带宽需求显著增加，200/400Gbit/s应用时机来临。2018年，200/400Gbit/s标准制定整体加速，国际标准化组织ITU-T、IEEE、OIF等逐步推动和完善200/400Gbit/s标准客户侧和线路侧标准制定，国内方面，中国通信标准化协会（CCSA）也已制定完成200/400Gbit/s线路侧接口技术要求和测试方法。另外，200/400Gbit/s客户侧光模块样品和产品不断推出，多种调制码型的线路侧彩光模块性能也持续优化，预计2019年200/400Gbit/s将可能在城域和干线同步启动部署。综合考虑到频谱效率、成本、集成度等因素影响，400Gbit/s将是未来几年超大容量传输应用引入的主体速率，彩光模块未来市场预测如图21所示。

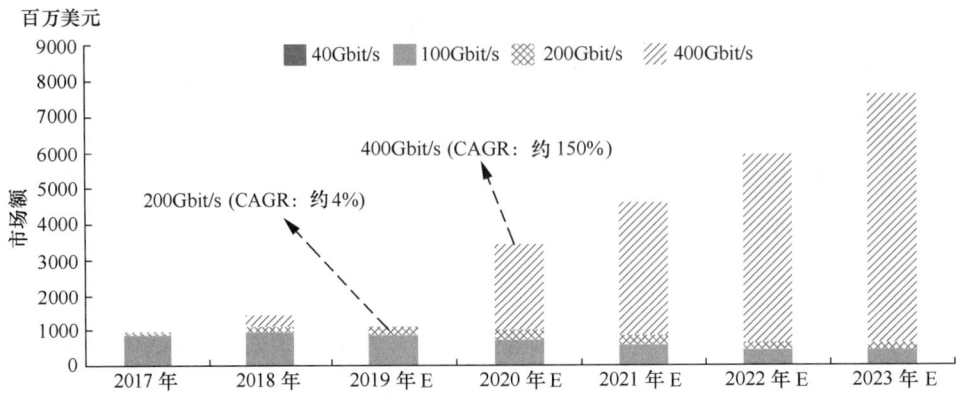

图 21　DWDM 彩光模块未来市场预测（数据来源：OVUM（2018））

OTN 类技术平稳发展，分组和管控演进稳步推进。作为城域和干线网络的主体传送技术之一，OTN 传送和交叉等 OTN 类技术的市场规模，以及其在光设备中的整体占比未来几年将平稳发展，持续承担超大容量带宽传送和调度任务，相应的未来市场发展预测见表 1。另外，DC（Data Center）的大容量互联需求将推动紧凑式 WDM（Wavelength Division Multiplexing，波分复用）设备应用规模加速增长，预计到 2022 年紧凑式 WDM 将占据整个 DWDM（Dense Wavelength Division Multiplexing，密集波分复用）市场的 29%，如图 22 所示。另外，受 5G 承载等多种业务和应用需求驱动，基于 PTN、IP RAN 等的分组承载技术将持续演进，其中 PTN 将逐步升级过渡到 SPN 或 PTN 和 SPN 共存时代，IP RAN 则在不断引入 SR（Segment Routing，分段路由）和 FlexE（Flexible Ethernet）等新技术后持续增强承载能力。在光网络管理方面，基于 SDN 的光网络架构在管理和控制方面将进一步融合，同时 VN（Virtual Network，虚拟网络）或切片管控、基于 AI 的智能运维、多层多域协同管控等新型管控技术将稳步演进。

表 1　　　　　　　　　　OTN 技术市场规模未来发展预测

OTN 市场规模	2017 年	2018 年	2022 年	2017—2022 年 CAGR
OTN 传送（百万美元）	8006	7669	8837	2%
OTN 交叉（百万美元）	3925	4204	5740	8%
OTN 所有硬件（百万美元）	11 931	11 873	14 577	4%
OTN 传送占光设备比例	55%	52%	49%	—
OTN 交叉占光设备比例	27%	28%	32%	—
OTN 整体占光设备比例	82%	80%	81%	—

数据来源：IHS（2018）。

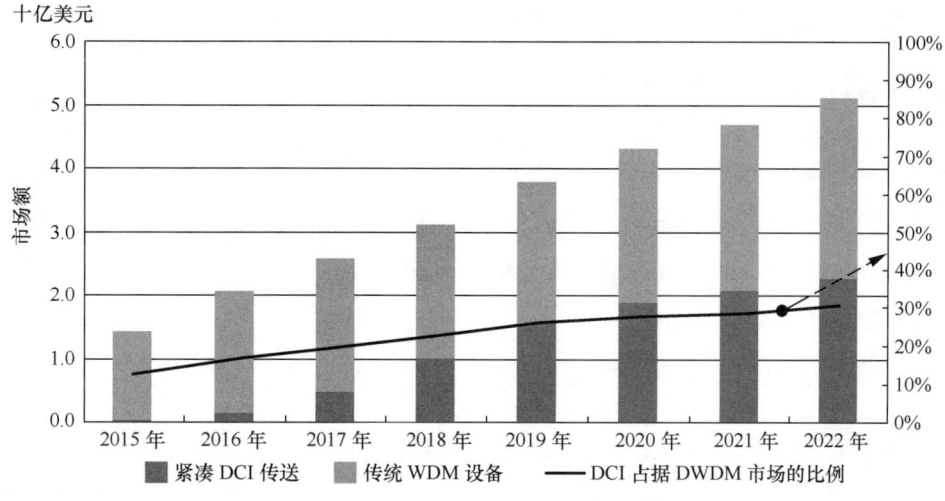

图 22　DC 大容量互联用紧凑 WDM 设备未来市场预测（数据来源：IHS（2018））

（三）接入网 10Gbit/s PON 规模部署，下一代 PON 标准启动

随着"提速降费"政策的实施，运营商大量用户的速率已提升到 100Mbit/s 及以上，目前的 EPON/GPON 技术已无法满足继续提速的需求。2018 年，10Gbit/s EPON/XGbit/s PON 等 10Gbit/s 速率的光接入设备部署明显提速，标志着我国进入 10Gbit/s PON 规模部署阶段，光接入网启动新老更替。

例如：

● 中国电信近三年 10Gbit/s PON OLT 端口集采数量稳步增长。2018 年 10Gbit/s EPON 和 XGbit/s PON 集采端口数超过 100 万端。

● 中国联通对于采用 FTTB 方式进行新建和改造的建设区域，原则上一律采用 10Gbit/s PON 技术；针对推广百兆、千兆接入以及 4K 业务发展迅猛的区域，试点 10Gbit/s PON 的 FTTH 建设。

● 中国移动 2018 年首次启动了 XGbit/s PON 设备规模集采，并启动了 XGbit/s PON 终端互通测试，为下一步的 XGbit/s PON 终端规模采购打下基础。

随着 10Gbit/s 速率 PON 进入现网应用，超 10Gbit/s 速率 PON 的标准化也随之启动。ITU-T 在 2018 年 2 月正式立项高速 PON 系列标准（G.hsp），其中首次确定了单波长 50Gbit/s 作为下一步的演进目标。

（四）国际互联网出入口带宽有望实现 200% 增长，新建国际路由进一步缩短我国与世界的距离

国际互联网出入口有望大幅扩容。 截至 2018 年 11 月，我国国际互联网出入口带宽已达到 7.8Tbit/s。《信息通信行业发展规划（2016—2020 年）》提出到"十三五"期末，我国国际互联网出入口带宽将达到 20Tbit/s。未来，为实现"十三五"发展目标、提升我国面向全球的信息汇聚和疏导能力、改善用户的国际互联网访问体验，我国的国际互联网出入口有望大跨步建设，国际互联网出入口带宽将提升 2 倍左右。

国际海缆建设将加速我国与全球的信息交互。 我国正在与相关国家商议研究新建海缆项目。如果相关项目启动，将进一步丰富我国国际传输路由、缩短我国与世界的信息互通距离。其一，我国计划与芬兰、挪威等相关方共建北极海底光缆项目。此项目将开拓我国首条经北极连通欧洲的国际路由，加强我国与欧洲，尤其是北欧 / 西欧国家的联系。基于该项目，我国与欧洲的通信时延预计将缩短一半。其二，我国与智利正在研究推动连接两国的海底光缆项目。此项目将开拓世界首条直连亚洲与拉丁美洲的国际路由，实现我国国际传输直达拉丁美洲。基于该项目，我国与拉丁美洲国家之间的互通信息无需再绕经北美洲，二者之间国际通信网络的带宽、时延等网络性能和服务质量将得到提升。

（五）"边云协同"逐步形成，新技术引领应用基础设施创新与融合发展

边缘计算将提升应用基础设施服务的计算能力和范围，"边云协同"逐步形成。 物联网、车联网等的快速发展对边缘计算提出了迫切的需求，边缘计算解决了云计算的"最后一公里"问题，边缘计算与云计算彼此融合，"边云协同"逐步形成。Gartner 预测，到 2021 年，由于考虑到时延和带宽需求，40% 的大型企业会将边缘计算纳入项目范围。IDC 预测，到 2020 年，边缘计算的相关支出将占到物联网所有支出的 18%。到 2022 年，物联网的整体支出将达到 1.2 万亿美元，而边缘计算的相关支出则为 2160 亿美元。所以不管是国外，还是国内，科技巨头纷纷押注边缘计算，如亚马逊、微软、谷歌等企业均推出了边缘技术产品或解决方案，以谋求赢得未来。此外，共享计算模式可认为是边缘计算的一种新型模式，据《2018 中国区块链产业白皮书》披露，共享计算模式已经为全社会节约了价值 15 亿元的带宽资源，未来共享计算模式可能会有更多的应用场景。

应用基础设施企业积极布局人工智能等新技术，推动云、CDN 业务创新发展。 人工智能在全世界范围内掀起了新一轮改革的浪潮，预示着一个革命式时代的到来。随着人工智能发展，应用基础设施企业进入以 AI、大数据为前景的 2.0 时代。基于 AI 的云服务"百花齐放"，国际上，微软、谷歌等保持着最先进、最核心的人工智能技术，在国内，人工智能也推动业务创新发展，如阿里云发布了图像搜索、智能语音自学习平台以及机器翻译等人工智能产品；腾讯云发布"超级大脑"，将率先在医疗、城市、工业、金融和零售 5 个行业展开，以实现 All in AI 构想；华为云发布的 EI 智能视频系列服务，能对视频内容进行分析审核，鉴别黄色、恐怖、暴力等视频内容，方便客户进行视频分析。

QUIC 协议等新技术提升服务质量，推动应用基础设施发展。 QUIC（Quick UDP Internet Connection）是谷歌公司制定的一种基于 UDP 的低时延的互联网传输层协议。目前 QUIC 协议被一些 CDN 服务商所采用，Akamai 预计 QUIC 协议在视频行业的广泛使用，将使传输效率提升 15%～20%；谷歌公司已在服务器启用 QUIC，应用之后 YouTube 上的重复缓冲下降了 15%～18%，Google Search 的时延也缩短了 3.6%～8%；金山云采用 QUIC+CDN 技术解决最后一公里的网络质量问题（尤其是高时延、高分组丢失问题），大幅改善首屏打开时间、卡顿等用户体验。未来 QUIC 或一些新的协议将不断推广使用，以提升服务质量，推动应用基础设施发展。

先进计算篇

导 读

伴随着信息通信产业加速向万物智能演进,应用创新需求与现有技术能力之间的鸿沟日益凸显,推动电子信息制造和软件等信息通信技术进入新一轮创新周期,人工智能、自动驾驶、VR/AR、5G等创新应用取代基础硬件成为创新新动能,开源软件成为产业生态的新重心,算法模型成为开启新浪潮的颠覆性技术。

应用创新不断拉大基础技术能力供需间的差距,计算、通信、传感和显示四大技术产业开启了新一轮升级,其中计算方面体现在处理、存储和I/O等硬件的协同创新,也体现在基础软件架构层面的纵向融合与横向扩展;通信基于全方面的射频、处理和传输能力的提升实现对应用创新的支撑;传感和显示也都围绕基础材料、工艺和系统开启多维度的升级探索。

2018年对技术创新的路径、方向以及模式的探索空前活跃。人工智能因其对其他产业巨大的溢出效应吸引着众多企业积极布局,包括计算芯片、开发框架以及计算系统在内的体系化创新频发,中国企业也积极布局抢占未来发展的战略制高点。类脑计算被认为是实现人工智能尤其是通用人工智能的最可能路径,也是除量子计算外非冯计算架构体系探索的重要方向,在经过数十年的发展之后,类脑计算因人工智能的火热而再次引发业界关注,但就目前而言,其在技术体系、核心器件、软件算法等诸多方面仍存在诸多不确定因素,脑机接口作为最先产业化的领域也仍处于发展的初期阶段。纵观整体技术产业的发展,不可否认的是,开源正成为生态体系构建的战略高地,由软到硬、由端到云,开源技术和开源模式的影响正在不断深化,开源软件现已成为新领域技术创新和扩散的主导模式,以RISC-V为代表的开源硬件方面的探索尝试不断。

展望2019年,四大技术产业呈现出不同的发展特色,基于硅基的冯·诺依曼技术体系将依然构成计算技术的整体,在大量应用创新的驱动下,专用加速架构将占据越来越重要的位置;5G商用在即,计算和通信融合发展的态势愈发明朗;传感虽因技术创新的难度较大,汽车、手机两大领域将成为推动新型传感器产品创新的主体;显示画质性能仍将持续突破，分辨率、对比度、色域等将进一步提升，但光场/全息等新型显示之路依然任重而道远。

本篇作者：

许志远　周兰　陈磊　王冲鹄　李木　王骏成　丛瑛瑛

一、2018 年先进计算领域发展综述

（一）计算从工艺到部件、从系统到体系的创新空前活跃

一是摩尔定律持续进步。英特尔、台积电、三星等积极推进集成电路制造工艺技术的升级，2017 年英特尔发布 10nm 工艺，晶体管密度对标台积电 7nm，2019 年计划量产；2018 年台积电首发 7nm，并实现了极紫外光刻（Extreme Ultraviolet Lithography，EUV）技术的成功应用，成为推进摩尔定律深化演进的重要举措。

二是计算芯片面向人工智能创新活跃。人工智能所展现出的广阔前景和巨大的溢出效应正吸引计算芯片巨头企业加速创新步伐，英伟达推出 AI 开源硬件 Xavier DLA，加快人工智能生态的打造；赛灵思推出 ACAP 产品，通过升级现场可编程门阵列（Field Programmable Gate Array，FPGA）架构以更好地应对 AI 创新应用的计算需求。我国企业紧抓创新变革机遇加大投入力度，百度发布"昆仑"芯片，华为推出"昇腾"芯片。

三是数据存储和数据交换稳步提升。现有互联技术持续升级，英伟达发布 NVSwitch，可实现 16 块 GPU 全互联；三星和西数推动 96 层 3D 闪存量产。新型存储技术日渐成熟，并逐步进入产业应用尝试，3D Xpoint 开始在内存计算中尝试应用。与此同时，我国的存储技术经过多年布局取得突破性进展，发布了新型 3D NAND 架构 XtackingTM，并进入客户送样阶段。

四是巨头软件企业全力打造开源生态。开源依然是生态建设的重要手段，2018 年巨头企业围绕开源动作频频。苹果开源 iOS 和 Mac OS 内核源代码，帮助开发者理解设备与上层软件的配合互动；微软以 75 亿美元收购开源代码托管平台 GitHub，IBM 以 340 亿美元收购红帽，成为 2018 年开源领域的两大重要事件；谷歌因反垄断意欲在欧洲收取安卓授权费更是引发业界广泛讨论。

五是对新架构的探索空前高涨。虽然在相当长的时间内冯·诺依曼架构依然构成计算技术体系的基础，但因冯·诺依曼瓶颈制约和摩尔定律物理极限的不断逼近，业界围绕新架构方向的探索始终未减，经过数十年的推进，2018 年在部分领域取得了突

破性进展。在量子计算方面,我国研发成功全球首台超越早期经典计算机的光量子计算机;谷歌发布72量子比特芯片,可作为试验平台,研究量子系统错误率、量子位技术可扩展性。在类脑计算方面,麻省理工学院在人造突触技术方面的突破,有助于推进低功耗神经形态芯片的研发。

(二)通信、传感和显示正在为未来产业的重大升级做准备

与计算技术产业略有不同的是,2018年通信、传感和显示三大领域并未出现颠覆性创新,但现有的技术发展都为未来的重大升级奠定了坚实基础。

通信方面,5G强化通信与计算融合。2018年5G领域动作频频,业界积极推进网络建设、标准完善和应用探索,中兴通讯首发基于"IP+光"的5G承载方案,5G国际标准第一版本完成,在VR、工业、车联网等领域开展5G网络切片技术展示。此外,5G作为通信和计算融合的起点,也吸引了业界围绕此方向加大布局,英特尔和高通均围绕5G移动计算启动布局,百度和华为达成战略合作,成为互联网企业和设备商的首次5G MEC合作。

传感方面,围绕底层工艺和能力聚合加速创新。一方面,众多新型传感器产品进入实际应用,如iPhone X搭载3D传感器,引领商用风潮;深迪半导体六轴惯性测量传感器成功量产,是国内首款量产的惯性测量传感器产品。另一方面,围绕传感器技术产品的创新不断,如2018年欧洲团队完成了石墨烯与传统CMOS工艺的结合,并开始转向市场;比利时微电子研究中心成功研发全球首款140GHz片上雷达。

显示方面,新一代显示技术及应用逐步展开。以中国企业为代表的显示企业依然是推动技术产业进步的重要力量,以京东方为例,2018年其合肥10.5代线正式投产,布局8K LCD面板;与此同时,成都6代柔性AMOLED产线向华为供货。围绕新一代显示技术的应用创新也在不断加速,韩国平昌冬奥会4K直播、8K录播,国内首个上星超高清电视频道CCTV-4K开播。

(三)供需关系逆转:应用而非硬件,定义计算平台

数据总量激增,应用计算需求进入"新摩尔定律"时代。近年来,互联网、移动

互联网、云计算、大数据、物联网、人工智能、5G 等 ICT 领域的重大技术发展，加速推进社会迈入万物互联、万物感知、万物智能时代，逐步集聚和盘活海量数据资源。数据规模的增速远超摩尔定律，据 IDC 的数字宇宙报告，全球信息数据总量中接近 90% 产生于近几年，据预测，到 2020 年数据总量将达到 44ZB，平均每个人拥有超过 5.2TB 数据。图灵奖获得者 Jim Gray 更是提出了"新摩尔定律"，即每 18 个月全球新增信息量是计算机有史以来全部信息量的总和。数据结构趋于多元化，由传统文本等结构化数据扩展至图像、音频等不规则、非结构化数据，其中近三分之一的数据将具有大数据开发价值，由此将带来极大的计算能力需求。

以人工智能为代表的算力依赖型应用极大地加快了计算资源的消耗。除数据洪流催生计算资源和性能提升的普遍诉求外，以人工智能为典型代表的强算力消耗型应用创新更是极大地提升了对计算能力的需求。区别于传统的机器学习算法，以深度学习为代表的人工智能算法本质上是基于概率统计理论，通过大量计算资源对大规模数据样本的处理，实现远超传统机器学习算法的识别精度，这种暴力计算模式正逐步流行并成为现阶段统治人工智能计算的主流范式。据统计，自 2012 年以来，人工智能训练任务使用的计算能力每 3.5 个月提升一倍，目前已增长超过 30 万倍。大量计算资源的利用给算法、模型和应用的创新带来了显著成果，如在 2012 年，谷歌与斯坦福大学组成的联合研究组利用 16 000 台计算机处理数百万段 YouTube 视频，以实现识别猫的功能。随着深度学习网络模型日益复杂、数据样本持续扩大，其对计算能力的需求和消耗与日俱增，人工智能计算体系已从早期的 CPU 芯片过渡到以并行处理性能取胜的 GPU 芯片，再到现阶段的大规模人工智能芯片集群，但与人工智能应用创新所带来的计算需求增速相比，差距依然较大。

应用取代基础软硬件成为创新新动能。计算的发展历程就是计算供给能力与应用创新需求之间的彼此驱动和迭代升级，二者的关系正由"先有能力，再谈需求"向"根据需求，实现能力"转变，创新应用在被动等待计算技术升级的基础上不断提升能动性，逐渐演变成为驱动计算发展的核心动能。大型机、小型机时代，由计算软件、计算硬件构成的计算设备/系统与应用基于一体化的模式发展，面向不同应用需求的软件和硬件均为专有体系，不仅昂贵且技术升级缓慢。PC 时代，以 IBM 代表的软硬一体化模式被英特尔和微软所打破，二者在软硬耦合的前提下，遵循"摩尔定律"和"安迪—比尔定律"滚动迭代，即计算芯片和存储器每 18～24 个月实现硬件性能的翻倍，以 Windows 操作系统为代表的计算软件随之升级功能支撑应用创新。云计算及移动互联网时代,终端层面的智能手机和智能硬件在延续 PC 发展规律的同时进一步加快升级步伐,云端层面则通过虚拟化等软件技术实现大量计算硬件资源的汇聚以支撑搜索等应用的海量计算需求。目前,人工智能、自动驾驶、VR/AR 等创新应用的爆发带来了计算需求的激增,现有计算硬件能力基本不能满足需求,差距普遍在十倍以上甚至百倍,传统计算升级模式已无法跟进应用快速创新的需求,计算进入应用直接定义的时代,如图 1 所示。

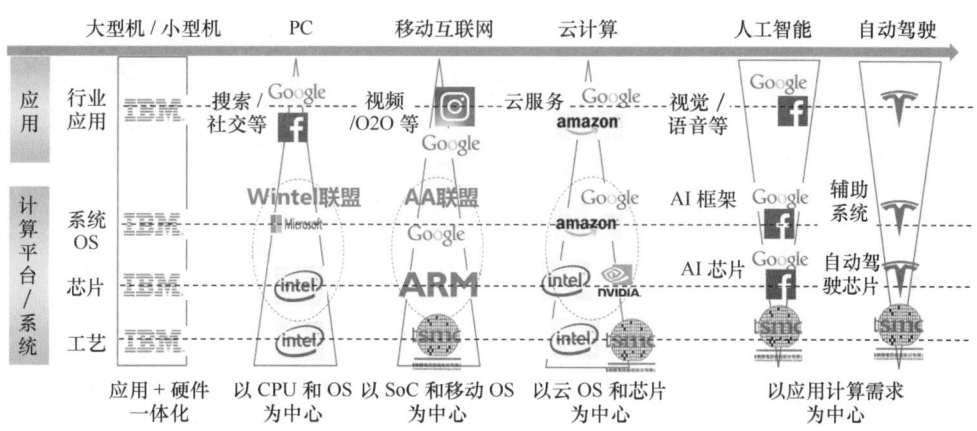

图 1　ICT 不同发展阶段中应用与计算平台的对比关系

(四)产业重心转移:从封闭软硬件到开源软件

ICT 产业的重心逐步由封闭软硬件转向开源软件。开源正成为技术快速实现和扩散、集聚数据资源和用户群体、主导产业发展方向、扩大生态话语权的重要手段,伴随着 ICT 产业的发展演进,开源软件的比重逐步增大。例如,PC 时期,英特尔与微软的"Wintel"联盟构建封闭的软硬件生态,借助软硬件技术标准和专利把控产业链上下游。移动互联网时期,谷歌与 ARM 的"AA"联盟以开源安卓操作系统和开放的 ARM 架构芯片的创新商业模式攻破 Wintel 巨头的封闭格局,企业主导的开源软件格局快速壮大。到云计算时期,巨头企业通过参与开源社区争夺行业技术标准演进的主导权,进而推进开源社区蓬勃发展;同时,传统软件企业也在实施开源战略转型,微软通过不断加大开源社区代码贡献量以及收购开源项目托管平台 GitHub 等方式,推进企业由原有的以 PC 业务为主向云端优先战略转型;IBM 收购开源解决方案商红帽,整合软硬件能力主攻混合云市场。人工智能时期,企业利用深度学习开源框架集聚数据和用户资源,向下渗透硬件环节,向上构建丰富的应用生态,进而形成以开源为竞争核心的垂直一体化生态系统，企业对产业整体的掌控能力更强。ICT 产业格局演进如图 2 所示。

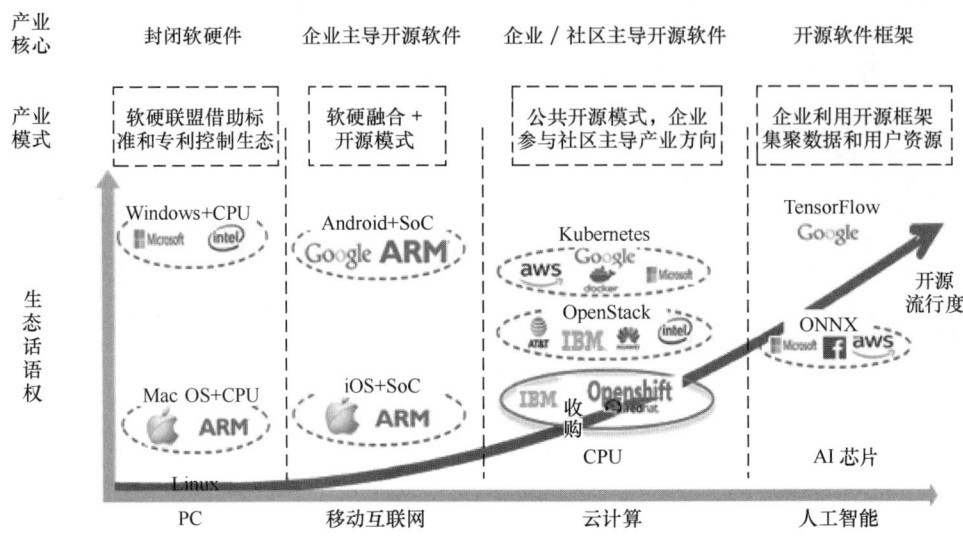

图 2　ICT 产业格局演进

（五）开启 ICT 新浪潮的颠覆性技术转换：从硬件平台到算法模型

算法模型已从配角，即解决计算、存储、通信等资源调配、协同、效率等问题，逐渐成为开启 ICT 新浪潮的核心颠覆性技术。在 PC 时代，操作系统和处理器的发展是核心驱动力，算法主要用于优化资源调度；互联网时代，除了 PC 操作系统和处理器两大关键要素外，数据传输、信息搜索等算法开始涌现，不断提升用户体验；移动互联网时代，移动终端操作系统和移动芯片是两大技术核心要素，移动应用的大规模普及加速了云计算、大数据算法的迭代创新。当前以云计算、大数据、人工智能、区块链等为代表的新一代信息技术加速变革，算法模型逐渐成为 ICT 产业发展的核心驱动力。人类知识越来越迅速地应用到 ICT 产业中，产业变革周期进一步缩短。分布式数据处理、数据存储等算法模型推动了云计算、大数据技术的发展，解决了大规模数据并行计算、数据管理等问题；深度学习算法框架加速模型和硬件的迭代创新，有助于人工智能应用的快速落地，引领新一轮的人工智能浪潮；区块链中的非对称加密、一致性、容错、共识等核心算法推动分布式信任体系的建立，加速区块链技术在医疗、司法、工业、媒体等领域的商业探索应用。ICT 产业发展核心驱动力变革如图 3 所示。

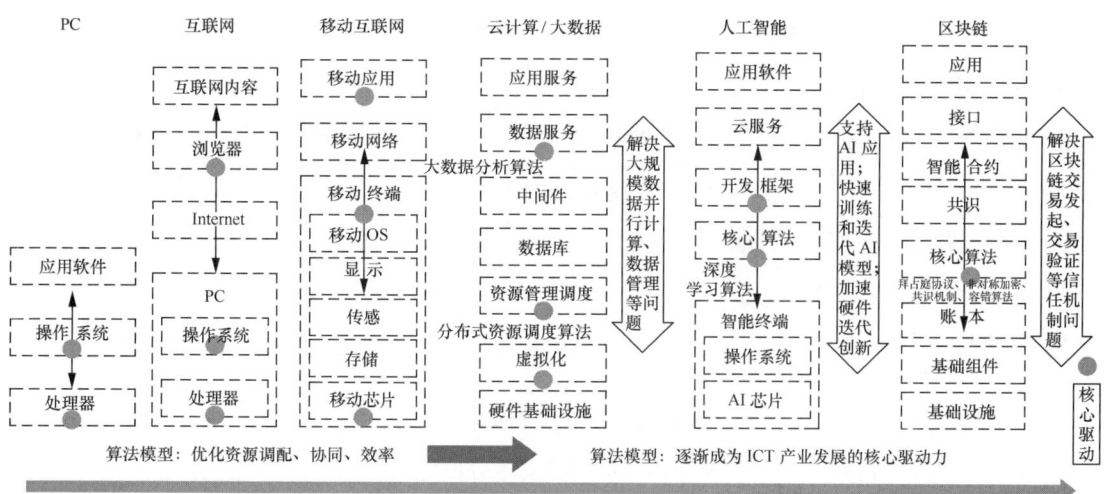

图 3 ICT 产业发展核心驱动力变革

（六）挑战：需求与技术能力之间的鸿沟

整体而言，当前的技术能力对移动互联网等传统应用而言已经过剩，但对于 AI、VR、自动驾驶等创新应用来说还有很大的距离，如云端训练计算至少需要 100TFLOPS，并呈成倍增长态势；VR/AR 需单眼高于 4K/120 帧率渲染、毫米级建模与无源追踪，2～5Gbit/s 传输；自动驾驶 L3 级别的计算性能需求为 30～50TFLOPS，L4 级约为 L3 级的 50 倍，处理时延为若干毫秒。类脑智能和量子计算的全面产业化更为遥远，现阶段类脑智能的结构、器件和功能都远未成熟，利用量子计算实现通用计算仍有较大的技术挑战。

需求与现有计算技术存在从硬件、软件到系统的全面差距。其中：硬件方面，硬件能力的提升遭遇天花板，摩尔定律不断逼近物理极限，升级难度和不可控性极大地提升，自工艺进入 10nm 节点以后，晶体管性能随尺寸微缩提升幅度趋缓。登纳德缩放定律因制程工艺升级带来的发热不可无限提升而逐渐失效，受限于封装和降温成本的考虑，芯片主频的升级自 2005 年后即逐步放缓，现大多控制在 4GHz 以内。多核因并行算法局限而停止扩充，经过十余年的发展，算法和软件的并行化依然不甚成熟，现有并行处理程序的编写、调试、优化能力仍然较弱，且大部分应用程序并不能自动分割任务交由多核处理，多核硬件的能力未得到充分发挥，实际应用水平远远低于理论能力。**软件方面**，异构、分布式资源调度存在有效性，新的硬件和网络资源管理架构需要增强的硬件抽象和开发能力，在此方面仍处于不断发展当中。应用创新对软件开发环境的要求日益提升，现阶段软件集成开发环境需要考虑高级语言、多样化算法、复杂框架等多方面因素。**系统方面**，随着摩尔定律的快速发展，冯·诺依曼瓶颈日益显现，处理器执行速率已远快于各级数据读取的速率，现阶段一级/二级缓存数据读取延迟2～4ns、内存延迟70ns、硬盘延迟4ms、外围存储介质延迟在秒级以上，数据读取与数据计算间的速度差异已成为制约计算效能升级的重要因素，冯·诺依曼架构的瓶颈效应随着处理器计算速度的不断提升而更加凸显。软件技术路线复杂和不确定性增强也极大地增加了系统协同优化的难度。

需求与现有通信、传感、显示技术，在性能、功耗等方面的差距普遍在10倍以上。 其中：**传感方面**，当前传感器技术的功耗、性能、算法能力等尚无法满足应用需求。消费型物联网传感器的规模化、泛在化部署对于传感器的长待机、长寿命等特性要求较高，传感器的功耗特性至少需要达到nW级别水平，而当前主流传感器的功耗仅为mW级别，实际差距约1～2个数量级；伴随着车联网、自动驾驶等应用场景的不断丰富，车用传感器精度需求不断提升，如车用CMOS（Complementary Metal Oxide Semiconductor，互补金属氧化物半导体）图像传感器的像素需求在400万以上、雷达分辨率在5cm以下，而当前的主流车用CMOS传感器像素普遍在200万以下、雷达分辨率在20cm以上，差距达数倍之多；目前车载传感器融合算法仅能够支持数十MB/s数据量的实时处理，而为实现高级别自动驾驶中雷达、CMOS传感器、激光雷达等多种传感器的数据实时融合、支撑决策分析，算法至少需要实现GB/s以上数据量的处理速度。**通信方面**，射频技术、处理和传输能力有待进一步提升。目前4G频段的频率范围在2GHz上下，可用频谱带宽只有100MHz，而5G要使用充沛的频谱资源来实现高峰值的速率，包括6GHz以下中低频段和毫米波高频段，对器件的高带宽、高频性能以及集成度要求更高，现有射频器件在频率、带宽、体积等方面无法满足需求。5G峰值速率期望提升20倍至20Gbit/s，这就要求基带处理能力提升10倍，核心网处理能力提升10倍以上，现有基带和核心网处理器的性能相差数倍，并且功耗和发热量较高。5G承载网带宽扩大10倍以上，前传光模块将升级至25G/50Gbit/s，中传和回传升级至50G/100Gbit/s以上，而现有4G前传网光通信接口在6G/10Gbit/s水平，回传网在10G/40Gbit/s水平。**显示方面**，以虚拟现实应用为例，显示器件关键技术指标间的权衡取舍需要考虑技术的发展成熟度和产品的经济可行性，目前虚拟现实尚处于部分沉浸期，主要表现为1.5K～2K单眼分辨率、100°～120°视场角等显示指标，纱窗、拖尾、闪烁等过低的显示质量以及辐辏调节冲突（Vergence Accommodation

Conflict，VAC）等问题依然存在，引起的眩晕感限制了虚拟（增强）现实的普及，近眼显示技术需要持续在分辨率、响应速度、刷新率等显示画质，以及变焦显示、全息显示等全新光学系统方面取得新的进展，推动虚拟（增强）现实向深度沉浸和完全沉浸演变。以超高清应用为例，超过85寸、8K分辨率、120Hz刷新率、10bit色深、高动态范围等形态和性能要求，受制于工艺、材料和系统方面的制约。目前大尺寸面板均一性制备尚有控制难度，LCD背光光谱特性和滤光片的透光频谱峰值以及OLED发光材料性能限制了色域范围，高速驱动IC设计、HDR T-CON算法集成也是超高清电视面板关键技术的壁垒。以手机等移动终端应用为例，以超窄边框为特点的全面屏已经成为新一轮创新周期标配，推动声学、光学等外围器件向小型化和集成化演进，并以柔性OLED为基础向可折叠/可卷曲等自由形态方向发展，但同时也面临诸多挑战，如基板材料、盖板材料弯折耐久度问题以及电池、PCB等多种元器件变革。

（七）四大技术产业的未来趋势

1. 计算硬件：计算硬件的处理、存储和I/O协同创新

处理、存储和互联等均围绕专用加速开启密集创新。目前面向实际应用场景需求的计算技术升级均为冯·诺依曼体系内的技术创新，主要体现在三个方面：**一是数据处理方面**，正逐渐由以实现逻辑控制和通用计算的CPU处理器构成计算平台，演变为CPU与GPU、FPGA、DSP、各类深度学习加速ASIC等具备专用计算能力的硬件相结合，构成可覆盖多源数据多样处理需求的混合加速硬件平台。**二是数据存储方面**，现有缓存、内存及硬盘等各级存储介质通过设计技术和工艺技术的升级不断提升存储密度和存取速度，与此同时，高速非易失性内存（Non Volatile Memory，NVM）等新兴存储介质技术也在不断发展，并凭借接近系统内存的读写性能以及与硬盘类似的非易失性特点实现对现有多级存储架构的重构。**三是数据交互方面**，主要围绕高速和共享两大方向升级，在包括PCIE4、Nvlink、NVSwitch等总线技术以及25Gbit/s以太网技术等板级和系统级互联技术不断高速化升级之外，多种互联技术均强调优化计算单元间的共享数据访问，尤其是CPU、GPU、ASIC等多样处理单元间的内存一致性访问，以加快计算单元与存储单元件间的数据交互、缓解冯·诺依曼I/O瓶颈限制。在上述三大计算要素并行创新的基础上，面向不同应用场景的差异化计算需求，通过计算系统技术的协同创新以实现整体系统在计算性能、功耗、时延等方面的平衡高效也成为

后续升级的重中之重。如图 4 所示。

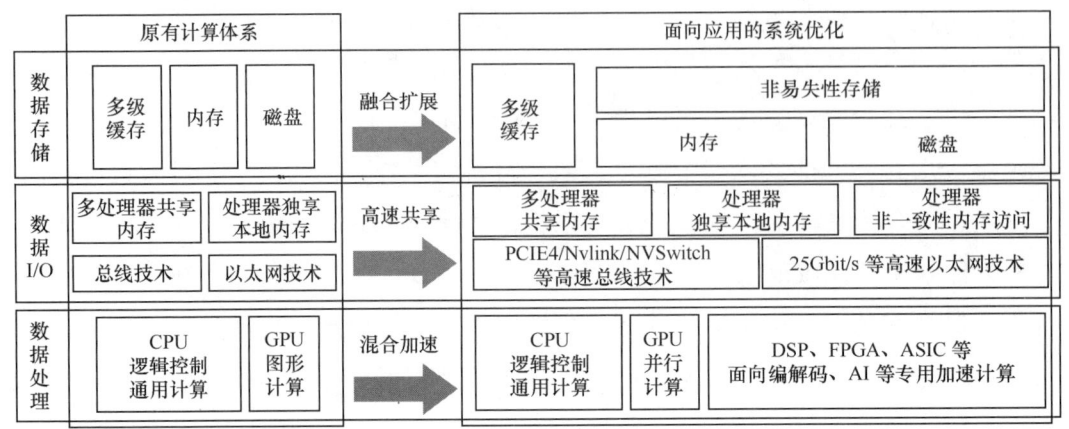

图 4　计算硬件的整体创新体系

非易失性内存等新型存储技术创新活跃，或将变革现有存储层次结构。现有计算设备和系统中的数据存储单元是由片上缓存、片外内存、固态硬盘等构成的多级存储架构，通过多级存储弥补处理器和存储器间巨大的速度差异，但一旦需跨多级读取数据就会带来大量的数据传输层数和 I/O 调度的额外开销。当前，以英特尔的 3D Xpoint 为代表的新型非易失性内存引发了业内极大的关注，其大规模应用后将给现有多级存储体系架构带来颠覆性影响。新型非易失性内存的优势主要体现在两方面：一是具备按字节访问、支持虚拟地址读写等特性，可减少 I/O 管理调度开销；二是容量大、访问速度快，可直接连接在内存总线，替代原有内存和固态硬盘的位置，减少现有存储层次结构，文件读写性能相较于现有存储结构提升数十至数千倍，同步也将带来文件系统、I/O 软件栈等系统软件技术和数据库技术的变革。如图 5 所示。

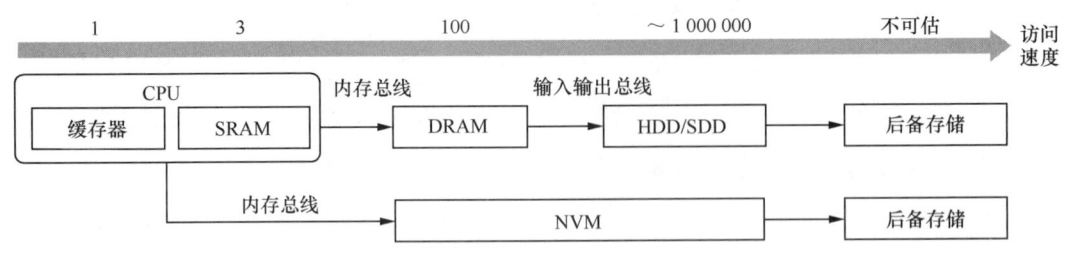

图 5　NVM 对现有多级存储架构的颠覆性影响

2. 计算软件：基础软件架构的纵向融合与横向扩展

为了支撑计算体系架构的发展，基础软件端云纵向深度融合，面向业务横向多样化拓展。在节点层面，基础操作系统面向物联网设备、智能设备等新型终端多样化扩展,加快混合内核、低时延通信等新型系统特性创新,同时与人工智能等新一代信息通信技术融合,形成"端云协同"的软件框架。**在平台层面**,资源的弹性调度与应用快速部署的需求使软件框架不断向轻量级、组件化、微服务化发展,容器等新一代平台软件正在快速应用。面向分布式计算场景的分布式文件系统、分布式资源管理、分布式数据库等分布式软件框架成为支撑计算集群规模扩展和效能提升的主要手段。**在应用层面**,面向日益复杂多样的计算任务,多种加速引擎极大地提高了异构数据的计算和处理能力。面向海量数据处理的大数据计算、流计算等计算框架应用已经较为成熟,面向人工智能的新一代计算加速框架支撑 AI 训练、推理的高效运行,是目前的热点领域。如图 6 所示。

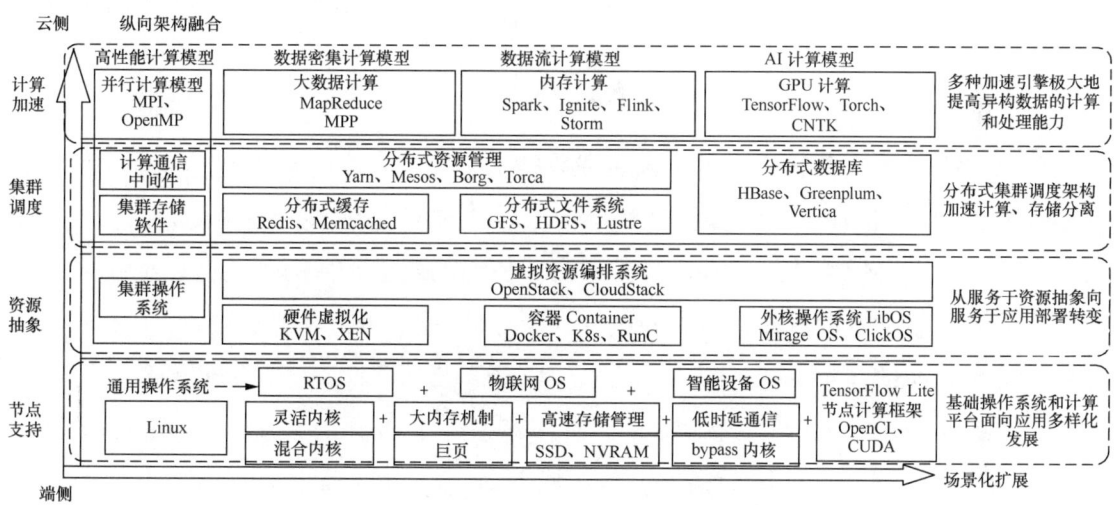

图 6 基础软件纵向融合与横向扩展的重点产品分布

3. 通信:全方位提升通信射频、处理和传输能力

5G 高频高带宽特性推动射频器件及其材料、工艺的升级,提高射频系统的效率和**集成度**。5G 系统升级的重点在于大规模多天线阵列技术的应用,射频前端设计更加复杂,前端器件数量成倍增加。随着 5G 射频系统对器件的工作频段、带宽及效率要求越来越严苛,5G 中频功放将从硅基工艺转向承载功率、高频性能、效率更具优势的氮化镓工艺;而高频基站目前存在多技术路线,国内外主要企业倾向于采用基于硅/锗硅工艺的大规模天线阵列集成方案,集成度高且成本低。对于 5G 终端而言,越来越多的功放、射频开关、滤波器等射频器件将采用集成工艺或集成到前端模块中,有助于减少占用空间。由于 5G 毫米波波长较短、传导损耗较大,天线阵列和射频前端通常会采用封装天线方案,基站天线尺寸降低至毫米量级,从而加速天线和射频器件的

集成化。

5G 大容量高速率的数据处理需求加速基带工艺技术提升，推动核心网下移和云端协同。 5G 基带芯片的制程工艺需要持续的升级，以满足 5G 高速率和低功耗的需求，预计 5G 终端基带芯片将升级到 7nm 甚至 5nm 工艺节点。5G 网络架构的主要变化在于核心网全面云化，主要引入了 SDN（Software Defined Network，软件定义网络）和 NFV（Network Function Virtualization，网络功能虚拟化）技术，其中 SDN 将用户平面和控制平面解耦使得用户平面功能部署变得更灵活，提高用户服务质量体验；NFV 将网络功能从专用硬件设备中剥离出来，实现软硬件解耦，基于通用的计算、存储、网络设备实现网络功能及其部署。5G 移动边缘计算（Mobile Edge Computing，MEC）技术将推动云计算与移动网络的融合，利用无线接入网络就近提供用户服务和云端计算功能，解决未来网络的时延、拥塞和容量等问题。

5G 网络传输大容量、低成本、高集成度的需求推动光传送向着硅光通信技术方向演进。 随着 5G 峰值速率的大幅提升和移动流量的成倍增长，承载网络面临着前所未有的压力，对网络管道的超大带宽能力提出了更高的要求。目前光通信系统主要由体积大、能耗高、价格贵、种类繁多的化合物半导体分立光器件构成，相比于化合物半导体，硅在光通信或光互联中与传统的集成电路工艺兼容性更好，集成度高，且硅对通信波段透明，光学损耗低，因此高密度、低成本、低能耗的硅光子集成技术成为构建绿色网络最有前景的方案。当前各类企业均在该领域开展布局，投入研发的不仅包括 Mellanox、Luxtera、Acacia、Finisar 等光通信公司，也包括英特尔、IBM 等半导体厂商以及华为、中兴、爱立信等设备厂商。

4. 传感：基础技术、系统技术、算法融合全方位创新

一是持续开展系统级创新，优化产品功耗表现。 通常无线传感器节点包含信号传输、信号处理、信号感知等几大组成部分，为实现传感节点的功耗降低、寿命提升等目标，业界积极从传感器节点的信息感知、处理、传输等各关键环节开展系统级创新，例如在信号处理方面，采用超低功耗 MCU（Microcontroller Unit，微控制单元），降低整体信息处理功耗，目前商用产品的功耗已降至 35mA/MHz 左右；在信号感知方面，创新环境能源捕获技术，通过传感、信号接收机等环节实现环境能源采集，提升传感器节点的运行年限；在信号传输方面，利用主动唤醒式接收机、反向调制等技术，前者通过唤醒的方式，主动降低节点的信号传输工作时间与功耗，目前已实现了 0.4mW

的通信功耗，后者则通过反射并调制主节点的射频信号，取消"发射信号"，降低功耗。典型无线传感器节点功能模块体系如图 7 所示。

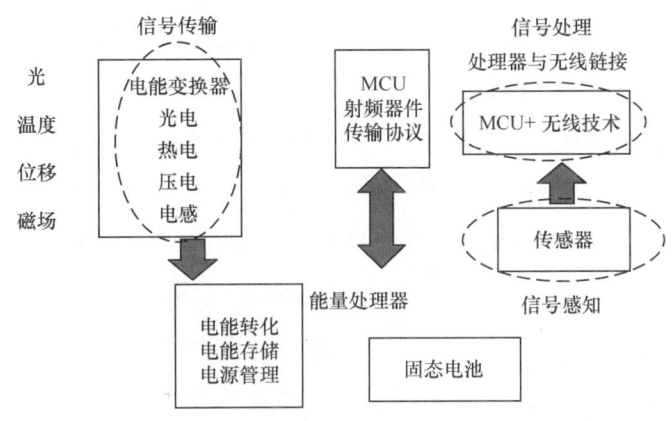

图 7　典型无线传感器节点功能模块体系

二是重点应用场景的基础技术升级。当前传感器市场中，营业规模最广的消费类传感性能伴随着产业整体发展成熟，产品创新升级步伐趋缓，而医疗工业领域的传感器创新则因行业特征而较为保守，整体来看，目前车载传感器技术升级需求最为迫切、创新最为活跃，例如德国轮胎制造商大陆集团以及博世集团积极提升车用 CMOS 传感器的分辨率（400W 以上），并加强其动态范围和近红外灵敏度，以满足先进车载视觉应用需求；另一方面，目前主流的 77GHz 雷达分辨率已无法满足高级别自动驾驶应用需求，例如 IMEC 等科研机构正在积极推进 140GHz 雷达的研发及商用化进程，以实现类激光雷达的高分辨率成像功能。

三是加快算法创新，提升智能化能力。当前以自动驾驶应用为代表的高性能应用场景对传感数据融合的效率、实时性等需求日益提升，而目前主流的传感数据融合算法尚无法满足实际应用需求。为此，在车载处理器性能具备一定局限性的前提下，国内外相关厂商积极通过本地化算法创新来解决自动驾驶场景中的高效数据融合问题，例如国外初创公司利用深度神经网络（DNN）融合来自图像传感器、雷达、激光雷达的原始数据，大大提升数据融合算法的处理效能，并支撑目标探测、路径规划等应用。

5. 显示：材料、工艺和光学系统创新

目前信息显示主流技术存在固有瓶颈，限制了显示性能和自然交互体验的进一步

提升，需要**引入下一代材料和工艺升级画质、性能和形态，并创新光学系统设计，弥合显示技术与人眼视觉特性的断层**。材料方面，快速响应液晶、AMOLED 与 OLEDoS 技术均为成熟的可量产屏幕技术，近年内依然是虚拟现实的主流显示器件，量子点材料被用于提升电视 LCD 面板色域范围，材料厂商正在研发第三代发光材料用于解决 OLED 蓝光寿命和发光效率等问题；工艺方面，苹果公司采用结合了 LTPS 和 Oxide 的 LTPO 背板技术，提升智能手表等电子产品的低功耗表现，印刷工艺成为突破大尺寸 OLED 制备难题、有效降低制造成本的重要技术方向，业界也在努力突破巨量三基色 LED 芯片转移工艺，实现性能指标优异的 MicroLED 制备；系统方面，光波导（Optical Waveguide）和光场显示等新兴光学系统设计实现了广视角，提升了沉浸感，其中光波导在 AR 领域的技术发展前景明确，而注视点渲染将注视点以外的区域图像模糊化渲染，模拟出人眼对焦产生的视网膜模糊效果，欺骗大脑实现辐辏—屈光调节生理上的仿真。

二、2018 年先进计算领域热点分析

（一）新需求的升级路径：AI 计算

1. AI 计算的升级：技术体系全面演进

现有 AI 计算体系难以高效承担 AI 专用计算需求。 以深度学习算法为代表的 AI 算法区别于传统的机器学习算法之处在于，其以矩阵乘加等运算为核心，以构建多隐层模型、海量训练数据、堆叠庞大计算量为代价提升算法识别的准确性，这种专用型和暴力型的计算模式对计算芯片和软件性能均提出了挑战。芯片方面，深度学习算法的专用计算特征以及海量数据搬运对芯片的并行计算能力、内存容量和 I/O 总线带宽等性能指标的要求较高，擅长串行逻辑运算的 CPU 等传统通用计算芯片难以满足需求；同时，AI 多样化的应用场景间差异性较大，很难存在一款 AI 芯片适用于所有领域。软件方面，传统的软件工具缺乏对深度学习算法中应用频率较高的运算逻辑的专用优化，面向大规模 AI 任务的资源分配和负载均衡能力不强，不足以高效支撑深度学习算法模型和硬件资源间的高效调配；此外，现有 AI 开发框架等软件产品碎片化问题严重，不利于跨平台移植和共享优化。

聚焦芯片、软件、平台创新，推进 AI 计算系统化升级。 为推进现有计算系统快速升级，业内加速创新布局，开启全面系统化的升级路径，强化对深度学习专用计算的支撑。AI 芯片由通用众核架构取胜的 GPU 芯片为主，逐步向专用众核架构转变，未来集成多类异构计算模块、可自适应算法更新计算架构的可重构众核架构将成为研究趋势；AI 软件通过 API 整合等手段实现"端云分离"向"端云一体"模式演进，未来覆盖云端到终端以及全场景的全栈式软件架构将加速市场整合；计算平台由以 GPU 为核心、"CPU+GPU"的单一通用向与场景需求结合、"CPU+GPU/ASIC/FPGA"混合异构进化，未来类脑计算、量子计算或将引发计算系统变革。如图 8 所示。

2. AI 芯片升级路径：并行计算架构、内存架构、互联接口创新

AI 芯片开启"计算—内存—互联"协同创新路径。云端训练领域，芯片同时集成

矩阵乘加专用运算单元以及标量处理单元满足训练算法需求，并多采用大量高位宽、高精度的浮点运算单元提升训练精度，选用高带宽内存、高速易拓展的 I/O 接口等提高训练效率。云端推理领域，多选用低位宽、较高精度的定点运算单元，以及片上内存、高速 I/O 接口等提高推理部署的时效性。端侧推理领域，通过低位宽、低精度定点运算和模型压缩、数据复用以及高效丰富的处理器接口等技术耦合特定场景和特定神经网络算法模型，满足终端侧低时延/低功耗等差异化场景需求。

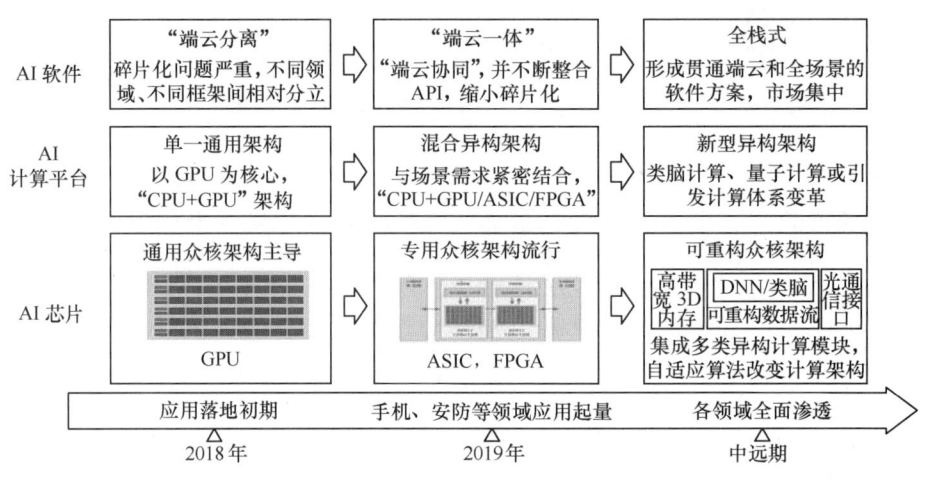

图 8　AI 计算技术体系升级路径

国内外企业加快 AI 芯片研发布局。国外方面，以谷歌为代表，基于深度学习算法的深刻理解和云端市场应用需求开发 TPU 系列芯片构建云平台核心竞争力，第二代产品 Cloud TPU 兼具训练和推理功能，可实现每秒 180 万亿次浮点运算能力，现已通过谷歌云平台对外开放售卖算力；面向边缘计算推出裁剪版的 Edge TPU，支持高分辨率视频每秒 30 帧的处理速度，并在每帧上可同时执行多个 AI 模型。国内方面，从事 AI 芯片研发的企业超过 60 家，包含百度、华为等实力企业和寒武纪等初创公司，产品覆盖云侧到端侧、训练到推理各个环节。百度发布云端 AI 训练芯片"昆仑"，可实现 100W 功耗和 260TFLOPS（指每秒一万亿次运算次数）的计算能力；华为面向云端推出昇腾 ASIC 系列人工智能芯片，在终端发布集成寒武纪深度学习处理 IP 的麒麟系列芯片，形成覆盖云端到终端、训练到部署的全场景 AI 芯片布局策略。如图 9 所示。

3. AI 软件升级路径：以学习框架为核心整合贯通

开发框架成人工智能计算体系的核心，助力打通开发者生态。AI 推进软件架构升级，并形成以深度学习开发框架为核心的生态发展路径，以谷歌为例：**一是**以 TensorFlow 开发框架为核心，深度耦合自研 TPU 系列 AI 芯片，扩展原有谷歌云平台和安卓移动生态体系的人工智能能力，形成覆盖云服务、应用、操作系统、开发框架、芯片的垂直模式，强化对于自身产业的掌控能力；**二是**推出机器学习开发工具包 ML Kit，支持 iOS 和安卓双平台应用开发，并结合云端 TensorFlow 和终端 TensorFlow Lite 开发框架打通人工智能模型训练、推理部署到应用开发环节，降低应用开发难度，促进开发者集聚，夯实争夺人工智能时代产业生态制高点的基础。如图 10 所示。

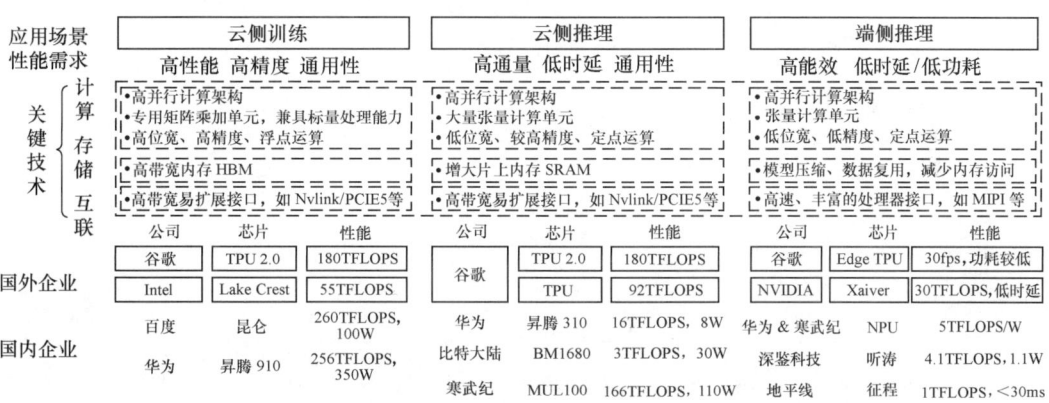

图 9 AI 芯片技术路径和国内外代表企业

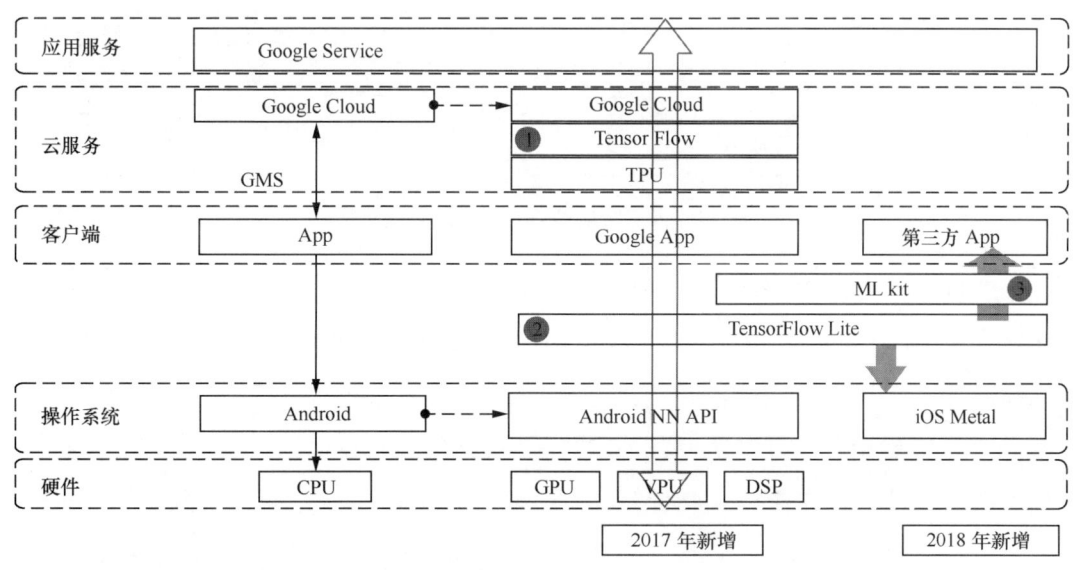

图 10 谷歌 AI 软件体系升级路径

（二）新方向的未来之路：类脑计算

1. 类脑计算是人工智能发展的最可能路径

当前数据智能发展存在局限性。 人工智能当前存在两条技术发展路径：一条是以模型学习驱动的数据智能，另一条是以认知仿生驱动的类脑智能，具体对比如图11所示。现阶段人工智能发展的主流技术路线是数据智能，但是数据智能存在一定的局限性，如：数据方面，依赖海量数据和高质量的标注，工程应用至少需10万以上的数据量；学习能力方面，自主学习、自适应等能力弱，高度依赖模型构建；算力需求方面，计算资源消耗比较大，CPU、GPU消耗量巨大；推理能力方面，逻辑分析和推理能力不足，仅具备感知识别能力；时间依赖方面，时序处理能力弱，缺乏时间相关性；智能程度方面，仅能解决特定问题，适用于专用场景智能。

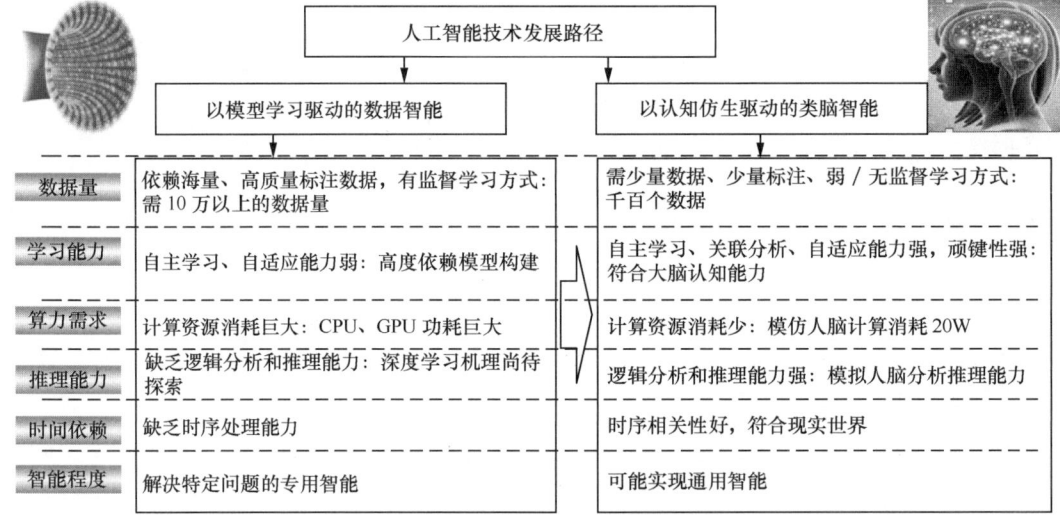

图 11　人工智能两条技术发展路径对比

类脑计算是人工智能的最可能路径。 类脑计算能够弥补数据智能的局限和不足，更加接近人类认知机制，是实现通用智能的最可能路径。在数据方面，可处理小数据、小标注问题，千百个数据可满足需求，适用于弱监督和无监督问题；学习能力方面，更符合大脑认知能力，自主学习、关联分析能力强，顽健性较强；算力需求方面，计算资源消耗较少，旨在模仿人脑计算实现低功耗；推理能力方面，模拟人脑分析推理能力，逻辑分析和推理能力较强；时间依赖性方面，时序相关性好，更符合现实世界；智能程度方面，能解决通用场景问题，可实现强人工智能和通用智能。

2. 类脑计算的发展历程和技术体系

类脑智能进入快速发展期。类脑智能与数据智能基本同期提出，摩尔定律飞速增长促使数据智能应用一直占据主导地位。目前随着摩尔定律发展放缓，类脑智能再度受到关注，类脑芯片和脉冲神经元模拟技术的发展推动类脑计算进入快速发展期。总的来说，类脑智能的发展经历了类脑智能出现期、沉寂期、萌芽期和发展期四个阶段。**类脑智能出现期**（1958 年），*The Computer and the Brain* 一书首次探索论述了计算机与人脑信息处理机制的异同。**类脑智能沉寂期**（20 世纪 80 年代末至 2003 年），由于摩尔定律持续发展使得冯氏架构处理器主频与性能持续快速增长，类脑智能研究一度处于被忽略的沉寂期。出现期和沉寂期，脑科学与信息科学处于独立发展态势，脑科学处于生物医学研究阶段。**类脑智能萌芽期**（2003—2008 年），斯坦福大学于 2004 年基于模拟电路研发类脑芯片，2007 年德国首届国际类脑智能研讨会首次提出了"类脑智能"的概念，认为类脑智能将实现高度进化的生物脑所表现出的智能。此阶段脑科学与信息科学开始交叉，整体基于冯氏架构发展。**类脑智能发展期**（2008 年至今），随着摩尔定律发展放缓，类脑智能再度受到关注。2008 年惠普研发忆阻器原型模拟神经突触功能，引发人造突触热潮，2013 年欧盟启动人脑计划，2016 年 IBM 苏黎世研究院制造出了纳米级脉冲神经元，中国于 2017 年成立了类脑智能技术与应用国家工程实验室。此阶段，脑科学和信息科学融合发展，非冯路线得以快速发展，产品和产业化趋势初显。如图 12 所示。

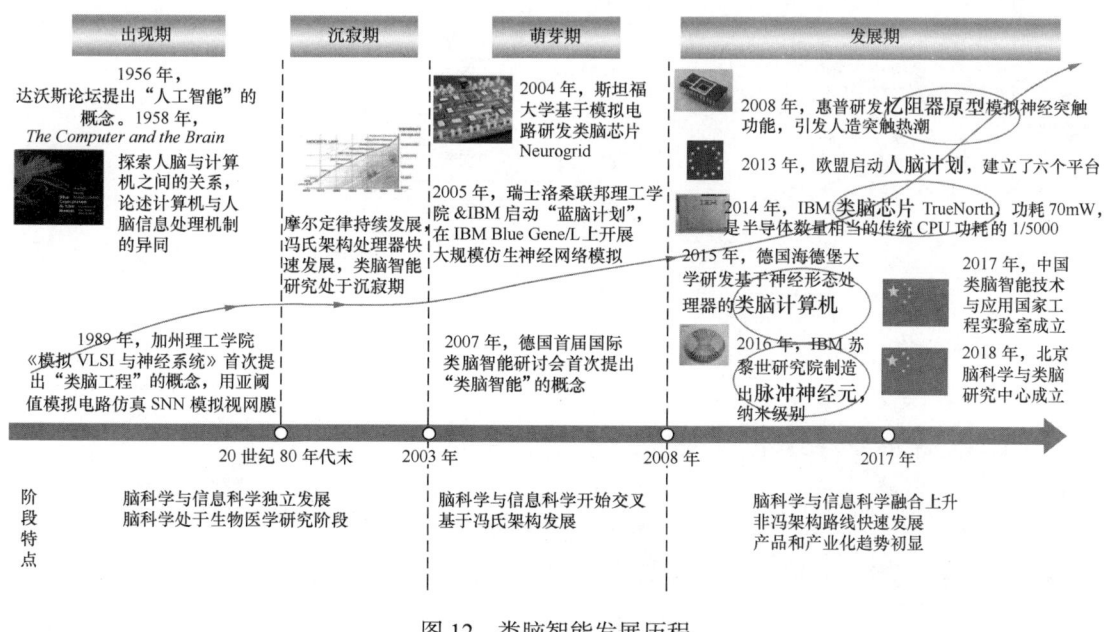

图 12 类脑智能发展历程

类脑智能技术体系分为三个层次：结构层次模仿脑，器件层次逼近脑，功能层次超越脑（如图 13 所示）。结构层次主要研究类脑基础理论，包含脑认知与神经计算机制，如大脑可塑性机制、脑功能结构、脑图谱等大脑信息处理机制研究；器件层次主要针对硬件，研究神经形态芯片，即非冯·诺依曼架构的类脑芯片，如脉冲神经芯片、忆阻器、忆容器、忆感器等；功能层次包括软件层和产品层，其中，软件层包含核心算法和通用技术，核心算法主要是弱监督学习和无监督学习的机器学习机制，如脉冲神经网络、增强学习、对抗神经网络等；通用技术是基于核心算法的具体应用型技术，包含视觉感知、听觉感知、多模态协同感知、自然语言理解、推理演绎决策等；产品层主要包含交互产品和整机产品，交互产品有脑机接口、脑控设备、神经接口、智能假体等用于实现人机连接交互功能的产品，整机产品主要有类脑计算机、类脑机器人等可实现模拟和超越人功能的产品。

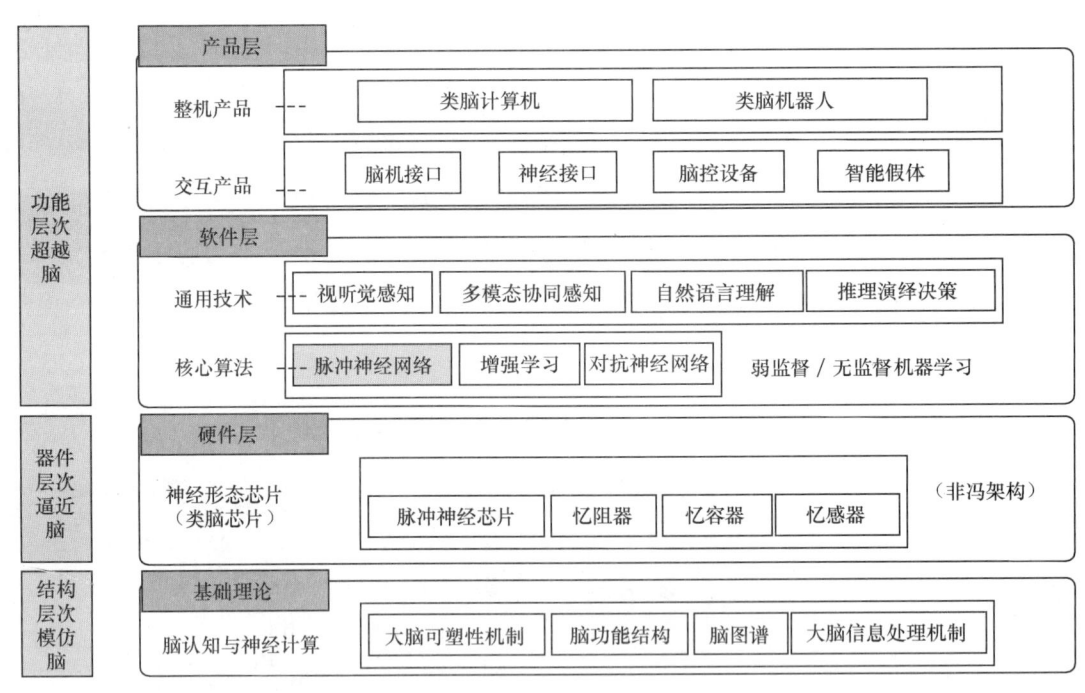

图 13　类脑智能技术体系

3. 脑机接口先行起步，成为最先产业化的领域

脑机接口以"人脑"为中心，以脑信号为基础，利用脑机接口实现人机混合控制，**在娱乐、医疗、教育、物联网等方面将有成功应用**。脑机接口是在人脑或动物脑与外部设备间建立的直接连接通路，包括信号收集、信号处理、信号再编码和信号反馈等

阶段，涉及生命科学和计算科学等多领域技术。在医疗领域，瘫痪人士使用脑机设备可控制机械臂完成相应的动作，多动症、癫痫患者可利用脑机神经反馈方式做康复训练。在娱乐领域，用户可通过脑机接口实现意念控制来选择和把控游戏，同时通过脑机接口向大脑发送刺激信号模拟触觉，可极大地提升游戏的沉浸感。在智能家居领域，利用脑机接口实现意念控制家电开关、门禁维护等，并成为家庭服务机器人的控制中枢。由于市场前景广阔，近年来初创公司不断涌现。美国 Kernel 公司研发了侵入式神经结网，可通过植入可诊断的大脑假体，帮助用户恢复记忆或挖掘大脑潜能。瑞士 Mindmaze 公司研发了非侵入式脑机接口，将虚拟现实和运动捕捉与大脑机器界面相结合，帮助脑损伤患者恢复创伤。加拿大 InteraXon 公司研发了非侵入式的 muse 接口，利用前额传感器读取脑电波实现用意念来控制设备。

（三）新生态的战略高地：开源软件

1. 开源技术的发展：由软到硬、由端到云，逐步壮大

开源覆盖了 ICT 产业的大部分领域，包括指令集开源、芯片级开源、板级开源、操作系统开源、系统级开源、应用软件和工具开源等多个组成部分，且辐射范围逐层扩大，各层的开源项目数量都比上一层次成倍增长，支撑 ICT 产业的发展壮大。自 1955 年开源思想产生以来，历经学院派驱动、社区驱动、企业+社区驱动多个发展阶段，开源范围逐步从 PC 操作系统、移动互联网操作系统、软件工具向云计算、大数据等平台层软件扩展，形成了 Unix、Linux、安卓、Hadoop 等典型的开源生态。当前人工智能的发展中，开源仍是不可或缺的主要推动力量之一。据统计，有 78% 的企业使用开源软件进行业务运营，开源已经逐步成为软件生态系统的核心要素之一。开源硬件的产生晚于开源软件，自 21 世纪初以来，硬件开源逐步从板级、芯片到指令集，开源范围持续增加，目前以 RISC-V 为代表的开源指令集发展迅速，参与企业已达 100 余家，或将开辟 IC 行业的新格局。开源技术体系、平台分布和典型产品如图 14 所示。

图 14 开源技术体系、平台分布和典型产品

2. 开源软件成为新领域技术创新和扩散的主导方式

开源模式在软件行业的开发者组织、软件创新、技术产业化方面起主导作用。 在大企业的支持下，开源社区、开源项目和开发者形成了互促并进、共生发展的良性循环，开源社区成为聚集开发者、引领软件创新潮流的主要区域。当前全球最大的开源社区 GitHub 聚集了 2400 万个开发者和 150 万个组织，为软件技术的创新做出了极大的贡献。在云计算、大数据、虚拟化、机器学习等各个软件领域，主流技术路线大部分以开源模式发起，形成了一批如 Hadoop、Spark、Kafka、Docker 等著名开源项目。在产业化方面，开源生态是技术创新和扩散的主导方式。如在云计算领域，开源工具是云计算发展的主要动力，超过 80% 的私有云采用开源工具搭建；在大数据领域，已有超过 60 款大数据开源工具，涉及大数据分析平台、数据仓库、数据挖掘等各个环节；在虚拟化领域，CNCF、OpenStack 企业会员数超过 200 家，AWS、阿里云等顶级项目均使用开源虚拟化技术；在机器学习领域，开源软件项目超万项，机器学习开源技术是人工智能发展的主要生产力。

3. RISC-V 指令架构开始在新兴领域崭露头角

RISC-V 指令架构具备开源、简洁、模块化和易拓展等特性，适合于物联网等新兴领域。 RISC-V 是一种基于 RISC 原理设计的指令架构，相比于当前主流的 X86 和 ARM 指令架构，RISC-V 具备诸多优势，具体如图 15 所示。**一是开源指令架构**，不同于 ARM 和 X86 等指令架构的企业主导和付费授权使用模式，RISC-V 开源，并由 RISC-V 基金会主导，通过构建开放、合作的软硬件社区，推进生态系统发展。**二是模块化的架构**，区别于 X86、ARM 架构不同领域之间不兼容，RISC-V 架构允许用户灵活选择不同的模块组合用于满足不同的应用场景。**三是支持第三方扩展**，RISC-V 架构设计初期预留了大量指令编码空间用于自定义扩展，用户可以根据需求扩展指令子集。**四是架构简洁性**，相比于 X86、ARM 动辄上千页的架构文档，RISC-V 架构的基础指令仅 40 余条，全部文档不足 300 页，有利于体系架构工程师快速掌握架构核心要点。适用领域方面，RISC-V 架构的发展周期较短，难以打破 X86 和 ARM 已在 PC、移动互联网领域形成的稳固生态地位，而其开源、模块化、易拓展等特性更适合新兴领域，尤其适合细分市场众多的物联网领域。

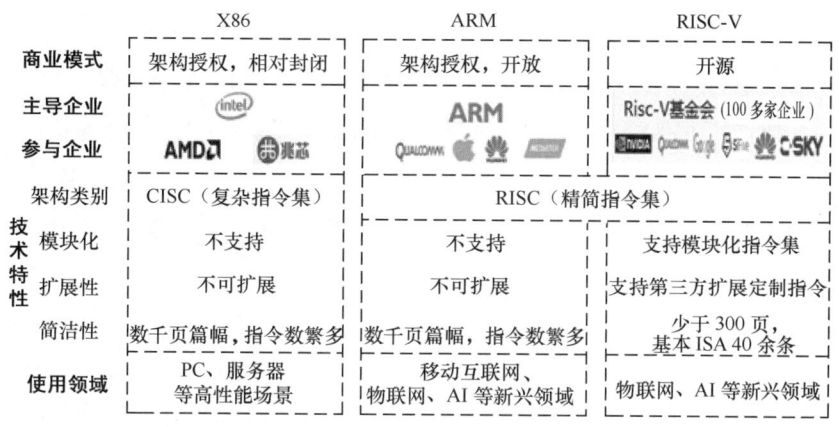

图 15　X86、ARM、RISC-V 指令架构对比

4. 网络开源化进程加速，但争议不少，处于探索期

开源开放成为推动通信网络升级发展的重要方向。随着通信网络的演进发展，传统架构所带来的网络刚性、网元封闭、业务烟囱、运营复杂和运维成本高等问题越发凸显，5G 时代丰富的应用场景对网络业务灵活部署、智能服务等的需求大幅提升。运营商试图通过通信网络开源化吸引更多的中小设备商参与竞争，激发行业创新活力，打破厂商锁定，降低成本。

美国运营商和互联网厂商引领电信网络开源运动，欧洲和我国开始积极跟进。美国方面，AT&T 早在 2013 年就启动了 Domain2.0 计划，建设云化的开放式网络。2015 年发起了 CORD 项目，基于开放硬件和开放软件改造传统局端机房，推动网络技术迭代升级，重构行业价值链，以掌握更多的话语权。互联网巨头 Facebook 凭借其在 IT 领域的技术优势，不断向通信网络领域渗透。2016 年，Facebook 联合多家运营商成立了 TIP（Telecom Infra Project）项目，凭借其强大的产业链和开源生态运作能力，加快在电信领域复制 OCP 在技术、商业和生态建设方面的经验。欧洲方面，近两年欧洲运营商改变了以往的观望态度，积极加入开源组织，2018 年沃达丰和西班牙电信宣布 OpenRAN 计划，以软件为中心，基于通用供应商的中立硬件来构建 2G、3G 和 4G 无线解决方案，以降低建网成本。我国方面，中国移动和美国 AT&T、德国电信、日本 NTT DoCoMo、法国 Orange 共同成立了 O-RAN 联盟，利用白盒硬件＋开源软件，打造开放智能的新型无线网络。中国联通牵头成立了中国 CORD 产业联盟，基于 CORD 开源组织的体系架构，实现网络转型。

网络侧开源面临技术成熟度和产业格局调整等多个问题，未来发展存在不确定性。

技术方面，通信网络（特别是无线网）的技术复杂度远高于数据中心，无线环境的多变性和需求的差异性，使得无线功能非常复杂多样，接口难以实现标准化，给开源技术的成熟应用带来了很大的挑战。**产业方面**，开源化改变了传统设备制造商和运营商的既有格局，运营商会采购多家供应商的设备，需要自己面对组网后的网络升级维护工作。由于硬件和软件可能来自不同的企业，网络一旦出现问题，便很难定位责任主体，这对运营商的技术储备和转型的要求就大幅提高了。

三、2019 年先进计算领域发展展望

（一）计算：专用加速架构将占据越来越重要的位置

计算技术创新由通用软硬件到面向应用的专用加速。从近 20 多年来计算技术的学术研究重点变化中可以看出，计算技术创新的重点方向已然发生变化。**一是基础架构和基础工艺的技术创新日益趋缓。**20 世纪 90 年代到 21 世纪初，是包括指令集架构 ISA、分支预测、超标量处理器及矢量处理单元等在内的处理器架构相关技术的活跃创新期，之后逐步趋于成熟，创新节奏放缓。以计算机体系结构国际研讨会（ISCA）发表论文为例，与处理器架构相关的论文 1992 年有 2 篇、2004 年有 20 篇，后逐年递减至 2016 年的仅一篇，如图 16 所示。**二是存储架构和互联架构因多核及分布式的需求愈发重要**，自 21 世纪起步以来贯穿至今。在处理器架构技术创新趋缓的同时，因冯·诺依曼体系所带来的 I/O 瓶颈优化及多核、分布式体系的升级需求，存储架构和互联架构的创新自 21 世纪初日益得到关注，同期 ISCA 所发布的技术成果均达到近 20 年高峰，后期更是成为业界科研关注的重点方向，并成立了专门的国际研讨会进行技术创新成果的发布。**三是部分通用及特定专用的加速架构逐渐兴起**，高性能计算、智能终端计算以及人工智能计算等新兴应用领域计算需求的激增（尤其是深度学习的爆发）是近年来快速增长的核心驱动力，推动 GPU 加速计算及专用 ASIC 加速计算等相关技术创新异军突起，成为计算技术创新的主导方向。

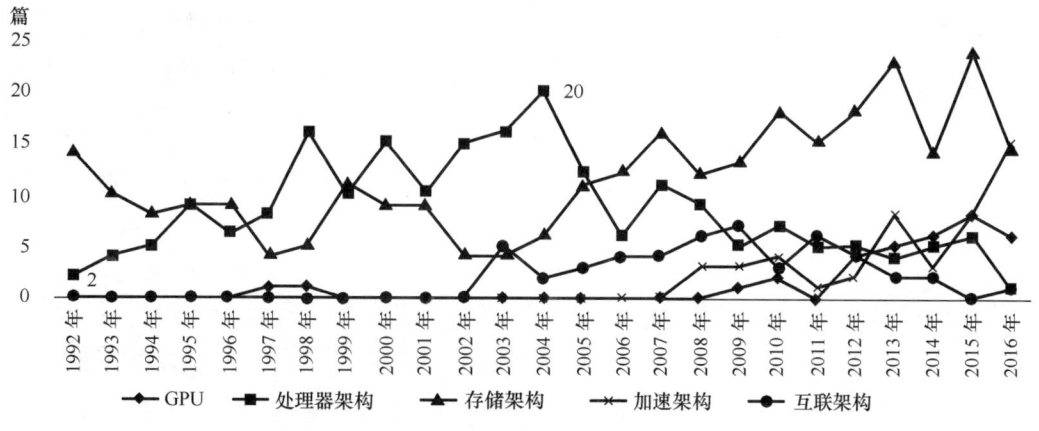

图 16　1992—2016 年计算机体系结构国际研讨会（ISCA）论文分类数量统计

（数据来源：《技术驱动架构创新：过去，现在和未来》）

（二）通信：5G 开启通信和计算融合的起点

从 1G 到 4G，移动通信技术在不断提升，而到了 5G 时代，除了无线和网络通信技术的演进升级外，通信和计算的融合正在成为产业发展的趋势。**5G 将成为通信和计算融合的起点，主要分为三个发展阶段**，如图 17 所示。

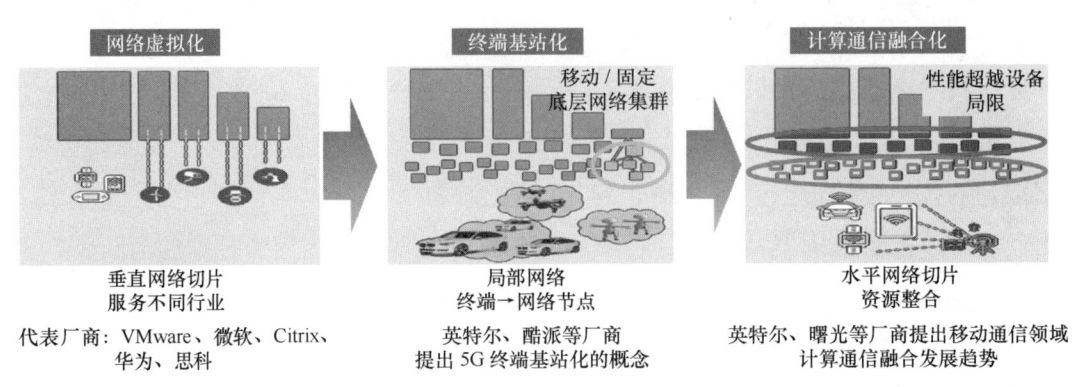

图 17　5G 计算和通信融合的三大阶段

第一阶段是网络虚拟化。 5G 的网络架构发生变革，核心网下移并向云化架构转变，通过软件定义网络（SDN）和网络功能虚拟化（NFV）实现灵活的无线资源管理和功能部署，满足移动边缘计算的需求；通过网络切片，VR/AR、工业、车联网等垂直行业客户可以根据业务类型、业务覆盖、性能指标需要、特殊功能需求实现移动网络的定制化部署，提高网络资源效率。当前华为、爱立信等设备厂商已经展示了基于 5G 网络切片的智能电网、智能工厂、VR/AR、直播等应用，VMware、英特尔等厂商纷纷推出 NFV 平台，加速边缘计算布局。

第二阶段是终端基站化。 5G 终端形态多样，万物智能互联。随着网络功能的不断下沉，终端除传输更高速、通信更灵活外，还将实现基站化，成为新一代移动通信的一个节点，满足终端汇聚和灵活组网功能。终端基站化将对终端系统、芯片和元器件的设计提出新的要求，目前英特尔、酷派等厂商提出了 5G 终端基站化的概念。

第三阶段是计算通信融合化。 当前终端的功能受限，而现有的网络已经具备存储和计算功能。随着 SDN 进一步扩展到终端，通过网络的横切片可以实现水平网络资源整合，移动终端节点可以通过通信来使用固网的计算和存储资源，从而提供超越自身局限性的高质量的计算服务，使终端能够利用通信来解决计算的问题。

（三）传感：需求导向的新型传感器产品创新快速推进

近年来，新型传感器的商业化进程正在逐步加速，例如在汽车电子领域，更高性能的 77/79GHz 雷达数量已经接近雷达总量的一半，而激光雷达的量产版本也已经在量产车型上搭载并上市销售；在消费电子领域，性能更加优异的 MEMS（Micro-Electro-Mechanical System，微机电系统）麦克风出货量持续攀升，已经突破了麦克风总出货量的一半，而更高性能的新型堆栈式 CMOS 图像传感器也首次在量产终端上得到应用。整体来看，**未来一两年，以汽车、手机领域为代表的传感器应用需求升级，将驱动新型传感器产品加速创新迭代**。首先，在汽车电子应用方面，L3/L4 高级别自动驾驶应用对传感器的性能、集成度均提出了更高的要求。受此拉动，未来一两年内，一方面，高频雷达将加速对低频产品的替代，预计高频产品占比将突破半数；另一方面，在首次商用后，激光雷达的规模化部署进程也将加速，同时预计在 2020 年左右量产产品的成本将降至 100 美元，前装渗透率达 25%。在消费电子应用方面，当前新型智能硬件快速普及以及人工智能语音助手在各个领域快速推广，市场对于麦克风产品的低功耗、语音唤醒功能创新、IC 集成应用等需求不断提升，预计 2020 年 MEMS 麦克风占比将突破 70%，加速对传统 ECM（Electret Condenser Microphone，驻极体麦克风）的替代；此外，智能手机产品差异化创新对于 CMOS 传感器的高帧速率、高像素、宽动态等需求持续扩大，预计到 2020 年，新型堆栈式的 CMOS 产品将加速推广普及，市场占比将突破七成。

（四）显示：画质性能持续突破，光场/全息显示之路任重道远

信息显示将随 5G 万物互联而呈现泛在化的发展趋势。5G 技术开启了万物互联新时代，平板显示将成为物联网设备最重要的人机交互接口并在新兴市场得到广泛应用。**在多领域应用需求的牵引下，以分辨率、对比度、色域等画质性能为代表的传统视觉体验接连提升**，其中近眼显示在分辨率、刷新率等关键指标上不断取得进展，减少纱窗、拖尾、闪烁等低画质因素引起的视觉疲劳，柔性材料、MicroLED、量子点等技术助力手机、电视等传统应用领域产品实现画质升级和形态变革；系统层面，虚拟/增强现实领域在视觉、听觉、前厅系统、动作反馈上的协同一致性得到进一步强化，光学系统方案创新不断升级，可变焦显示器大量采用已成熟的技术作为实现基础，兼顾

技术实现性和量产可行性,将成为下一代高端VR终端标配近眼显示技术,而**光场显示**等技术可以完全契合自然情况下人眼观察外界的原理,成为近眼显示领域追求的终极显示技术,但其产业化尚需时日。

大数据与人工智能篇

导　　读

2018年，云计算、大数据、人工智能、区块链等新一代信息技术快速更新迭代，应用潜能继续迸发，创新成果加速向经济社会各领域普及渗透，产品创新、服务创新、模式创新等层出不穷。这些成果的取得首先是由于数据量的快速增长和数据中心产业的平稳发展。据全球咨询机构IDC预测，全球数据总量2020年预计将达到44ZB，我国数据量将达到8.06ZB，占全球数据总量的18%。2017年我国在用数据中心机架总体规模为166万架、1844个，规划在建数据中心规模为107万架、463个，而2018年的相应数量将进一步上升。迅猛增长的数据为云计算、大数据、人工智能、区块链等新一代信息技术的发展奠定了坚实的基础。

云计算技术与产业在2018年已渐入平稳，全球公有云市场格局基本确定，私有云市场还存在云操作系统、云管软件、云网软件等多个细分市场，未形成绝对巨头。云计算的应用正从互联网行业向制造、政府、金融、交通、物流、医疗健康等传统行业渗透。各大云计算厂商纷纷进军行业云市场，行业云整体呈现百花齐放的态势。OpenStack热度趋于平稳，Docker关注度递增，基于Linux生态的云计算技术更新迭代。

大数据产业在2018年继续快速增长。随着各企业数据总量的不断攀升和数据类型的不断变化，越来越多的企业开始应用大数据系统和平台，并将更多的关注目光投向了企业内部的数据资产管理。相对于传统的数据管理，数据资产管理在应用范围、管理手段、组织职能、处理架构等方面均有所变化。数据的价值评估也成为备受关注的热点。而技术方面，大数据软硬件方面均有所突破，批处理与流计算结合日益紧密，数据分析与隐私保护技术也呈现出融合的趋势。

人工智能毫无疑问成了2018年的年度热词。10月31日，习近平总书记在主持中共中央政治局集体学习时提出推动我国新一代人工智能健康发展，这对我国人工智能的发展提出了新要求。目前，以深度学习为代表的技术体系逐渐成形，全面赋能行业应用落地。智能终端、智能产品百花齐放，智能产业规模不断扩大。

可以说，2018年是区块链的关键之年。作为互联网从信息传播向价值传递过程中的重要工具，区块链在2018年迎来了技术体系成形和商业场景落地。区块链的产业生态初步建立，"脱虚向实"成为重大趋势。在供应链金融、司法存证、产品溯源等方面，区块链的优势开始逐渐显现。

展望2019年，新一代信息技术将在诸多方面继续迎来突破。"云边协同""云网融合"的趋势已成为业界共识，数据分析、事务处理、数据流通等大数据技术将继续优化，人工智能产业的应用空间将继续扩大，但也面临着产业过热、关注过高的风险，区块链在性能、架构、部署、共识、合约等方面的技术成熟度将不断提升。

本篇作者：

张雪丽　张睿　杜娟　谢智刚　李婷　马军锋　闫树　王冲鹍　郑立　马飞　闫丹
刘如明　刘成成　王蕴韬　曾晨曦　姜莹　施羽暇　曹峰　张奕卉

一、2018年大数据与人工智能领域发展综述

（一）云计算

1. 云计算发展稳中向好，全球公有云格局基本确定

全球公有云市场增速企稳。2018年以IaaS（基础设施即服务）、PaaS（平台即服务）和SaaS（软件即服务）为代表的全球公有云市场规模达到1392亿美元，增速达25.41%。预计未来几年市场平均增长率在21%左右，到2021年市场规模将达到2461亿美元，如图1所示。

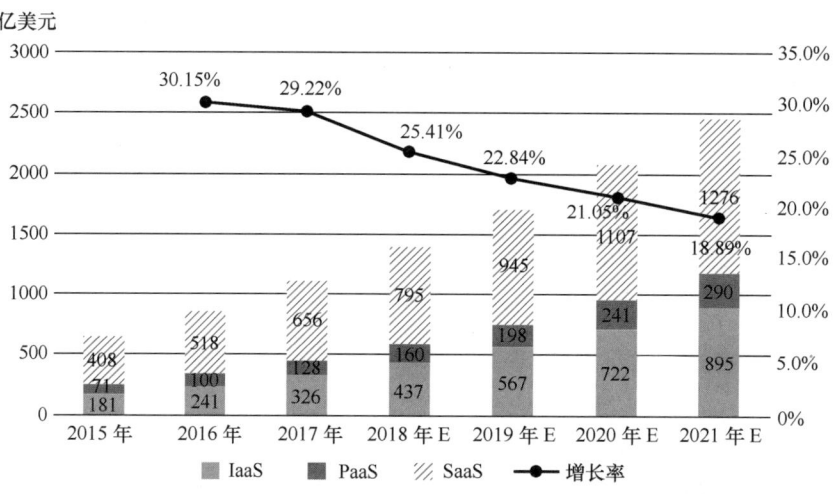

图1 全球公有云市场规模及增速（数据来源：Gartner）

我国私有云市场稳定增长。2018年，我国私有云市场规模预计将达到524.6亿元，较2017年增长22.9%。预计未来几年将保持稳定增长，到2021年市场规模将达到955.7亿元，如图2所示。

公有云领域一超多强、寡头垄断的市场格局基本定型。Gartner的调查数据显示，2017年AWS、微软Azure、阿里云合计占据了66.5%的IaaS市场份额，且增长率均超过25%，而其他厂商的整体增长率只有8%。公有云需要大规模的资金、技术、管理与服务投入，且技术门槛和成熟度都比较高，经过几年时间的发展，IaaS的市场壁

垒已经形成。因此，后来者很难借技术革新形成突破，几大巨头云服务商的优势明显，整体格局难以动摇。

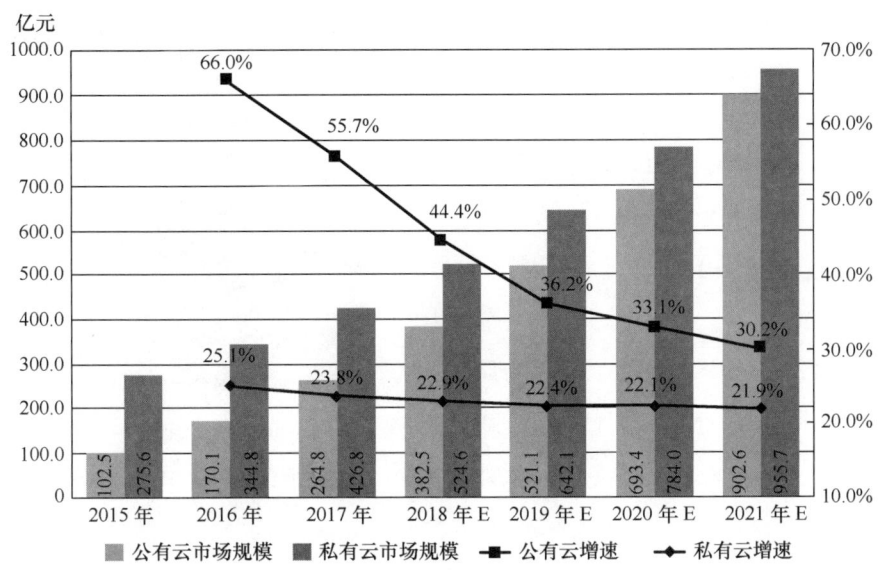

图 2 中国公有云、私有云市场规模及增速（数据来源：中国信息通信研究院）

而私有云市场还未形成绝对巨头。当前，私有云市场存在云操作系统、云管软件、云网软件等多个细分市场。

2. 行业云百花齐放，多云成企业上云必然阶段

我国行业云呈现百花齐放的态势。当前，我国云计算的应用正从互联网行业向制造、政府、金融、交通、物流、医疗健康等传统行业渗透，各大云计算厂商纷纷进军行业云市场。

政务云市场方面，包括中国电信、中国联通等基础电信企业，浪潮、曙光、华为等 IT 企业，以及腾讯、阿里巴巴、京东、数梦工场等互联网企业均在政务云市场重点布局。金融云市场方面，银行纷纷建立科技公司，兴业数金、融联易云、招银云创、建信金融、民生科技等银行科技公司已经开始在金融云方面发力。工业云方面，海尔、中国移动物联网公司、阿里云、浪潮等产业链各环节厂商纷纷搭建有自己特色的工业云平台。

现阶段，各行业云市场还处在起步阶段，尚未形成稳定的行业格局。个别行业市场产品存在同质化严重的问题，低价竞标的情况屡有发生。因此，各行业市场亟待形

成一批在行业发展中具有引领作用的高信用级别的标杆企业。

业务需求驱动，多云成为企业上云必然阶段。 随着云计算的发展和应用加深，单纯的公有云或私有云已很难满足现有业务的安全需求，企业需要多种云环境并存来适应新的业务需求。

中国信息通信研究院的调查显示，2017年我国54.7%的企业使用了云计算应用，其中有6.6%的企业使用了混合云，如图3所示，预计未来几年混合云的应用比例将大幅提升。国外市场方面，RightScale 2018年的调研报告显示，82%的企业已经采用多云策略，可见多云形态也正被越来越多的企业所采用，如图4所示。

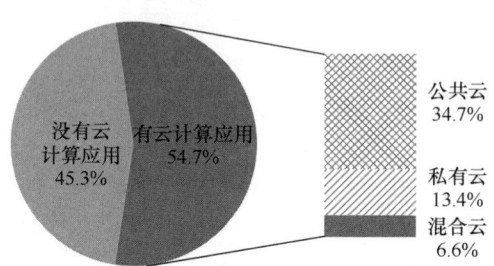

图3　2017年中国市场云计算使用率调查
（数据来源：中国信息通信研究院）

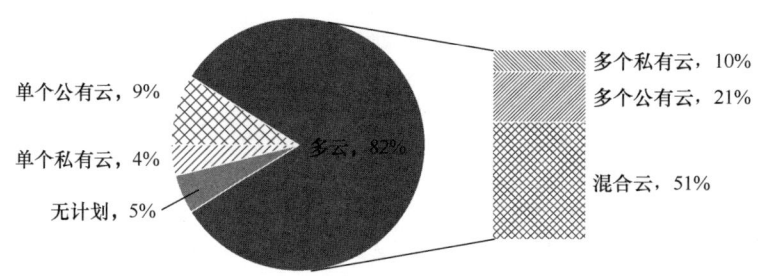

图4　国外市场云计算使用情况统计（数据来源：RightScale 2018 State of the Cloud Report）

（二）大数据

大数据产业继续高速增长，增速有所降低。 2018年，我国大数据产业延续多年来的增速，继续保持相对高速的增长。根据中国信息通信研究院的测算，2018年我国大数据产业整体规模有望达到5405亿元，同比增长15%，如图5所示。这里对大数据产业的定义涵盖了数据生产、采集、存储、分析、服务等活动，包括大数据硬件产品、大数据软件与服务产品等。然而，综合国内外环境、新兴技术发展等多种因素，大数据产业的增速出现了下滑。我国的大数据产业也面临着从高速发展转向高质量发展的关键转型期。

企业数据总量与结构逐年变化，数据来源愈发多样。 对于广泛应用大数据的企业来说，其所拥有的数据资源总量继续增长。根据中国信息通信研究院2017年、2018

年对 1572 家大数据企业的调查，企业数据资源总量逐年攀升，特别是数据量为 50～500TB 的企业数量进一步增加，如图 6 所示。随着自然语言处理、图像识别、传感器等技术的不断发展，数据的种类越来越丰富。企业非结构化数据比例整体增长，87.6% 的企业非结构化数据已超过一半，我国企业数据类型如图 7 所示。另一方面，在受访企业中，内部生产数据和客户 / 用户数据是企业的两大数据来源。通过对企业数据来源的调查发现，54.3% 和 48.8% 的企业主要数据来源为内部生产数据和客户 / 用户数据，与 2017 年相比分别上升 5.3% 和 1%；内部经营管理数据为主要数据来源的企业占比为 39.5%，与 2017 年相比降低了 2.9%，如图 8 所示。

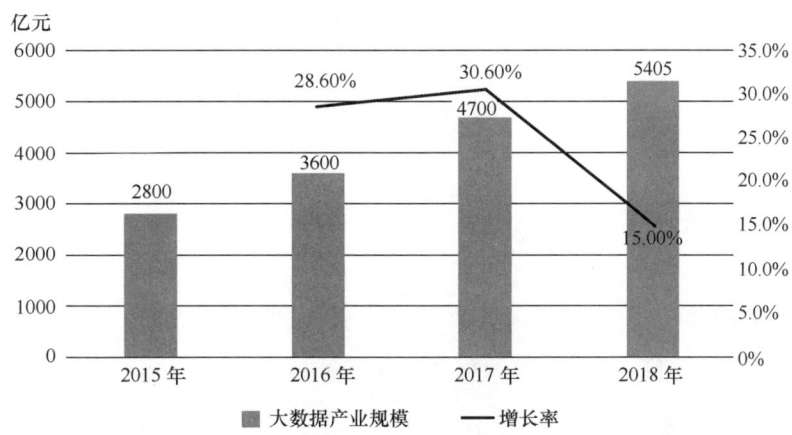

图 5　我国大数据产业规模及增速（数据来源：中国信息通信研究院）

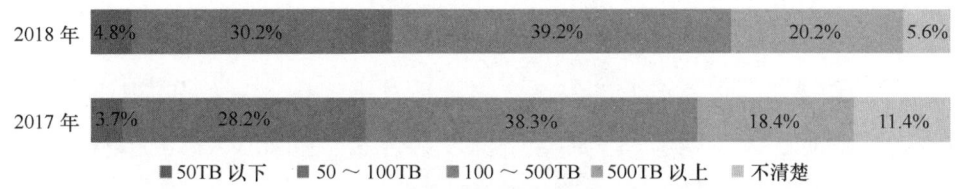

图 6　我国企业数据资源规模（数据来源：中国信息通信研究院《中国大数据发展调查报告（2018 年）》）

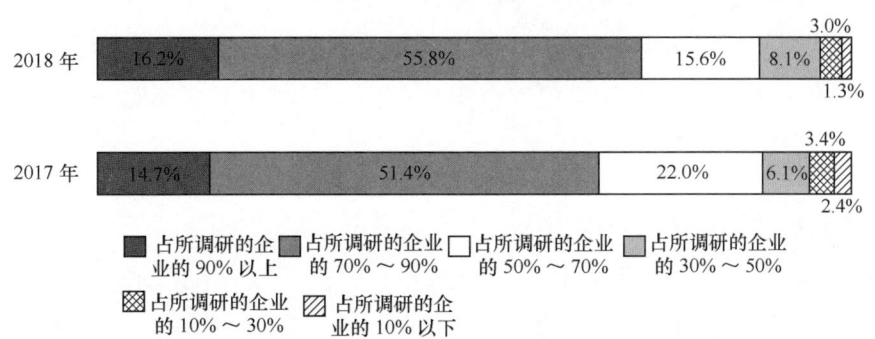

图 7　我国企业数据类型（数据来源：中国信息通信研究院《中国大数据发展调查报告（2018 年）》）

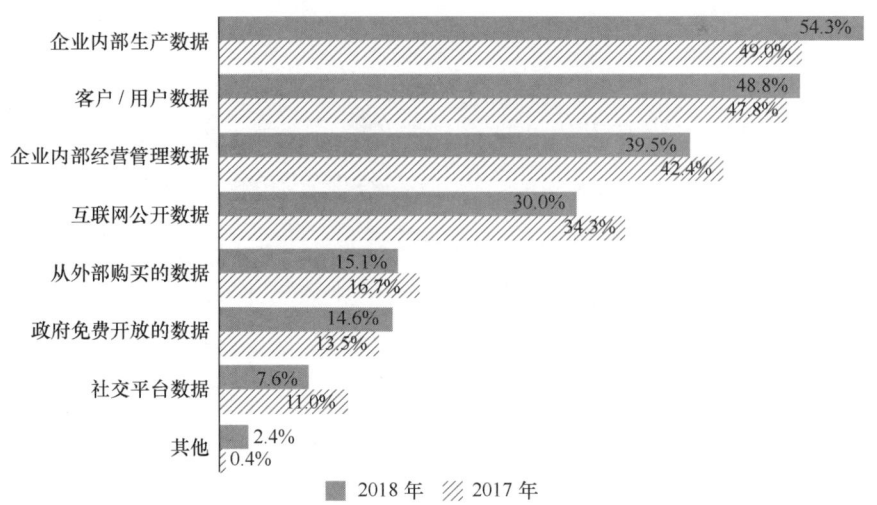

图 8 我国企业数据来源（数据来源：中国信息通信研究院《中国大数据发展调查报告（2018 年）》）

（三）人工智能

全球人工智能政策频出，产业落地积极推进。 2018 年以来，全球各国高度重视人工智能发展，欧洲各国和美国在发展理念、伦理准则、重点举措等方面继续完善人工智能政策，推进战略落地，亚洲各国也在加紧布局。美国白宫接连发布了数个人工智能政府报告，美国是第一个将人工智能发展上升到国家战略层面的国家，此外，英国、欧盟、日本等纷纷发布人工智能相关战略、行动计划，着力构筑人工智能先发优势。

我国高度重视人工智能产业的发展，习近平总书记在十九大报告中指出，要"推动互联网、大数据、人工智能和实体经济深度融合"，在 2018 年 10 月 31 日的中共中央政治局第九次集体学习时强调了要推动我国新一代人工智能健康发展。从 2016 年起我国已有《"互联网+"人工智能三年行动实施方案》《新一代人工智能发展规划》《促进新一代人工智能产业发展三年行动计划（2018—2020 年）》等多个国家层面的政策出台，也取得了积极的效果，我国逐渐形成了涵盖计算芯片、开源平台、基础应用、行业应用及产品等环节较完善的人工智能产业链。

人工智能技术产业体系逐渐成形，赋能百花齐放的智能产品服务。 2018 年，以深度神经网络为代表的技术及产业体系逐渐成形，正在深刻赋能各领域的应用落地。人工智能产业技术体系以包含算法及软硬件实现的底层技术为根基，以软件框架为核心，通过基础应用技术赋能上层应用，如图 9 所示。

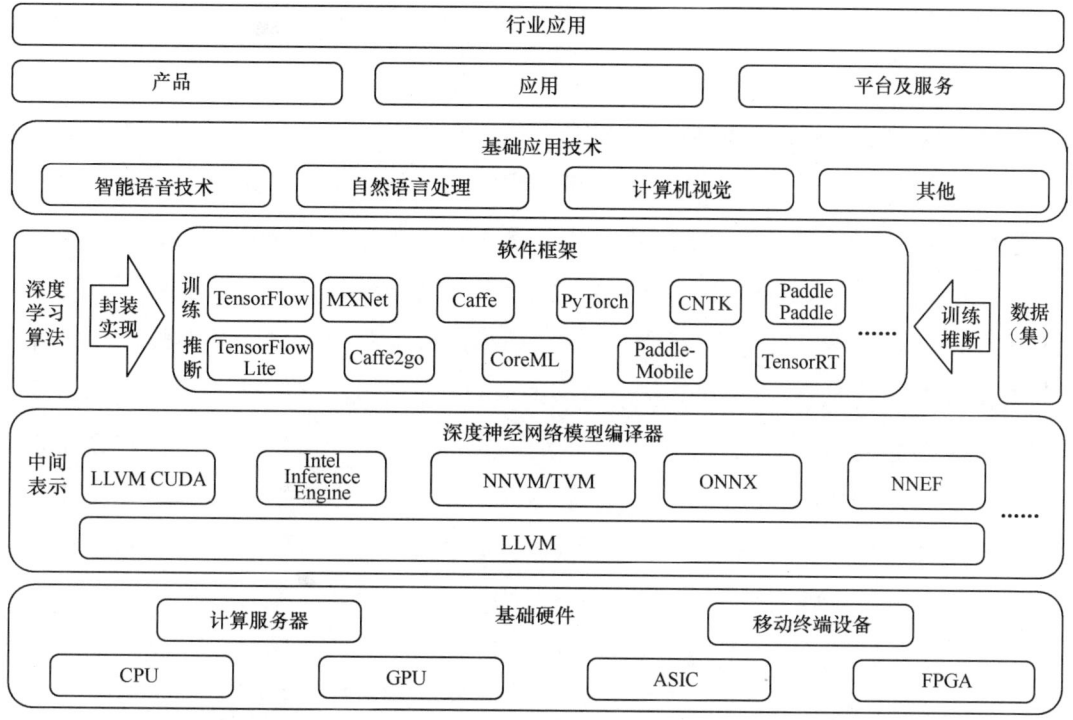

图 9 人工智能技术体系架构（数据来源：《人工智能发展白皮书技术架构篇（2018 年）》）

可以看到，面向人工智能应用的定制化基础设施蓬勃发展，广泛部署的人工智能加速芯片层出不穷，新算法新工具百花齐放；行业聚焦夯实技术实力基础，抢占产业生态，由人工智能驱动的技术变革正在深刻影响着 IT 产业的技术转型；以智能语音语义、计算机视觉为代表的核心基础应用充分分享深度神经网络的技术红利，不断取得性能突破，为全面赋能行业应用打下了坚实基础；面向最终用户的人工智能应用则聚焦用户体验深耕，不断推出智能化、互联化的产品服务。

巨头领跑，人工智能产业规模不断扩大，应用创新动作不断。 2018 年，全球范围内人工智能企业继续保持增长态势；我国在人工智能领域的投融资热度持续攀升，金额数不断增长。产业方面，传统互联网巨头企业凭借其技术、人才、数据及生态优势保持领跑地位，而初创企业则凭借其技术突破获得一席之地；传统巨头企业通过收购不断吸纳小微企业或研究团队，以完善技术产业布局，保持领先优势。应用方面，人工智能服务持续呈现平台化趋势，算法、技术和平台整合趋势愈发明显；与此同时，相关工具的使用门槛不断降低，巨头通过工具垄断实现行业把控。随着人机交互水平的不断提升，智能音箱等新型人机交互产品迅速发展，随着基础应用的不断成熟，人工智能技术在制造业、医疗、金融等垂直行业领域也产生了缓慢而深远的影响。

（四）区块链

区块链建立信任机制，应用遍布多个领域。 区块链作为点对点网络、密码学、共识机制、智能合约等多种技术的集成创新，提供了一种在不可信网络中进行信息与价值传递交换的可信通道。从行业发展来看，区块链的技术正在走向融合，这使得区块链产业逐渐走向细分，如图 10 所示。从投融资来看，全球区块链产业融资加速，如图 11 所示。从公司数量来看，我国自 2013 年起区块链企业成立速度加快，2018 年已达到 430 家，如图 12 所示。随着越来越多的项目实际落地，整个产业开始进入一个应用加速落地的周期，覆盖医疗、司法、工业、媒体等多领域场景。随着区块链革新升级，与云计算、物联网、大数据以及安全等前沿技术融合，促进区块链在赋能工业互联网、数据共享流通以及新一代安全设施等方面的发展，能更好地将虚拟世界的价值对应到现实世界中，更为合规地反映社会经济运行的本质关系。

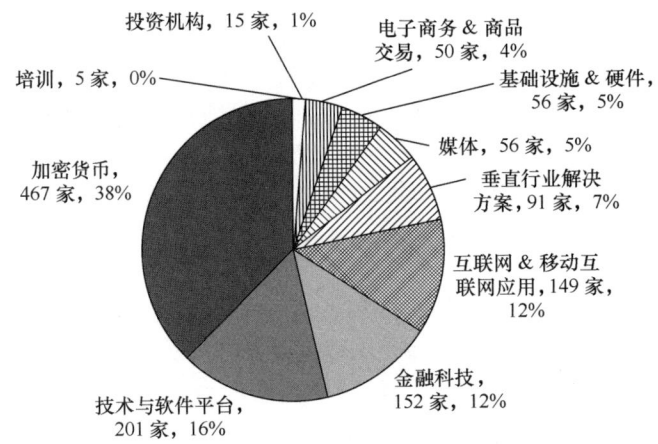

图 10　各行业区块链企业数量（数据来源：Cbinsight & Crunchbase，2018 年 7 月）

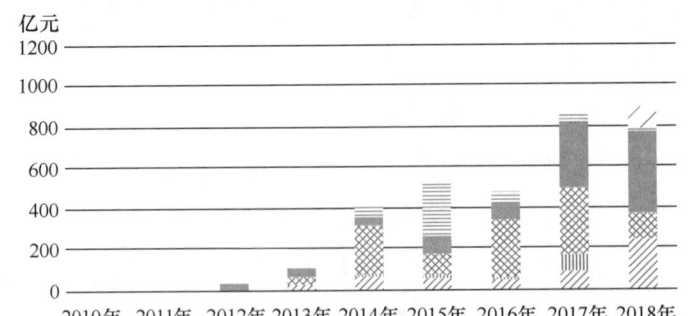

图 11　区块链各阶段融资轮次分布

（数据来源：Cbinsight & Crunchbase，2018 年 7 月）

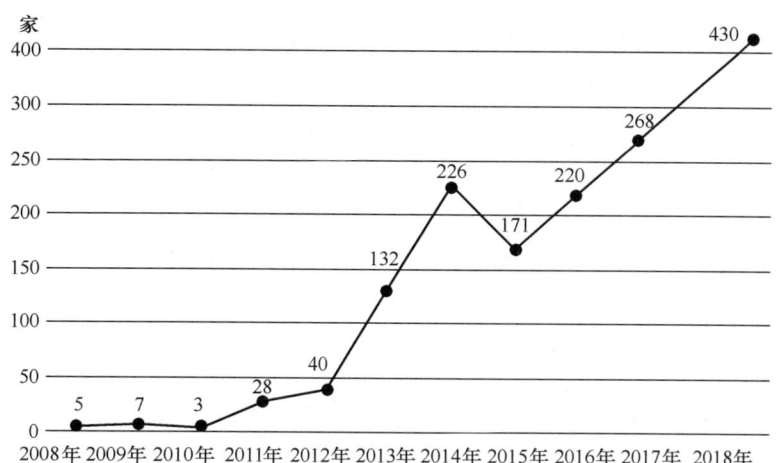

图 12　我国区块链企业数量（数据来源：Cbinsight & Crunchbase，2018 年 7 月）

区块链技术创新日趋活跃，我国专利发布热潮涌现。根据中国信息通信研究院知识产权中心的数据，2018 年 1～11 月，全球区块链相关专利申请量达到 2087 件；2017 年区块链全球专利申请量达 2964 件，较 2016 年增长 66.5%，如图 13 所示。根据专利申请局分析，中国大陆地区是全球专利申请量最多的地区，占有率达到 47.55%，美国以 1565 件专利位居次席，占有率达到 21.21%。此外，英国、韩国、澳大利亚等国家也有较多的区块链专利申请，如图 14 所示。从地区分布来看，美国在加密货币、智能合约、PoW 算法领域专利申请量较多；我国则在智能合约领域的专利申请量最多。

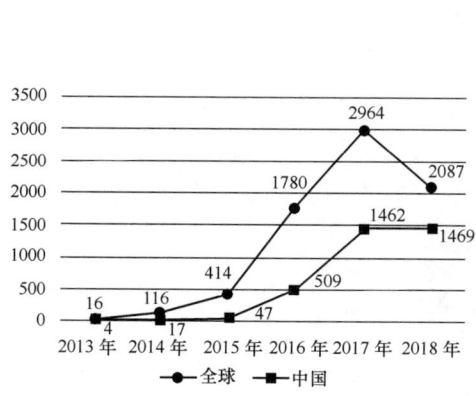

图 13　全球区块链专利申请量
（数据来源：中国信息通信研究院，2018 年 11 月）

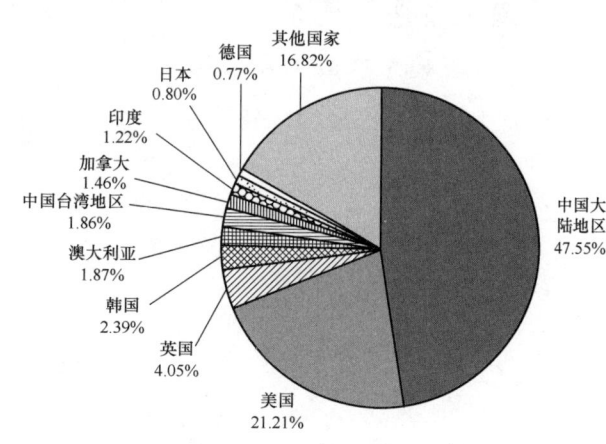

图 14　全球各国/地区区块链专利申请比例
（数据来源：中国信息通信研究院，2018 年 11 月）

二、2018年大数据与人工智能领域热点分析

（一）云计算：技术体系加强，行业应用深入

基于 Linux 技术生态的云计算技术更新迭代。 以 OpenStack 为代表、以资源管理为核心的虚拟化技术逐渐成熟，成为管理计算、存储、网络等基础资源的底层工具，热度趋于平稳。以应用部署为核心的云计算技术暴增，以 Docker 为代表的容器技术以其便捷、高效的应用部署能力越来越受重视，如图 15 所示。容器市场迎来爆发式增长。根据 451 Research 的调查，应用容器市场将在未来五年内爆发，预计年收入将从 2016 年的 7.59 亿美元增长到 2021 年的 34 亿美元以上，复合年增长率达 35%，如图 16 所示。容器编排技术是管理部署分布式应用容器的标准方式，其中 Kubernetes 为编排技术首选，市场占有率达 72%。云计算技术形成了从底层资源管理到上层应用部署的完备体系。

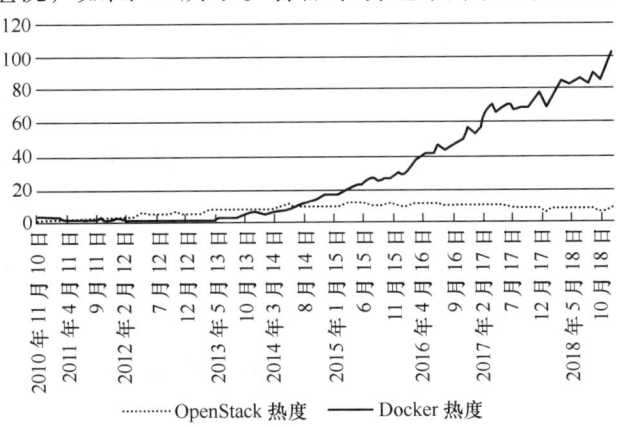

图 15 全球热度对比图：OpenStack vs Docker
（数据来源：Google Trends（2010—2018 年））

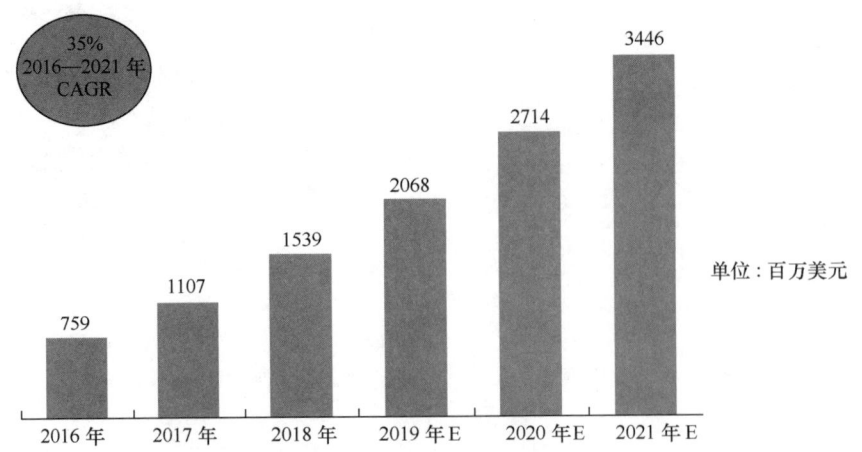

图 16 全球应用容器市场规模及复合增速（数据来源：451 Research's Market Monitor and Forecast: Cloud-Enabling Technologies Market Monitor, Q1 2017）

寡头收购不断，全力打造全栈能力。 云计算正在向各传统行业逐渐渗透，不同行业用户的需求呈现定制化趋势。各大云服务商不断提升全栈技术能力，丰富自身产品和服务，从而抢占云计算市场。2018年3月，全球最大的SaaS服务提供商Saleforce以65亿美元收购了开源应用集成服务发行商MuleSoft，以加大产品覆盖范围，加强其云计算资产组合。2018年10月，IBM以340亿美元收购了开源Linux发行商红帽公司，提供全栈式云解决方案，实现了前所未有的安全性和跨多云的可移植性，助力IBM成为首屈一指的云供应商。

开源助力云计算发展，商业模式将迎创新。 当前在企业基于云计算的IT部署中，开源软件的使用越来越普遍，基于开源的开发已逐渐成为许多应用系统的基石并形成了广泛的开发者社区。开源极大地促进了云计算技术的发展。同时，传统开源项目的商业模式遭遇瓶颈，各大开源公司或开源项目纷纷探索新模式。最典型的有以下三种方式：**一是被收购**，如全球最大的开源软件代码库和开发工具服务商GitHub被微软收购；**二是变更收费模式**，如Oracle宣布2019年1月以后发布的Oracle Java SE 8公开更新将不再向没有商用许可证的业务、商用或生产用途提供；**三是更改协议**，如MongoDB宣布更改其开源许可证，从AGPLv3切换为SSPL，以寻找新的商业模式。

（二）大数据：数据价值受重视，资产管理成为热点

数据是资产已成共识，价值评估成为关键。 DAMA（国际数据管理协会）发布数据管理知识体系指南，定义了十大数据管理职能及七大环境要素，并建立起要素关系，数据治理的重点是解决十大功能与七大要素之间的匹配。2018年3月16日，银保监会（原银监会）发布了《银行业金融机构数据治理指引（征求意见稿）》。数据资产管理的重要性不言而喻，大数据是资产已经深入人心。伴随着数据量和数据种类的不断增加，数据产生价值的机会也随之增多。未来数据将成为一个重要的财富创造来源，并且越来越多地被视为一项值得重视的企业资产。数据资产的评估问题成为公司估值的核心问题之一。常用的价值评估方法有成本法、收益法和市场法。

成本法是按成本计价的方法，即通过计算或重置无形资产所需要的成本费用来确定无形资产价值的方法。无形资产根据获取方式的不同可以划分为两种：自创无形资产和外购无形资产。大数据资产如果按照一种特殊的无形资产来开展评估，亦可划分为：自创大数据资产和外购大数据资产。依据生产费用理论及成本最低原则，成本法

确定大数据资产的最低价格。成本法适用于价值难以被量化,但未来应用会带来价值的大数据资产评估。

收益法是指通过估算资产未来几年所能获得的净收益,然后将净收益折算到评估时点的现值,从而得到评估资产价值的一种方法。从当前实际情况可以发现,收益法是进行无形资产评估时使用最为广泛且较容易被接受的一种定价方法。收益法需要确定业务决策进而量化决策价值、评估数据对决策的影响以汇总数据价值。收益法从数据资产未来可实现潜在价值的角度来评估大数据资产价格,具有很强的理论意义。

市场法也称为市场价格比较法,是指通过将待评估资产与市场上近期交易同样或类似资产进行比较,根据两者的异同对待评估资产进行调整以确定其价值的一种资产评估方法。市场法适宜在一个较为活跃的、成熟的交易市场环境下使用。目前国内大数据交易市场不健全,市场交易不活跃,交易案例较少,采用市场法评估大数据价值具有一定的困难。然而,国外的大数据交易市场较我国要更为成熟,可供参照的交易案例更多。随着国内交易市场的不断成熟、交易案例的不断增多,市场法将成为资产评估的一种可行的方法。

当前,对于数据资产评估的研究还处于早期阶段,评估方法手段还不成熟,常用的三种方法也具有一定的优势和局限性,具体见表1。以收益法为例,将企业数据资产未来可能产生的收益折现为现金流进行计算。对数据资产价值的估算可以帮助企业更准确地掌握信息化投资收益,这也是数据交易流通的前提之一。

表 1　　　　　　　　　　数据资产价值评估典型方法比较

	成本法	收益法	市场法
优点	容易把握和操作	能真实反映价值,易被双方接受	能反映资产目前市场状况,易被双方接受
缺点	对价值的估算往往偏低	预测难度大,偏主观	对市场环境要求高,评估难度大
适用场景	第三方机构,不以交易为目的,如政务数据	适合数据买方	较少

相比传统数据管理,数据资产管理模式升级显现。随着大数据的迅猛发展,数据资产管理相对传统的数据管理是正在变革的,逐渐呈现出一些新特点,可以从数据对象、处理架构、组织职能、管理手段和应用范围五个方面来认识,如图17所示。

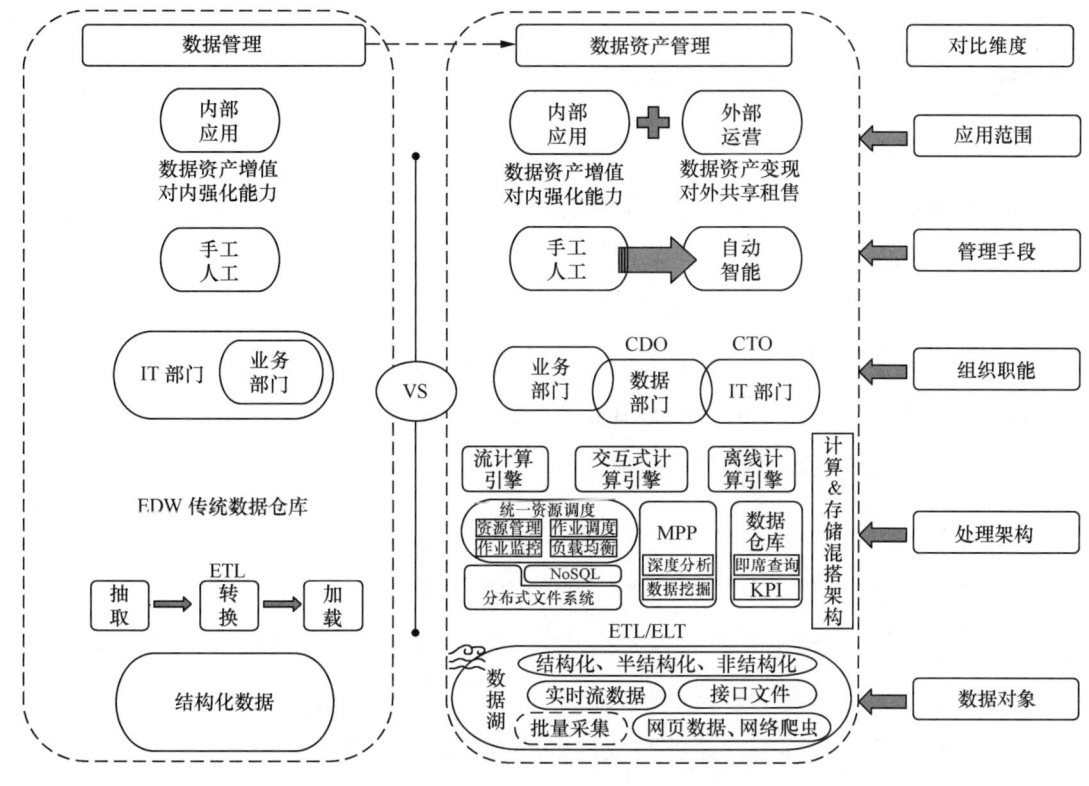

图 17 大数据背景下的数据资产管理特点

数据对象纷繁复杂。数据作为数据资产管理的对象，体现出数据规模庞大、数据格式种类繁杂以及数据来源各式各样等特征。在数据量方面，单一机构的数据规模由以前的 GB 级上升到 TB 级，甚至 PB 级、EB 级，增速很快。在数据格式种类方面，除传统的结构化数据之外，文本数据、图像数据、语音数据、视频数据等半结构化数据或非结构化数据占比越来越大，种类日益丰富。在数据来源方面，数据既包括内部数据，也包括来自第三方的外部数据，既包括传统业务处理采集的业务数据，也包括手机终端、传感器、机器设备、网站网络、日志等技术产生的数据。数据资产呈现数据对象海量、多样、多元化等特点。

处理架构更新换代。处理架构的更新换代体现在两个方面。一方面是底层架构，数据处理的底层架构快速向分布式系统迁移。以 Hadoop、Spark 等分布式技术和组件为核心的"计算&存储混搭"的数据处理架构，能够支持批量和实时的数据加载以及灵活的业务需求。另一方面是数据的预处理流程正在从传统的 ETL（抽取、转换、加载）结构向 ELT（抽取、加载、转换）结构转变。传统的数据集成处理架构是 ETL 结构，这是构建数据仓库的重要一环，即用户从数据源抽取出所需的数据，经过数据清洗，最终按照预先定义好的数据仓库模型，将数据加载到数据仓库中去。而大数据背景下的架构体系是 ELT 结构，其根据上层的应用需求，随时从数据湖中抽取数据建模分析。

组织职能升级变迁。 传统的管理制度体系中，数据管理职能主要由 IT 部门来负责，是 IT 部门的一项工作，业务部门配合 IT 部门执行数据管理，提出需求。随着数据分析与业务融合越来越深入，业务部门逐步成为大数据应用的主角，因而数据资产管理在企业中扮演着越来越重要的角色，越来越多的企业开始设置专门的"数据管理"职能部门或首席数据官（Chief Data Officer，CDO）岗位。在这种变迁背景下，数据管理的组织架构也面临革新的需求。

管理手段自动智能。 依靠"手工人力"的电子表格数据治理模式即将被"自动智能"的"专业工具"所取代，越来越多的数据管理员、业务分析师和数据领导者采用"平台工具"来梳理元数据、主数据，构建模型和管控质量。随着机器学习、深度学习技术的成熟，相关专项解决方案和平台工具系统的技术局限性（如效率低、差错率高、扩展性差等）将被一一攻破，能够有效地解放人力，提高效率和精度。

应用范围不断扩大。 数据的应用范围不断扩大，由传统的支持管理需要的战略决策分析为主，发展为以支撑业务一线的战术性决策。数据资产的意义价值也从对内强化能力扩展到了对外合作开放上，从而实现数据资产从保值到增值的跨越。战略决策分析一般包括管理优化、研判决策、风险合规、业务拓展、管控成本等，由原来的只应用于领导决策场景扩展到部门级业务分析使用。战术性决策包括智能推荐、精准营销、分析报告以及风险防范等。在跨企业的业务合作中，数据不可避免地也会流通到上下游的合作伙伴。从使用对象来看，数据资产的使用者不仅包括企业决策人员，还包括运维用户、业务管理人员、数据分析人员、数据科学家等。数据的应用范围越广，就越需要智能化的数据资产管理技术及完备的管理制度作为支撑，从而实现数据精细化管控和数据价值最大化。

数据资产管理工具日趋成熟，服务标准化成为趋势。 数据资产管理体系架构如图 18 所示，包含 8 个管理职能和 5 个保障措施。管理职能是指落实数据资产管理的一系列具体行为，保障措施是为了支持管理职能实现的一些辅助工作。

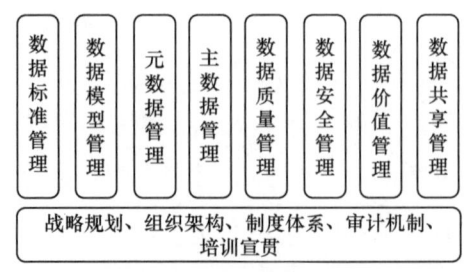

图 18 数据资产管理体系架构

数据资产管理实践过程中，需要依托具体的软件工具来执行。而且随着技术的发展，软件工具的自动化、智能化程度不断提高，其在数据资产管理中的作用越来越大。目前针对上述管理职能，业界很多厂商都开发了相关的软件工具，其中，相对成熟的工具有数据集成工具、数据标准管理工具、数据模型管理工具、元数据管理工具、主数据管理工具、数据质量管理工具、数据安全管理工具和数据生命周期管理工具等，这些工具有的单独呈现，有的相互组合在一起形成包括多种功能的软件平台，其具体意义和主要功能不展开具体阐述。除"数据资产管理"相关的工具之外，在大数据能力构建中，一般还要利用"数据共享交换平台"等，通过传统的数据仓库或大数据平台等媒介将数据集成交换到一起，从而为应用分析或开放做准备，涉及工具如"商务智能（BI）分析工具""报表工具""数据挖掘平台""用户行为分析平台""数据开放平台"等。

数据资产管理落地实施的特点是以管理为主、工具为辅。数据资产管理相关工具的标准化成果对于促进数据资产发挥应用价值来说能够起到重要的助推作用，与此同时，管理的标准化进程将成为市场焦点需求，可以说，数据资产管理相关管理服务的标准化工作是未来的发展趋势。技术与管理并驾齐驱能够有效促进企业业务的数据化、数据的资产化、资产的价值化、价值的最大化。

（三）人工智能：技术产业快速发展，智能终端驱动终端市场

新算法百花齐放，基础应用突破全面赋能各行各业。 2018年以深度神经网络为根基的技术体系确立了其主导地位，但还存在着过于依赖精标数据、神经元功能缺失、生成模型难以描述建模以及难以完成动态决策性任务等问题。因此，为解决深度学习的不足，新算法、新思路不断被提出，其中最具代表性的算法技术包括生成对抗网络、深度强化学习、迁移学习以及胶囊网络等，这些都得到了学术界及产业界的广泛关注。

在基础应用领域，以智能语音语义、计算机视觉等为代表的基础应用不断取得突破，为赋能各行业打下了坚实基础。以智能语音语义为例，语音识别应用在纯净环境下表现趋近完美，机器翻译聚焦神经网络技术也实现了系统错误率降低60%，在词嵌入及对话系统中得到了长足进步；以计算机视觉为例，图像分类已全面超越人类水平，在目标检测、语义分割、目标跟踪等领域也实现了性能及精度的极大提升。

人工智能应用催生出多种形态芯片，产业各方纷纷进军芯片研发。加速芯片作为人工智能应用落地的基础设施，2018年得到了各方的重视和长足的发展。首先是行业巨头纷纷跨界进军人工智能芯片产业，国际上以谷歌、脸书、微软及亚马逊为代表的行业巨头纷纷发力人工智能加速芯片，以谷歌公司的TPU芯片为代表，巨头企业纷纷推出ASIC或FPGA芯片平台，用于深度学习训练或推断；国内以百度、阿里巴巴以及华为等为代表的互联网及设备制造企业也在积极跟进，推出了面向云端应用的人工智能定制化芯片。

人工智能应用呈现碎片化的特征，初创企业聚焦终端推断芯片，纷纷推出相关产品。国内外的初创企业受到了资本市场的极大青睐，国内以寒武纪等为代表的芯片初创企业获得亿元级融资，国外的初创企业也获得了资本的高额投入；同时，传统芯片公司针对人工智能芯片初创企业的收购并购潮已经开启，以赛灵思（Xilinx）公司收购国内人工智能芯片独角兽创业公司深鉴科技、阿里巴巴收购中天微为代表，传统芯片公司依然保持着人工智能芯片领域的优势地位。

全球智能家居、服务型机器人市场持续增长。依托人工智能技术，智能家居与服务机器人的应用场景和服务模式不断拓展。中国电子学会数据显示，2013年以来，全球服务机器人市场年均增速达23.5%，2018年达到32.3%。通过机器学习、智能交互（通过语音、视频、手势等方式）、智能避障、ROS（Robot Operating System，机器人操作系统）等技术，服务类机器人可以更好地理解人类行为的含义，增强对于动态位置环境障碍的处理能力，大幅提升其智能化水平；而在酒店、商业、社区、居家和汽车等多种场景下，智能家居的智能化程度和范围亦有显著提升，逐步实现了从单点智能化到全链式生态智能化的模式转变。人工智能的发展为智能家居和服务机器人提供了广阔的应用前景，随着产品、生态和应用场景的不断成熟，智能家居和服务机器人将成为人工智能技术应用市场的发力点和增长点。

人工智能加速赋能智能终端，提升终端的智能化水平。从芯片层面来看，随着人工智能技术趋于实用化，部分算力也从云端逐渐向端侧迁移。适用于终端的人工智能芯片不断创新，从GPU（Graphic Processing Unit，图像处理芯片）、专用芯片IP（Intellectual Property，知识产权）核模块，到DSP（Digital Signal Processing，数字信号处理）芯片与GPU的异构组合，可谓百花齐放；从应用层面来看，人工智能在智能终端上的应用有图像、语音、智能操作系统和虚拟/增强现实四类场景，而越来越多的人工智能技术将继续赋能移动终端，带来用户体验的巨大提升，推动终端发展的新一轮变革；从框架层面来看，主流的开发平台也推出了终端推断版，如谷歌的 TensorFlow Lite、百度的 Paddle-Mobile，都已有较成熟的应用案例。人工智能正在从算力、算法、平台、应用等各层面赋能终端，成为新的市场驱动力，推进新一轮的产业升级。

（四）区块链：产业"脱虚向实"，供应链金融领先落地

行业应用生态已初步成形，从各领域助推实体经济。 区块链技术落地的场景已从金融领域向实体经济领域延伸，"脱虚向实"趋势明显，行业生态链已经初步成形，正在从各个领域助力实体经济高质量发展。根据实现方式和作用目的的不同，当前基于区块链技术的应用可以划分为三类场景：**一是价值转移类**，数字资产在不同账户之间转移，如跨境支付；**二是存证类**，将信息记录到区块链上，但无资产转移，如电子合同；**三是授权管理类**，利用智能合约控制数据访问，如数据共享。此外，随着应用需求的不断升级，还存在多类型融合的场景，具体见表2。

表2　　　　　　　　　　区块链应用场景分类

类型	政府	金融	工业	医疗	法律	版权
价值转移		数字票据 跨境支付 应收账款 供应链金融	能源交易	医疗保险		
存证	电子发票 电子证照 精准扶贫	现钞冠字号溯源 供应链金融	防伪溯源	电子病历 药品追溯	公证 电子存证 网络仲裁	版权确权
授权管理	政府数据共享	征信		健康数据共享		版权管理

供应链金融痛点引关注，区块链助力寻求解决方案。 供应链金融市场的规模近年来备受关注，据普华永道测算，我国供应链金融的市场规模将保持平稳增长，2017—2020年的增速在5%左右，到2020年我国供应链金融的产值将会达到约15万亿元。虽然供应链金融可以把单个企业的不可控风险转变为供应链企业整体的可控风险，从而提高融资效率、减少融资成本，但已逐渐暴露出一系列行业痛点：**一是供应链上存在信息孤岛，二是核心企业信任并不能有效传递，三是银行缺乏可信业务场景，四是融资难、融资贵现象突出，五是清结算并不能自动完成。**

区块链赋能供应链金融，打造应用新业态。基于区块链的供应链金融，通过区块链技术将各个相关方链入一个大平台，通过高度冗余的确权数据存储，实现数据的横向共享，进而实现核心企业的信任传递；同时，基于《中华人民共和国物权法》《中华人民共和国电子签名法》的约束，借助核心企业信用额度，提升中小企业的融资效率，降低小微企业的融资成本，加速实现普惠金融。区块链赋能供应链金融，创新提供基于加密数据的交易确权、基于存证的交易真实证明、基于共享账本的信任传递和基于智能合约的合约执行等应用解决方案，满足多个参与方的需求，形成回款封闭可控、穿透式监管、全链条数据打通的新生态。传统供应链金融与区块链供应链金融的对比见表3。

表3　传统供应链金融与区块链供应链金融对比

类型	信息流转	核心企业信任传递	业务场景	回款控制	中小企业融资	监管治理
传统供应链金融	信息孤岛明显	一级供应商	核心企业与一级供应商	不可控	难、贵	难
区块链供应链金融	全链条贯通	多级供应商	渗透全链条	封闭可控	更便捷，成本更低	易于风险控制

三、2019 年大数据与人工智能领域发展展望

（一）"云边协同"助力产业互联网，"云网融合"引领新浪潮

边缘计算与云计算互为补充，打造产业互联网新未来。 边缘计算是指在靠近物或数据源头的网络边缘侧，融合了网络、计算、存储、应用等核心能力，可以就近提供边缘智能服务的开放平台。在当前物联网迅猛发展的阶段，边缘计算作为产业互联网的"神经末梢"，提供了较快的计算服务响应速度。边缘计算通常情况下不将原始数据发回云数据中心，而是直接在边缘设备或边缘服务器中进行数据处理。云计算作为产业互联网的"大脑"，会将大量边缘计算无法处理的数据进行存储和处理，同时对数据进行整理和分析，并反馈到终端设备，增强局部边缘计算能力。边缘计算与云计算的关系如图 19 所示。

云计算与网络高度融合，引领网络架构变革新浪潮。 "云网融合"是基于业务需求和技术创新并行驱动带来的网络架构深刻变革，使云和网高度协同、互为支撑、互为借鉴的一种概念模式。"云网融合"有两种典型的场景：以云计算为核心、以网络为支撑的云间互联场景和以网络为核心、借鉴云计算

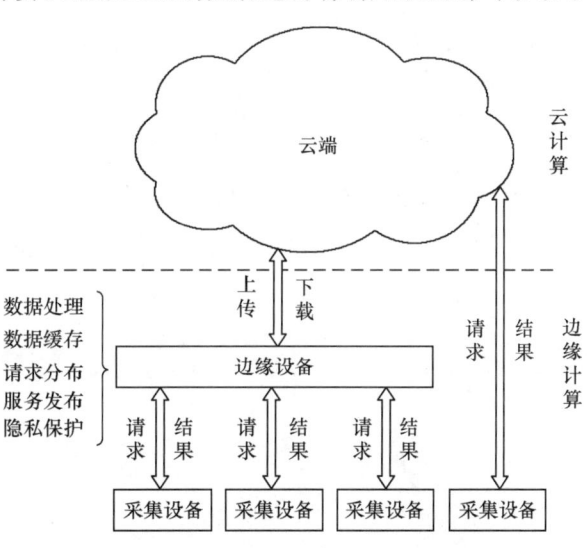

图 19　边缘计算与云计算关系示意

理念进行网络优化的电信云场景。其中，云间互联以云服务商、软件定义网络厂商、电信运营商为主导，以 VPN、SD-WAN 技术为基础，解决云资源池间的互联难题。电信云以运营商、通信设备厂商为主导，以 NFV 网络和虚拟化技术为基础，实现网络功能自动配置和灵活调度，基于管理与编排实现业务、资源和网络的协同管理和调度。

（二）大数据技术不断创新，呈现诸多融合趋势

针对大数据全生命周期面临的各种问题，大数据技术也将不断创新。例如，针

对企业数据量迅速增长、数据存储成为制约的现状，数据存储硬件不断升级，闪存、PCM 等新型存储介质不断发挥作用，其物理特性、读写特性等均与磁盘有着显著的优化；针对非结构化数据处理困难的问题，存储处理一体化框架正在得到应用，三维堆叠、嵌入式 NVM（非易失存储器）等技术在非结构化处理方面取得突破；针对数据处理性能不断提升的现实，批处理与流计算结合，Beam、Spark、Flink 等传统批处理软件的流计算功能将继续增强；针对个人数据保护和数据安全问题，匿名化技术、差分隐私技术、同态加密技术以及与安全多方计算、区块链的融合逐渐落地。

（三）国外大数据市场发生激烈变化，带动技术及市场发展

2018 年 10 月，全球最大的两家大数据技术服务商 Cloudera（擅长数据仓库和机器学习）和 Hortonworks（擅长端到端数据管理）宣布合并，给大数据技术、市场及行业的未来发展都带来了一定的不确定因素。一方面，合并后对于推动物联网、流媒体、数据仓库、机器学习等领域的创新将会有积极作用，两家不同的大数据引擎可能会主推一款，从而可能在技术路线上达成共识；另一方面，合并是否意味着两大公司是因业绩原因需要抱团取暖，其商业模式会如何变化、Hadoop 发行版本是否会遭遇市场垄断等，都成了未来大数据领域值得关注的问题。

（四）"人工智能+"前景美好但道路曲折

从经济发展的角度来看，人工智能有潜力提升我国的劳动生产率，实现国民经济增长率的全面增长。预计至 2035 年，人工智能将使我国劳动生产率提升 27%，使中国经济的预期增长率从 6.3% 提升至 7.9%。这意味着，人工智能将为该年的经济总增加值额外贡献 7.1 万亿美元。此外，人工智能将带动传统产业转型升级，到 2035 年，人工智能将促使各传统产业增加值的年增速提高 0.6～2 个百分点，其中对制造业的带动作用最为明显，将使其行业总增加值的年增速提高 2%，如图 20 所示。中国信息通信研究院的数据显示，2017 年我国人工智能市场规模达到 237.4 亿元，相较于 2016 年增长 67%。按照《新一代人工智能发展规划》，到 2020 年，我国人工智能总体技术和应用与世界先进水平同步，人工智能产业成为新的重要经济增长点，人工智能核心产业规模超过 1500 亿元，带动相关产业规模超过 1 万亿元。人工智能将具有广阔的市场前景。

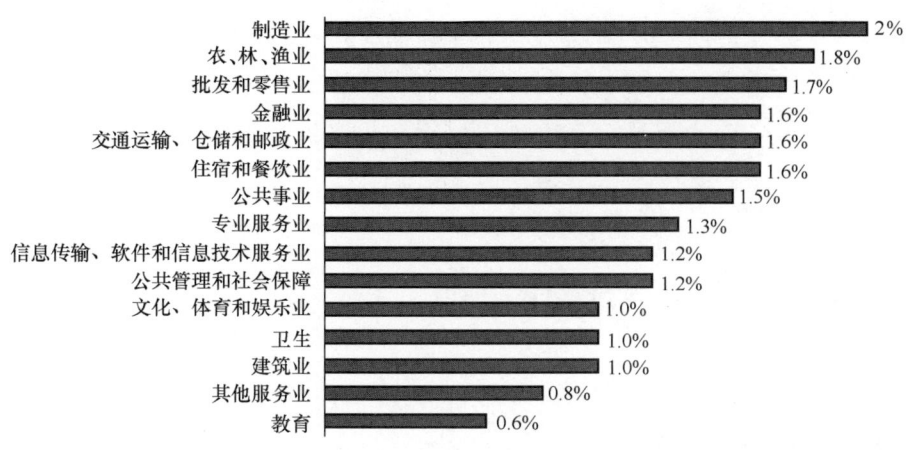

图20　人工智能对传统产业增加值年增速的贡献（数据来源：中国信息通信研究院）

人工智能产业发展将进入冷静期。当前，人工智能发展应用正在不断提高我国经济社会发展的智能化水平，有效增强公共服务和城市管理能力，人工智能正在加速与实体经济深度融合。然而，从人工智能总体发展来看，目前深度学习只能在机器上建立浅层次的条件反射，是"弱人工智能"，真正意义上的人工智能即"强人工智能"的实现还没有任何曙光，短时间内人工智能将进入冷静调整期。受限于资质、数据、标准、安全评估等行业准入壁垒，人工智能融合应用将首先在技术成熟、行业壁垒较小的领域率先推广应用。

（五）人工智能技术及应用领域不断深入拓展，"强人工智能"尚需时日

2019年，以深度学习为突破的人工智能技术及应用还将不断深入拓展。**算法层面**，相关技术及理论创新仍将保持火热态势，并将聚焦弥补深度神经网络的不足，呈现百花齐放的技术路线，我国学界及产业界的贡献及影响力将不断扩大；**工具层面**，人工智能的使用门槛将不断降低，人人可用的人工智能技术将深刻改变人类的生产生活，值得一提的是，以深度学习为代表的人工智能技术将对传统信息通信技术产业体系产生深远影响；**硬件层面**，人工智能专用硬件仍处于初期阶段，更快的系统和更广泛的部署场景将在各个行业带来突破变革；**软件层面**，人工智能将使现有计算机系统更具自适应性，将对计算机及网络技术产生深远影响。

2019年，以深度学习为代表的弱人工智能服务应用将继续大放异彩，但需要注意

的是，深度神经网络依然是根植于统计学的技术体系，只能满足"相关性"分析，无法实现"因果性"推理，而因果性是实现强人工智能的必由之路，尽管学界已经开始了包括图网络等能够表达因果性算法的相关研究，但仍处于初期阶段，强人工智能的技术突破及落地实现尚需时日。

（六）区块链底层不断迭代更新，提升技术成熟度

区块链核心技术组件包括区块链系统所依赖的基础组件、协议和算法，进一步可以细分为存储、通信、共识机制、安全机制等。时代在不断进步，区块链技术也在不断迭代、融合突破。架构方面，公有链和联盟链融合持续演进；部署方面，区块链即服务加速应用落地；性能方面，跨链及高性能的需求日益凸显；共识方面，共识机制从单一向混合方式演变；合约方面，可插拔、易用性、安全性成为发展重点。从链上清结算到链下批处理，从确定共识范围到随机动态共识，从孤链封闭到跨链开发，从整片存储到分片处理，等等，通过这些核心技术组件的演化迭代，可以看到，区块链底层技术创新日益活跃，技术成熟度将不断提升。

数字经济与法律监管篇

导　读

　　全球数字经济蓬勃发展，成为驱动经济发展的重要力量。从总量看，2017年美国数字经济规模达11.5万亿美元，稳居全球第一；2017年我国数字经济规模为27.2万亿元，居全球第二。据初步测算，2018年上半年我国数字经济规模约为16万亿元。从占GDP比重看，英、美、德等发达国家数字经济占比较高，均超过50%，2018年上半年我国数字经济占比达到38.2%，领先于新兴经济体，接近部分发达国家水平。全球数字经济相关法律体系初步成形，全球网络安全、关键基础设施、境外数据使用等网络安全法律框架基本确定，欧盟《通用数据保护条例》（GDPR）正式施行，各国抓紧完善数据保护立法成为趋势。我国在保障网络基础设施安全、规范新技术新业务等方面也陆续出台了相关法律法规，《中华人民共和国电子商务法》（以下简称"《电子商务法》"）成为我国电子商务领域首部综合性法律。全球数字经济营商环境明显改善，信息和通信技术（ICT）行业正由"以经济和社会政策目标为主导"的第四代监管向"包容监管和协同监管"的第五代监管演进，重点突出了"跨行业、跨部门"的监管视角。我国"放管服"改革不断向纵深推进，特别是在数字经济相关领域陆续出台了一系列改革创新举措，不断激发市场活力、增强内生动力、释放内需潜力。

　　2018年，数字经济与法律监管领域热点主要体现在工业领域数字化转型、互联网平台治理、数据规则建立和国际贸易竞争格局下的知识产权规则4个方面：一是世界经济数字化转型是大势所趋，深入推动工业数字化转型已成为行业共识，不同行业探索形成了各具特色的数字化转型路径；二是新兴互联网平台壮大成熟，平台问题集中爆发，平台双重属性引发内在冲突，平台算法、垄断规制、平台责任等成为当前突破治理局限的重大议题；三是数据是数字经济的关键要素，数据确权、开放、流通、保护等环节相关制度尚不完善，阻碍数据开发和数字经济发展，建立和完善数据规则及监管机制亟待进行；四是"知识产权"成为国际贸易竞争的焦点问题之一，数字经济时代知识产权出现新动向。应在数字经济发展大局中，统筹考量知识产权战略布局，提出更多中国方案、贡献更多中国智慧。

2019年，数字经济将由高速发展转向高质量发展新阶段，对国民经济的贡献将进一步凸显。一方面，5G、物联网、大数据、云计算等新一代信息技术突飞猛进，与传统产业融合渗透程度持续深化，实体经济向数字化、网络化、智能化加速演进；另一方面，技术推动产业转型与应用促进技术变革交织并进，数字产业化和产业数字化协同发展水平进一步提高，数字技术大幅提升生产效率、运行效率。数字经济领域重点立法进程加快，2019年将加快制定《中华人民共和国个人信息保护法》(以下简称"《个人信息保护法》")、《中华人民共和国数据安全法》(以下简称"《数据安全法》")、《中华人民共和国电信法》(以下简称"《电信法》")等法律，规范数字经济基本法律关系，确保数字经济健康有序发展。数字经济监管总体将更加审慎，在鼓励创新发展的同时，更加注重新业态合法合规，注重压实平台企业的主体责任，严守底线、强化威慑，规范健康发展的中国互联网下半场正在开启。

本篇作者：

何伟　毕春丽　石中金　郝也　孙克　孙鑫　张春飞　李强治　张倩　方禹　伦一
续继　王超贤　张伟东　岳云嵩　汪明珠　张琳　胡时阳　黄金　姜涵　刘光浩
李雅文　姚财福　贾宝国　李梅　马慧　刘婷　杨天一　陈倩　薛琳

一、2018 年数字经济与法律监管领域发展综述

（一）全球总体态势

1. 全球数字化进程加快

人类文明发展史也是科技发展史，从农业革命、工业革命到信息革命，科技创新是产业变革的前提。21 世纪以来，全球科技创新进入密集活跃期，以互联网、大数据、人工智能为代表的新一代信息技术创新活跃，新一轮科技革命和产业变革加快推进，学科融合、技术融合、产业融合进程显著加快，机械化、电气化、自动化加速走向数字化、网络化、智能化，新技术、新产业、新模式、新产品大规模涌现，深刻影响着全球的科技创新版图、产业生态格局和经济发展走向。加快形成以创新为主要引领和支撑的数字经济，从变革创新中探寻新的增长动力和发展路径，应对新一轮潜在的经济体发展"大分流"，成为全球数字化浪潮的关注焦点，如图 1 所示。

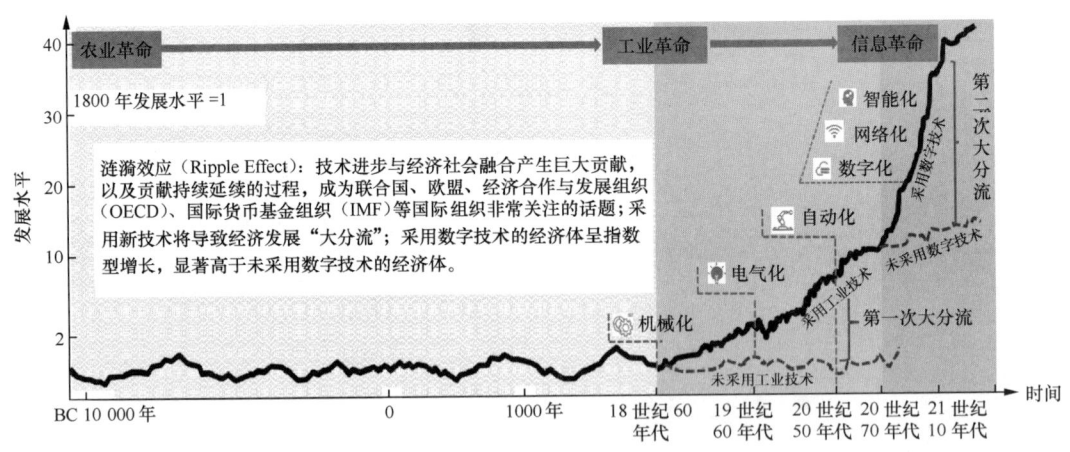

图 1 全球数字化浪潮加快推进

数字技术和实体经济融合具有三大趋势。一是从人人互联到万物互联，大连接构筑新的基础。物联网连接数量年增长自 2018 年起赶超移动用户增量，物物互联将成为连接增长的主力军。物联网进入了行业驱动发展新阶段，全球物联网的产业规模增长到 2018 年的近 150 亿美元。二是从海量数据到人工智能，大数据形成新要素。数据是数字经济时代的关键生产要素，全球数据总量持续快速增长，海量数据聚集为人工智能新一

轮发展提供了关键要素。从本质来说，人工智能是人脑在计算机领域的延伸，在实体经济融合的过程中，替代人的 3 种能力，即感知能力、决策判断能力和行为能力。数据、算法、算力共同推动人工智能迎来产业化发展的新浪潮。三是从消费升级到生产转型，大融合打造新动能。从消费领域来看，融合应用持续快速发展，截至 2018 年 9 月，我国移动支付金额近 200 万亿元，同比增长 34%。全球市值前十的企业中有 7 家是 ICT 企业，ICT 产业独角兽及超级独角兽企业的数量均占据新兴产业的半壁江山。从生产领域来看，以平台为核心的生态化发展模式加速拓展，新模式新业态日渐丰富。目前全球工业互联网平台有 150 多个，我国有 269 个平台类产品，在装备、原材料、电子信息应用方面加速突破。

2. 主要国家数字经济快速增长

数字经济规模不断扩大。 2017 年全球主要国家数字经济蓬勃发展。美国数字经济规模全球第一，总量高达 11.50 万亿美元。中国数字经济规模居第 2 位，总量达 4.02 万亿美元。日本、德国数字经济规模均突破 2 万亿美元。英国、法国、韩国数字经济规模分别为 1.58 万亿美元、1.04 万亿美元和 6915 亿美元。印度、巴西、加拿大、意大利、墨西哥、俄罗斯、澳大利亚、印度尼西亚与南非数字经济规模均未突破 5000 亿美元。2016—2017 年 G20 国家数字经济规模如图 2 所示。

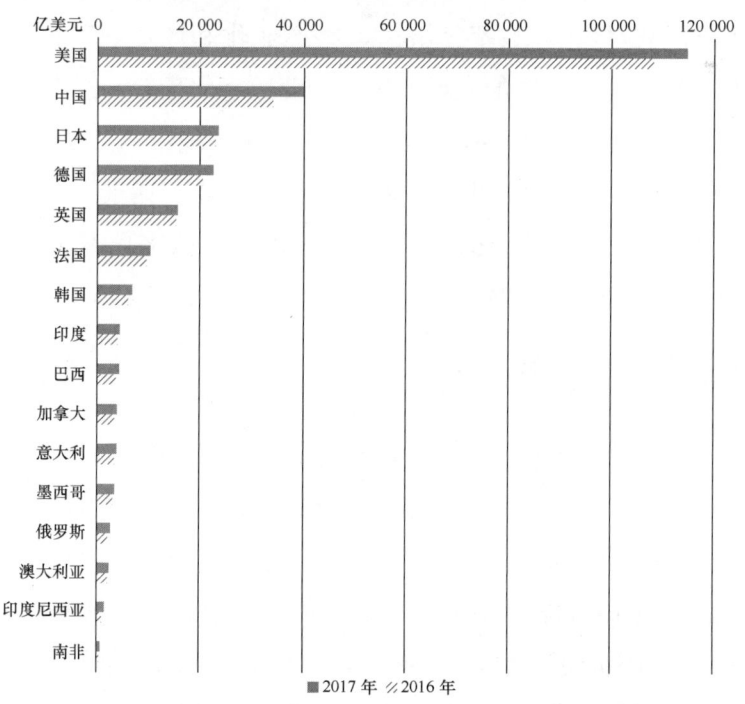

图 2　2016—2017 年 G20 国家数字经济规模

（数据来源：中国信息通信研究院《G20 国家数字经济发展研究报告（2018 年）》）

数字经济占比持续提升。 数字经济成为带动各国 GDP 增长的核心动力。2017 年，数字经济 GDP 占比最高的国家依次为德国、英国、美国，GDP 占比分别为 61.36%、60.29%、59.28%，数字经济对经济发展的拉动作用较强。日本、韩国、法国、中国、墨西哥、加拿大、巴西的数字经济 GDP 占比均超过 20%，其余国家数字的经济 GDP 占比在 10%～20% 之间。2016—2017 年 G20 国家数字经济 GDP 占比如图 3 所示。

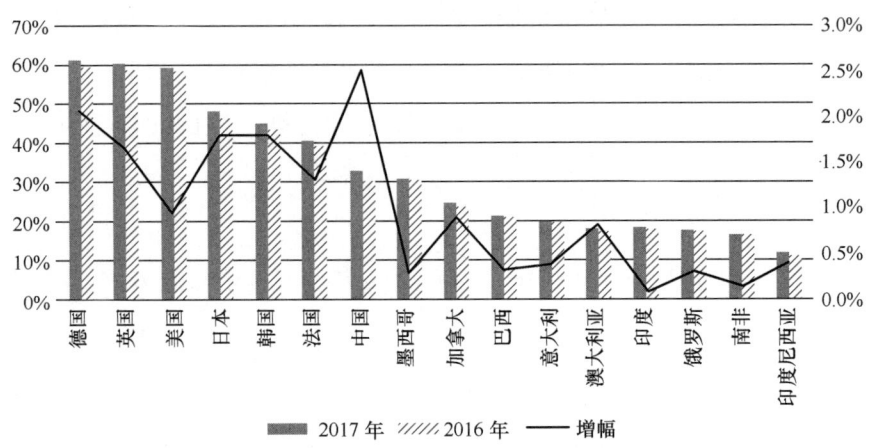

图 3　2016—2017 年 G20 国家数字经济 GDP 占比
（数据来源：中国信息通信研究院《G20 国家数字经济发展研究报告（2018 年）》）

数字经济结构不断优化。 数字经济由数字产业化和产业数字化两部分构成，其中，数字产业化是数字经济发展的先导力量，产业数字化是数字经济增长的主要引擎。2017 年，各主要国家产业数字化在数字经济中占据主导地位，其中，德国产业数字化占比高达 89.85%，英国、美国、法国、澳大利亚、日本、南非、加拿大占比均超过 80%，印度尼西亚占比最低，为 56.50%，其余国家产业数字化占比在 70%～80% 之间。2016—2017 年 G20 国家产业数字化占数字经济比重如图 4 所示。

3. 各国积极部署数字经济发展

作为驱动全球经济发展的新动能，世界各国对数字经济的重视程度日渐提升，不断加快数字经济战略部署。**美国聚焦前沿技术重点领域，把握制造业产业链中高附加值环节，推动智能制造产业发展。** 2016 年至今，美国先后出台《联邦大数据研发战略计划》《国家人工智能研究和发展战略计划》、"智能制造振兴计划"、《国家制造创新网络计划战略计划》《美国机器智能国家战略报告》和《先进制造业美国领导力战略》，从大数据、人工智能、智能制造等领域推动数字经济发展。**欧盟通过构建全方位数据法律规则，推动数字化单一市场的建立。** 欧盟启动"数字化单一市场"战略，通过采取一系列措施消除法律和监管障碍,推动合作共赢,着力打破成员国间的数字市场壁垒。2018年,欧盟正式实施《通用数据保护条例》,充分发挥数据资源的禀赋优势,保障数字经济规范发展。**日、韩等国立足信息通信产业优势,注重培育数字化人才**。日本政府高度重视信息通信产业的发展,出台《i-Japan战略2015》,强调要积极推动信息通信、智能制造的发展。为推动数字化人才建设,日本政府先后在出台的《ICT成长战略》《智能日本ICT战略》《集成创新战略》和《综合创新战略》中提及要加强数字化人才培育。

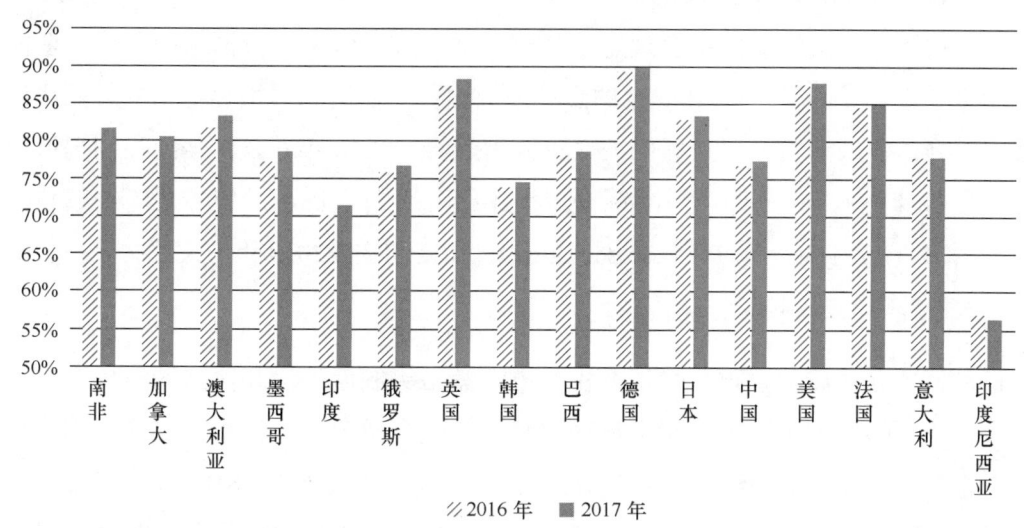

图4 2016—2017年G20国家产业数字化占数字经济比重
(数据来源:中国信息通信研究院《G20国家数字经济发展研究报告(2018年)》)

4. 数字经济相关法律体系初步成形

2018年世界各国纷纷继续推进数字经济相关法律制度建设,以网络安全、个人信息保护、新技术新业务发展等为重心的数字经济相关法律体系初步成形。

网络安全法律框架基本确定。一是各国在立法、战略政策层面不断完善网络安全顶层设计。美国、加拿大、日本出台网络安全系列战略,明确网络安全目标和优先行动,强化网络安全信息共享,加强网络安全机构职能。越南通过《网络安全法》明确用户信息数据存储库设在境内的要求。新加坡利用《网络安全法》强化网络安全机构设置。二是关键信息基础设施仍是各国立法的重点,为保障数字经济基础设施安全奠定法律基础。2018年3月,澳大利亚通过《关键基础设施安全法案》,2018年4月,日本通过《关键基础设施信息保护安全标准指南》[2],提升关键信息基础设施保护能力。

---

[2] 重要インフラにおける情報セキュリティ確保に係る安全基準等策定指針。

三是完善跨境数据流动和执法规则，强化数字经济发展中的数据主权。2018年3月，美国总统正式签署《明确数据合法境外使用法》（Clarifying Lawful Overseas Use of Data Act，简称"CLOUD法"），2018年7月，英国上议院二读审议的《2018年犯罪（境外提交令）法案》授予执法机构获取境外数据的权力。

个人信息保护立法全面推进。2018年5月25日，欧盟《一般数据保护条例》（General Data Protection Regulation，GDPR），即第2016/679号条例正式生效施行。一方面，欧盟层面加快制定配套规定，各成员国推进本国个人数据保护立法，全面落实GDPR；另一方面，GDPR确立的高标准数据保护制度，对世界范围内数据法治产生重大影响，各国抓紧完善数据保护立法成为趋势。2018年6月，美国加利福尼亚州通过《2018年加利福尼亚消费者隐私法》，2018年8月，巴西总统签署《一般数据保护法》（LGPD，Lei Geral de Proteção de Dados），印度制定《2018年个人数据保护法案》，加强个人对数据的控制权。

新兴领域立法成为重点，知识产权、市场竞争等制度建设和执法同时推进。一是美、欧、日、韩等国（地区）制定自动驾驶路测配套政策、虚拟货币监管规则，加快新兴产业立法进程。2012年9月，美国加利福尼亚州率先发布CA SB 1298（2012）法案，允许州内进行道路测试。欧盟、日本等相继进入公开道路测试阶段。2018年1月，美国商品期货委员会首次对3家虚拟货币交易平台提起诉讼。韩国提出《虚拟化停业特别法案》。二是知识产权保护制度进一步完善。为应对物联网（IoT）和人工智能（AI）等信息技术的快速发展，促进数据利用，日本针对已公布的"应对第四次产业革命的知识产权制度修订"计划逐步落实相关法律制定的修改，欧盟也初步通过新的版权法律提案，提高知识产权保护力度。三是加强竞争执法，保障数字经济发展秩序。2018年7月，欧盟依据反托拉斯法对科技巨头谷歌公司处罚43.4亿欧元。欧盟委员会认为，谷歌滥用了其在安卓操作系统市场上的支配地位，妨碍了搜索引擎和浏览器市场的正常竞争，构成违法。

5. 数字经济监管体系持续演进

电信监管体系持续向包容监管、协同监管演进。随着互联网技术的迅猛发展和互联网应用的快速渗透，基础电信业的经济技术规律和产业形态发生了根本性的变化。国际电信联盟（ITU）认为，全球信息通信业监管经历了五代演进历程，目前正由"以经济和社会政策目标为主导"的第四代监管向"包容监管和协同监管"的第五代监管演进。此前，第一至三代监管分别以"公共垄断监管与手段""开放市场局部自由化""支持投资、创新和接入"为核心。第五代监管既注重对第四代监管的延续和继承，如在加强融合监管、降低事前准入、加大政策执行与监督力度等方面持续优化，又强调要加强跨部门协作、健全协同监管制度。当前，我国数字经济发展迅猛、创新创业活跃，不断突破原有的行业监管边界。ITU第五代监管和针对数字化转型的监管方向对我国创新和改进信息通信行业监管，具有重要的启示和借鉴意义。

数字经济新生态下监管呈现新趋势。2018年，ITU发布《ICT新生态监管挑战与机遇》报告，总结了新生态下13个方面的监管趋势。其中，在竞争监管方面，监管部门正尝试由事前干预转为事中动态评估，以跨行业跨部门视角全面衡量在线服务提供商的规模及市场支配力。在许可管理方面，正由限制准入转变为加强规范，一方面通过简化许可证管理程序、取消分类申请和重复许可等措施，增强企业开展业务的便利性，激发市场潜力；另一方面，加强规范市场主体的权利和义务，并以行业自律为补充，实现对市场违规者的重点监管和处置，提高监管效能。ITU在2018年全球监管机构专题研讨会（GSR-18）上，确定并通过了面向数字化转型的新监管前沿的最佳实践指南，包括建立数字生态系统灵活的监管框架，实施灵活宽松、多行业、前瞻性、中立透明的政策；确立跨行业协作以及竞争、融合和行政简化原则；采取创新措施，如为新兴技术提供"监管沙箱"等。

（二）我国总体态势

1. 数字经济成为高质量发展主战场

近年来，在新一代信息技术驱动下，我国数字经济高速增长，各领域数字化、网络化、智能化水平不断攀升，从人人互联到万物互联、从海量数据到人工智能、从生活消费到生产制造，数字经济在推动经济高质量发展中的战略地位和引擎作用不断凸显。

我国已成为具有全球影响力的数字经济大国。测算表明，2017年我国数字经济总量达到27.2万亿元，同比名义增长超过20.3%，显著高于当年GDP增速，占GDP比重达到32.9%，同比提升2.6个百分点。数字经济已成为带动经济增长的核心动力，2017年我国数字经济对GDP的贡献为55%，接近甚至超越了某些发达国家，数字经济在国民经济中的地位不断提升。

产业数字化是数字经济发展的主阵地。2017年，我国信息通信产业规模达6.2万亿元，2018年上半年，这一数字为3.15万亿，同比增长14.9%，占GDP比重为7.5%，数字产业化增速平稳，成为数字经济发展的先导力量。产业数字化持续活跃，2017年数字经济融合部分规模为21万亿元，同比名义增长20.9%，融合部分占数字经济比重由2005年的49%提升至2017年的77.4%，占GDP比重由2005年的7%提升至2017年的25.4%，融合部分对数字经济增长的贡献度高达79.2%。其中，消费领域引领潮流，2017年我国网上零售总额达7.2万亿元，约占全球的40%，移动支付规模超200万亿元，居全球第一。生产领域融合新模式新业态日渐丰富，企业数字化水平持续提升，数字化生产设备联网率近40%，工业企业数字化研发设计工具普及率和关键工序数控化率分别超过67.4%和48.4%，制造业骨干企业互联网"双创"平台普及率超过73%。

制造业加快数字化转型步伐。自动控制与感知、工业软件、工业云与大数据正成为新工业革命的关键基础，平台支撑、软件定义、数据驱动、智能增值成为主要特征。传统工业基础技术、工艺、材料和部件加快数字化变革。数字化技术与工业技术交叉融合，实现设计虚拟、生产敏捷，过程可视、结果可控，全面提升质量技术、工艺和管理基础。目前，增材制造已经应用于飞机发动机、汽车等关键零部件制造，人工智能已经应用于工业机器人、自动化生产线、质量检测等，显著提升生产可靠性、一致性和稳定性。我国制造业关键工序数控化率、企业数字化研发设计工具普及率、制造业骨干企业"双创"平台普及率大幅攀升。

2. 我国对发展数字经济作出战略部署

党中央对发展数字经济作出新部署。党的十八大以来，以习近平同志为核心的党中央高度重视发展数字经济，推动数字经济逐渐上升为国家战略。党的十九大制定了新时代中国特色社会主义的行动纲领和发展蓝图，提出要建设"数字中国、智慧社会""推动互联网、大数据、人工智能和实体经济深度融合"。习近平总书记多次在重要场合强调发展数字经济，推动实体经济转型升级。2016年10月，习近平总书记在中共中央政治局第三十六次集体学习上强调"加快传统产业数字化、智能化，做大做强数字经济，拓展经济发展新空间"。2017年12月，习近平总书记在十九届中共中央政治局第二次集体学习上指出要"加快发展数字经济，推动实体经济和数字经济融合发展"。2018年4月，习近平总书记在全国网络安全和信息化工作会议上强调要"加快推动数字产业化""要推动产业数字化"。2018年11月，习近平总书记在布宜诺斯艾利斯举行的二十国集团领导人第十三次峰会第一阶段会议发表重要讲话，指出"要鼓励创新，促进数字经济和实体经济深度融合"。

一系列政策向数字经济聚力发力。党的十八大以来，党中央、国务院陆续出台了《国务院关于积极推进"互联网+"行动的指导意见》《国家信息化发展战略纲要》《促进大数据发展行动纲要》《新一代人工智能发展规划》《国务院关于进一步扩大和升级信息消费 持续释放内需潜力的指导意见》等重大战略和政策措施，从战略层面支持推动数字经济发展。各部委纷纷加快数字经济相关政策出台。发展和改革委员会等19个部门联合印发《关于发展数字经济稳定并扩大就业的指导意见》，通过加快培育数字经济新兴就业机会、持续提升劳动者数字技能、大力推进就业创业服务数字化转型等政策举措推动数字经济稳定与扩大就业。工业和信息化部、国有资产监督管理委员会组织实施加快培育经济发展新动能2018专项行动，进一步提升信息通信业供给能力、补齐发展短板、优化发展环境，促进数字经济发展和信息消费扩大升级，有力支撑经济发展新旧动能转换。外交部、国家互联网信息办公室联合发布《网络空间国际合作战略》，明确提出促进数字经济合作，实现数字经济互利共赢，补齐全球网络安全短板。

各地积极推进数字经济发展。在国家政策的引导下，各级地方政府陆续出台数字经济相关政策，大力推进数字经济发展。浙江省提出把数字经济作为"一号工程"来抓，大力发展以数字经济为核心的新经济，并在2016年8月出台《浙江省信息化发展"十三五"规划》，建立以国家信息经济示范区、信息化和工业化深度融合国家示范区等为主要内容的"数字浙江2.0"框架体系，深入推进经济社会各领域的信息化。贵州省政府2017年2月发布《贵州省数字经济发展规划（2017—2020年）》，提出加快谋划和布局数字经济，发展数字经济主体产业，促进三次产业数字化融合。福建省政府2018年4月发布《2018年数字福建工作要点》，提出要进一步加快数字基础设施建设、政务数据共享开放和信息资源开发利用，推动数字经济不断发展壮大。广东省2018年4月发布《广东省数字经济发展规划（2018—2025年）》（征求意见稿），强调要充分发挥数据资源富集、产业基础雄厚、融合应用场景丰富的优势，加快发展数字经济，推动广东加快向制造强省、网络强省、数字经济强省转变。陕西省政府2018年5月印发了《陕西省2018年数字经济工作要点》，提出以互联网和数字经济为引擎，推动枢纽经济、门户经济和流动经济发展，发挥信息化和数字经济驱动引领作用，加快培育发展新动能。贵州省政府2018年6月发布《关于促进大数据云计算人工智能创新发展加快建设数字贵州的意见》，提出充分发挥数字经济的引领作用，推动大数据、云计算、人工智能技术产业创新发展，大数据与实体经济深度融合发展水平向中级阶段迈进。广西壮族自治区人民政府2018年8月印发了《广西数字经济发展规划（2018—2025年）》，提出夯实完善数字经济发展基础和治理体系，打造面向东盟的数字经济合作发展高地，构建形成具有广西特色的数字经济生态体系。安徽省2018年10月出台了《支持数字经济发展若干政策》，以推进数字产业化和产业数字化为路径，做大数字经济规模，全面支持各领域数字经济的发展。

3. 我国相关法律法规陆续出台

《中华人民共和国电子商务法》（以下简称"《电子商务法》"）作为我国电子商务领域首部综合性法律，为我国电子商务的发展奠定了基本法律框架。2018年8月31日，全国人大常委会通过的《电子商务法》，在内容上体现了八大亮点：**一是严格范围**。《电子商务法》把调整范围限定在通过互联网等信息网络销售商品或者提供服务上，明确了不适用该法调整的产品和服务范围。**二是促进发展**。《电子商务法》把支持和促进电子商务持续健康发展摆在首位，对于促进发展、鼓励创新做了一系列制度性的规定。**三是包容审慎**。《电子商务法》重视开放性和前瞻性，以鼓励创新和竞争为主，兼顾规范和管理的需要，为电子商务未来的发展奠定体制框架。**四是平等对待**。按照电子商务技术中立、业态中立、模式中立原则，法律明确规定，国家平等地对待线上线下的商务活动，促进线上线下融合发展。**五是均衡保障**。《电子商务法》均衡保障电子商务三方主体的合法权益，适当加重了电子商务经营者，特别是第三方平台的责任义务，适当加强了对电子商务消费者的保护力度。**六是协同监管**。《电子商务法》完善和创新了符合电子商务发展特点的协同监管体制和具体制度，规定国家建立符合电子商务特点的协同管理体系。**七是社会共治**。《电子商务法》鼓励支持电子商务各方共同参与电子商务市场治理，推动形成企业自治、行业自律、社会监督、政府监管的社会共治模式。**八是法律衔接**。《电子商务法》重点规定了其他法律没有涉及的问题，在市场准入、数据文本、纠纷解决、税收、跨境电子商务等方面与现有法律规范衔接，弥补现有法律制度的不足。

网络基础设施安全、网络内容管理、新技术新业务发展等方面的法规和部门规章相继出台，为我国数字经济持续健康发展提供法治保障。一是在网络基础设施安全保障方面，2018年6月，公安部、国家互联网信息办公室、国家保密局、国家密码管理局联合发布《网络安全等级保护条例（征求意见稿）》，对网络安全等级保护的适用范围、监管部门职责、网络运营者的安全保护义务以及网络安全等级保护建设作出具体要求。2018年5月，工业和信息化部公布修订后的《通信建设工程质量监督管理规定》，建立起涵盖通信工程建设全流程的质量监督体系，加强事中事后监管。二是在网络内容管理方面，国家互联网信息办公室相继发布《微博客信息服务管理规定》《金融信息服务管理规定》《区块链信息服务管理规定》等，明确对相关信息服务提供者的信息内容管理要求。三是在新技术新业务发展方面，2018年4月工业和信息化部、公安部、交通运输部联合发布的《智能网联汽车道路测试管理规范（试行）》，7月国家卫生健康委和中医药管理局联合发布的《互联网诊疗管理办法（试行）》《互联网医院管理办法（试行）》《远程医疗服务管理规范（试行）》等规定，对新业务管理、法律责任关系作出了明确规定。

4. 数字经济营商环境明显改善

近年来，我国"放管服"改革不断向纵深推进，特别是在数字经济相关领域陆续出台了一系列改革创新举措，不断激发市场活力、增强内生动力、释放内需潜力，推动数字经济快速发展。**一是简政放权，放出活力和动力。**一方面，稳步推进电信市场开放。在移动转售方面，2018年4月，工业和信息化部发布《关于移动通信转售业务正式商用的通告》（工信部通信〔2018〕70号），规定自5月1日起，移动通信转售业务由试点转为正式商用，目前已有22家企业获得经营许可。在宽带接入网市场方面，宽带接入网业务开放试点范围扩展至28个省203个城市。另一方面，多措并举，切实减轻企业负担。出台中小微企业税收优惠政策，取消、停征、减免1100多项中央和省级政府行政事业性收费。降低企业互联网专线资费、支持创新创业，截至10月底，降幅超过10%。**二是创新监管，管出公平和秩序。**一方面，创新理念和方式，加强事中事后监管。将年检制度改为"年报公示"制度+"双随机、一公开"。充分发挥信用在行业监管中的重要作用，截至第四季度共发布8083家（次）不良企业。另一方面，坚持包容审慎原则，鼓励新业态、新模式创新发展。2018年5月，国家发展和改革委员会发布《关于做好引导和规范共享经济健康良性发展有关工作的通知》，这是继《关于促进分享经济发展的指导性意见》之后，指导我国共享经济发展的又一重要政策文件，该文件简单明了地提出了十一条原则和措施，有效应对当前共享经济发展出现的新情况新问题，推动共享经济健康良性发展。**三是优化服务，服出便利和品质。**一方面，进一步提升服务能力，电信网码号使用调整、电信业务经营许可审批用时较法定时限分别缩短20%和30%，设备进网标志申领用时压缩40%。另一方面，建立"双创"示范基地，出台"双创"升级版文件，优化投资融资服务、促进大中小企业融通发展。

二、2018年数字经济与法律监管领域热点分析

（一）工业数字化转型纵深推进

世界经济数字化转型是大势所趋，新的工业革命将重塑人类社会。全球工业体系大转型、大变革，处在转换发展理念、调整失衡结构、重塑竞争优势的关键节点。我们必须把握变革趋势和时间窗口，加快推动工业数字化转型，努力抢占新一轮产业竞争制高点。

1. 深入推动工业数字化转型势在必行

从工业转型升级看，我国近年来工业成本逐年上升，工业固定资产投资增速、工业增加值占GDP比重都在下降。工业转型升级与新工业革命历史性交汇，必须深入推动新一代信息技术与工业深度融合，利用新技术新应用对传统产业进行全方位、全角度、全链条的改造，提高全要素生产率，释放数字对经济发展的放大、叠加、倍增作用，促进工业提质升级。**从数字经济发展来看**，产业数字化是数字经济发展的主阵地，2017年产业数字化规模快速增长到21万亿元，远超数字产业化（是其3.4倍），对数字经济增长的贡献度高达79.2%，作为数字经济增长主引擎的地位不断凸显。在国民经济三次产业中，工业是实体经济的主体，是技术创新的主战场，工业数字化转型是产业数字化的主攻方向。同时，与发达国家工业数字化发展水平比，我国只有德国的1/3、美国的1/2，数字化转型潜力巨大。**综合来看**，加快推进工业数字化转型，既是抢抓新一轮科技革命与产业变革历史机遇的战略抉择，也是贯彻落实数字经济发展战略的关键抓手，更是建设制造强国和网络强国的重要举措。

2. 数字化转型推动工业发展深刻变革

工业数字化转型本质上是以工业大数据为关键生产要素，以新一代信息通信技术与工业全面深度融合，以推动工业全要素、全产业链、全价值链数字化、网络化和智能化发展为主要动力，最终实现工业提质增效的经济转型过程。工业数字化转型将重塑工业发展形态，深刻改变工业产业模式和企业形态。**数据驱动**提供新增长动力。当感知无处不在，连接无处不在，数据也无处不在，数据成为关键生产要素，基于数据

的智能决策,将不断优化制造资源配置效率,释放出源源不断的发展动力。**软件定义**重塑制造模式,软件定义产品、管理和设计制造,推动实体制造与数字制造全面融合,全面提升工业质量效益。**平台支撑**改变分工协作方式,平台汇聚海量资源,支撑制造资源泛在连接、弹性供给,推动网络化交互协作,促进资源灵活高效匹配。**服务增值**不断延伸工业价值链。在智能产品和设备全面互联的基础上,在线状态监控、远程运维和全生命周期管理等创新服务带来全新价值,价值创造方式的核心由产品制造向"产品+服务"转变。**智能主导**改变工业生产方式,人工智能与实体经济深度融合,推动形成具有自感知、自学习、自决策、自执行、自适应等功能的新型生产方式,实现全局资源优化。

3. 不同行业进行各具特色的差异化路径探索

加快数字化转型已成各行业共识,但不同行业探索形成了各具特色的数字化转型路径。**在汽车、航空、电子等产品设计和生产高度复杂的离散型行业中**,领军企业内外兼顾,全面推进数字化转型。对外通过网络化平台,有效整合全球的设计、制造、服务和智力资源,大幅缩短产品研制周期;对内通过建立生产现场设备、生产管理和企业决策系统纵向集成的数字车间/智能工厂,提高生产柔性化水平和生产效率。**在家电、服装、家具等需求个性化突出的离散型行业中**,领军企业正在探索利用互联网平台打通生产现场与客户端,获取分析海量客户数据,实现自主设计、自动排产,大幅降低设计成本和库存,提高供需匹配效率,提高盈利能力。**在工程机械、机床装备、风机制造等对已售设备运维要求高的离散型行业中**,领军企业通过在装备和产品中集成传感、控制、通信等功能,对设备进行全面联网,打造大数据监测分析的服务平台,实现设备在线状态监控、远程运维和全生命周期管理,加快向服务化转型。**在制药、化妆品等对生产过程控制极为严格的流程行业中**,领军企业通过全流程可视化监测、全过程集中化精密控制,形成一体化的智能生产和运维系统,提高产品质量和生产效率。**在冶炼、石化等对能源控制要求高的重化型流程行业中**,领军企业通过构建覆盖能源供、产、转、输、耗全流程能源综合监测系统,建立生产与能耗预测模型、产能优化模型,实现能源生产和消耗一体化优化和协同,提高能源生产效率。

4. 多主体协同推动工业数字化转型加速发展

实践中,产业界各方基于各自基础和优势大胆探索,差异化创新,协同推动数字化转型步入快车道。**工业企业**了解行业动态、掌握工业知识,数字化变革动力强劲,正积极利用互联网、大数据等新技术,从解决企业实际问题出发,由内部改造到外部协同、从单点应用到全局优化,持续推动企业优化升级。**软件和自动化企业**长期与工业交互,既熟悉工业生产情况,又掌握丰富的数字化知识,正努力实现 IT 与 OT 集成融合,为制造企业提供完善的数字化转型解决方案。**电信、互联网及 IT 企业**发挥网络、存储、计算等基础能力优势,立足底层支撑,向平台延伸,为工业企业提供连接、云计算、数据算法等服务,助推数字化转型。

(二)互联网平台治理迫在眉睫

1. 新兴互联网平台壮大成熟

近年来,互联网平台发展迅速。从全球来看,2017 年,有 7 家互联网平台公司进入全球市值 TOP10,数量首次超过传统企业,成为全球经济新的风向标。从国内来看,除阿里巴巴、腾讯、百度、京东、网易等大型平台外,近两年基于移动互联网兴起的一批新兴独角兽平台企业也集中进入成熟期(见表 1)。

表 1　　　　　　　　　　　新兴独角兽平台企业

企业名称	成立时间	标志性事件	估值/市值（亿美元）	所属行业
美团点评	2010 年	2018 年 9 月在中国香港地区上市	456	O2O 生活服务
陆金所	2011 年	2017 年首次实现全年整体盈利	400	互联网金融
滴滴出行	2012 年	2016 年 8 月与 Uber 中国合并,成为中国最大的交通出行平台	560+	交通出行
今日头条	2012 年	2018 年 6 月,旗下抖音日活跃用户超过 1.5 亿户,在半年时间内增长了 5 倍	750	信息服务
蚂蚁金服	2014 年	2018 年 6 月 8 日完成新一轮融资,估值翻倍	1500	互联网金融
拼多多	2014 年	2018 年 7 月在美国上市	207	社交电商

2. 平台问题集中爆发

在新兴独角兽平台企业快速崛起的同时,各种治理问题也在近一年集中爆发。与过去相比,一系列新的治理问题事关用户人身安全、价值观等社会底线,部分个体事件通过互联网平台放大,常常快速演变为公共事件,对平台治理提出更大挑战。平台企业既是市场参与者也是市场组织者,既存在商业利益又兼具公共利益。平台这种双重属性存在的内在冲突,是治理问题产生的重要原因,而这一系列的治理问题,直接指向**平台算法**、**垄断规制**、**平台责任**等重大议题。

3. 为平台算法赋予价值观成社会共识

当前,越来越多的信息交互类平台采用算法驱动的新模式。在提高信息精准匹配的同时,算法推荐模式往往会强化和放大低质、低俗内容的传播。显然,**技术中立不能成为平台推卸责任的挡箭牌,为平台算法赋予价值观成社会共识**。因此,亟需加快建立算法监管新机制:一是建立算法备案制度,备案算法作用、应用场景、自评合规性等;二是加强算法动态监测,及时发现不规范行为;三是鼓励平台算法公开,平衡平台商业机密与算法公开的关系;四是建立安全评估制度,从个人隐私保护、商业合规性等角度进行评估。

4. 反垄断应注重数字经济竞争特性

2018年,对超级平台的反垄断规制是平台治理的焦点之一。从全球来看,欧盟以谷歌滥用安卓系统垄断地位为由,对其处以43.4亿欧元的天价罚款。从国内来看,2018年是《中华人民共和国反垄断法》(以下简称"《反垄断法》")实施十周年,也是反垄断执法机构整合之年,平台垄断引发社会热议。在对超级平台实施反垄断规制时,应充分考虑数字经济动态竞争、跨界竞争、生态竞争等竞争特性,辩证看待超级平台与市场竞争的关系:一方面,超级平台的崛起是数字经济竞争的必然结果,平台越大,资源配置效率可能就越高;另一方面,平台越大,滥用市场支配地位的便利性就越强,一旦实施垄断行为,对市场竞争、消费者利益的危害也越大。

5. 强化平台法律与社会责任意识

互联网平台的**法律责任**边界一直是平台治理争议的焦点。《电子商务法》对平台法律责任的规定,总体维持在"避风港规则"与"红旗规则"的界限内,但很多用语的适用边界仍相对模糊。如《电子商务法》第38条规定,"对关系消费者生命健康的商品或者服务,电子商务平台经营者对平台内经营者的资质资格未尽到审核义务,或者对消费者未尽到安全保障义务,造成消费者损害的,依法承担**相应的责任**"。"相应的责任"这一模糊规定,有待在司法实践中逐步明确。与此同时,随着互联网平台在经济社会中的影响力越来越大,其经济社会角色日益多元,平台的**社会责任**也越来越受关注。**平台越大，责任越大**，平台治理中应强化平台的法律和社会责任，并且寻找一个合适的责任边界。

（三）数据规则亟待建立

数据是数字经济的关键要素。随着数字经济的不断发展，数据活动日益活跃。从参与数据活动的主体来看，政府、企业、个人、社会组织都成为产生、获取、使用、存储数据的重要参与者。我国数据要素市场尚处于发展的起步阶段，数据资源确权、开放、流通、保护等环节相关制度尚不完善，成为大数据产业乃至数字经济发展的制约因素。政府亟需从数据开放、数据流通、数据安全以及个人信息保护等关键环节入手，建立和完善数据规则及监管机制。

1. 数据活动日益活跃问题凸显

数字经济时代下，数据的国家基础性战略资源作用正在逐渐显现，数据流通价值也在不断凸显。目前，数据已成为各大互联网企业竞争的焦点和热点，数据流通应用需求不断增多，由于相关管理规则不完善，数据纠纷、黑灰产业链等问题日渐增多。从国际来看，美、欧、日等国（地区）逐渐关注数据流通领域，积极通过立法规范相关活动。我国的数据流通市场和监管规则也亟待建立。

目前存在的问题，一是个人信息安全保护问题突出。个人信息灰黑产业猖獗，数据泄露问题愈发严重，数据超范围收集、使用现象普遍，用户屡遭精准画像和定向营销侵扰。二是数据市场秩序混乱。数据纠纷不断，危害产业健康发展，数据流通中的商业秘密安全亟待保障，数据集中和垄断趋势明显，第三方数据交易规范缺失，云平台互操作性较差导致数据迁移困难，行业数据应用能力不足。三是国家面临信息安全风险。外资企业大量掌握我国数据，存在安全风险，数据出境缺乏安全评估、难以管控，数据利用不可控、挑战国家治理。

上述问题背后都反映了深层次的原因，是数据流通领域的立法、执法存在欠缺。数据权属问题无法达成一致，《中华人民共和国网络安全法》（以下简称"《网络安全法》"）等相关法律法规存在"一刀切"现象，围绕数据的市场竞争行为可能成为未来常态，目前《反垄断法》及《中华人民共和国反不正当竞争法》（以下简称"《反不正当竞争法》"）并未作出有效回应，围绕数据流通的执法活动有所欠缺，同时缺少促进具体场景下的数据流通的相关制度。

从国外的立法和实践情况来看，在数据立法层面，各国尚未确立统一的网络数据流通法律体系；在数据安全层面，各国加强顶层设计防范安全风险；在数据执法层面，各国加大网络数据流通执法力度维护市场秩序。在上述规范基础上，各国也在数据共享层面尝试推动企业间开展数据共享，如美国的数据经纪商机制、欧盟发布的《欧洲内公司间数据共享研究》等。

下一步，建议我国加快推动数据流通的规制体系建立，完善数据顶层设计，明确个人信息保护规范，规范数据流通相关协议，明确数据流通相关主体责任，加强数据流通市场秩序监管，加强行业自律，同时创新数据治理监管模式，健全数据流通价值体系的技术手段，建立数据流通标准体系。

2. 开放政府数据曲折前进

自2009年美国率先推动开放政府数据以来，世界主要国家和地区加快战略部署，开放政府数据的规则逐步建立，成效不断显现。目前，全球政府数据开放正处于持续推动和"增量为主"的深化阶段，工作进展有所放缓。我国需关注国际上数据开放的主要阻碍因素，借鉴经验教训，加强制度建设先试先行，推进公共信息资源开放走向深入。

2014年以来，主要国家普遍建立了较为完善的制度体系推进政府数据开放工作，但近年来各国开放进展与预期还有差距。从开放数据集数量来看，除美国外，大部分国家数据集开放量增长放缓，一些国家甚至出现了倒退，如图5所示。

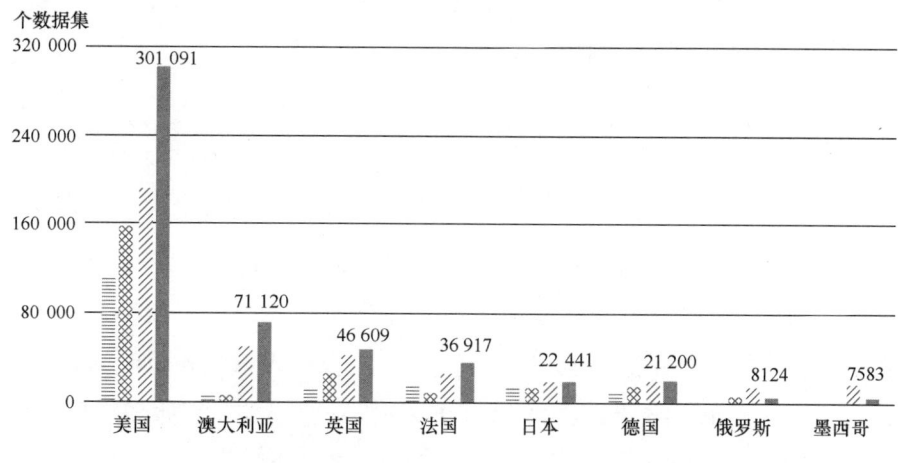

图5 部分国家数据开放量情况（数据来源：各国数据开放网站）

此外，根据"开放政府伙伴关系"（OGP）组织对其79个成员国在2013—2017年间表现的统计，各国"开放政府承诺"仅完成了1/3。主要阻碍因素是预算、人员、技术能力不足，开放承诺不独立、模糊、不符合国情，以及高层领导重视不够、机构协调不足，如图6所示。

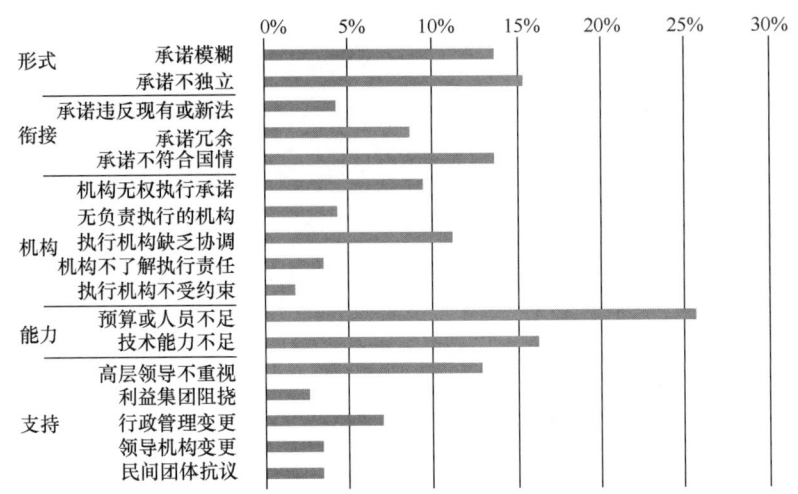

图6　2013—2017年OGP国家数据开放阻碍因素所占比例情况
（数据来源：OGP独立报告：WHY OGP COMMITMENTS FALL BEHIND（2013—2017））

北京、上海等多个地区已积极开展公共信息资源开放工作。2018年1月，中央网络安全和信息化办公室、发展改革委、工业和信息化部联合印发《公共信息资源开放试点工作方案》，要求试点地区结合实际抓紧制订具体实施方案，明确试点范围，细化任务措施，积极认真有序开展相关工作，着力提高开放数据质量，促进社会化利用，探索建立制度规范。北京、上海、浙江、福建、贵州等试点地区各项工作正在现有基础上有序开展，通过公共信息资源开放网站开放了一批数据。

3. 个人信息保护持续升温

近年来全球持续的个人信息保护立法浪潮，展现出各国对个人信息保护问题的关切。目前，"欧盟模式"和"美国模式"在个人信息保护立法方面最具代表性。"欧盟模式"将个人数据作为公民的一项基本人权加以保护，始终主张统一和严格立法，强化政府部门对于个人数据保护的监管权力，从《关于私人数据自动处理的个人保护以及此类数据的自由流动的95/46/EC指令》（95指令）到GDPR都体现了这一思路。"美国模式"采用分散立法加行业自律的方式，实现隐私保护与产业发展、政府监管与公民表达自由之间的平衡。不过，近年来美国也在各州探索个人信息保护统一立法，例如 2018 年加州出台了《消费者隐私保护法》。由此可见，全面建立统一的个人信息保护制度已经成为国际趋势，不仅关乎个人隐私权保护，未来还有可能关系到国家数据主权、文化主权以及经济发展。

我国历经了对个人信息从间接保护到直接保护、从分散立法到集中立法、从公法治理到综合治理的历史沿革，通过出台《网络安全法》《中华人民共和国消费者权益保护法》《中华人民共和国刑法修正案（九）》《征信业管理条例》《电信和互联网用户个人信息保护规定》以及其他法律、法规、规章以及规范性文件，形成了多层次、多领域的个人信息保护法律体系。但总体来看，我国个人信息保护立法呈现出分散性特点，目前在电商、金融、保险、交通、医疗、电信、邮政、统计等领域，已经出台相应的法律规范，但始终缺乏一部统一的个人信息保护专门法。

2018 年 9 月，《个人信息保护法》正式列入十三届全国人大常委会立法规划。下一步，在立法形式方面，建议立足我国具体国情和法律传统，合理吸收欧盟模式和美国模式的立法经验，加速推动构建系统的、全面的个人信息保护立法；在法律框架方面，建议借鉴美国模式，从各行业的发展和监管需求角度出发，充分考虑产业发展需求，对不同行业的个人信息保护作出区分性规定，促进各行业主管部门落实本行业内的个人信息保护职责；在具体的法律规则和内容方面，加强主体个人信息权能、完善数据全周期规则体系、明确个人信息救济及法律责任体系。具体而言，在个人信息保护的立法过程中，建议对以下内容进行规定：一是要明确界定相关概念，以《网络安全法》对个人信息的定义为基础进行补充和完善，同时对信息主体、信息控制主体以及信息处理主体等进行界定；二是明确个人信息收集、使用以及处理等具体规则，解决人工智能等新技术应用于商业领域后，企业遵守现行法律的合规困境；三是建立更加完善的个人信息权利义务及法律责任体系；四是建立个人信息保护专门机构，解决当前分散监管、重复监管以及监管真空的问题。

4. 数据安全管理制度亟待完善

数字经济时代下，各国普遍重视数据的价值和安全，保护数据安全成为法律的重要价值目标之一。如美国于 2018 年 1 月出台的《外国情报监视法案修正案》，延续了美国国家安全局的互联网监视计划，3 月出台的《明确数据合法境外使用法》，扩大了美国调取境外数据的权力；欧盟 2018 年 5 月正式生效实施的《通用数据保护条例》，将其执法的触角伸向欧盟境外数据处理行为。我国也在不断完善数据安全相关的政策法规，党的十八大、十九大以来，我国已出台包括《"十三五"国家信息化规划》《促进大数据发展行动纲要》在内的相关政策文件50余个，其中，涉及数据管理问题既包括总体性要求，也包括数据应用安全以及特殊类别数据安全等具体要求。但总体来看，我国数据安全的相关制度比较分散，以宣誓性、原则性规定为主，缺乏体系化。在十三届全国人大常委会公布的立法规划中，《数据安全法》被列为条件比较成熟、任期内拟提请审议的法律草案，下一步应加快立法进程，对数据安全管理机制、数据安全监管主体、数据分级分类制度、数据全生命周期管理规范、数据安全风险评估制度、应对国外执法机构跨境调取数据的反制措施等内容进行系统规定，以保障国家数据权益以及产业安全。

（四）"知识产权"成国际贸易竞争焦点

1. "知识产权"逐渐成为国际贸易竞争的焦点

全球经济增速逐渐趋缓、世界经济格局加速调整。以2017年为例，根据国家统计局的数据，2017年中国国内生产总值达到82.7万亿元。按年平均汇率折算经济总量达到12万亿美元，占世界经济比重的15%左右。中国经济的增速在世界主要经济体中也位居前列，对世界经济增长的贡献率达到30%左右。以中国为代表的新兴市场国家已成为世界经济增长的重要骨干。

世界经济秩序深刻演变过程中，各国都在调整自身的内外战略。一方面，全球竞争价值链分工下，发达国家仅凭其国内制度并不足以维护其贸易利益，而必须借由符合其利益诉求的贸易伙伴知识产权规则的设置，才能维护其本国企业在国际贸易中的利益。另一方面，法律规则的抽象性和复杂性更容易掩盖贸易结构的不对等性。因此抽象的知识产权制度，更容易成为发达国家表达其贸易诉求的工具。中国作为世界上最大的发展中国家和国际贸易大国，其知识产权规则将不可避免地成为发达国家关注和施压的焦点。

2. 中国积极参与全球贸易治理体系建设

中国发挥负责任大国作用，积极践行自由贸易理念，参与全球治理体系建设，在以下方面积极着力，不断强化知识产权保护。首先，不断完善知识产权保护法律体系。如2013年新修订的《中华人民共和国商标法》增加了惩罚性赔偿制度；2017年修订的

《反不正当竞争法》,进一步完善了对商业秘密的保护,拓宽了对标识的保护范围等;2018年12月,国务院常务会议通过《中华人民共和国专利法修正案(草案)》,新的专利法将加大对专利侵权行为的惩治力度,提升专利保护效果和效率,加强对专利权人合法权益的保护。其次,行政执法力度持续加强。2011年成立全国打击侵犯知识产权和制售假冒伪劣商品工作领导小组,形成由29个部门参与的常态机制。2018年,中国重新组建国家知识产权局,商标、专利执法由市场监管综合执法队伍承担,知识产权执法力量得到整合与加强。最后,司法保护主导作用充分发挥,包括成立专门的知识产权法院,有效提升知识产权专业化审判水平;设立最高人民法院知识产权法庭,统一审理全国范围内专利等专业技术性较强的民事和行政上诉案件等。实践中,中国法院在国际上已被视为知识产权诉讼较为可取的诉讼地之一,中国已成为除美国、欧盟外的另一个重要司法审判地,中国司法辖区的公信力也得到外国企业尤其是美国企业的认同。

国外企业受益于中国不断加强的知识产权保护。国外来华发明专利申请受理量从2012年的117 464件增加到了2017年的135 885件[3]。来自国外的商标注册申请量从2013年的95 177件增加到了2017年的141 951件[4]。中国对外国支付的知识产权使用费也在持续增加。以美国为例,美国是中国第一大版权引进来源国,2012—2016年,中国自美国引进版权近2.8万项。中国对美国支付的知识产权使用费从2011年的34.6亿美元增加至2017年的72亿美元,6年时间里翻了一番,其中2017年中国对美国支付的知识产权使用费占中国对外支付知识产权使用费总额的四分之一[5]。

3. 数字经济时代知识产权问题的动向及启示

由于各国利益的不一致性持续扩大,发达国家和发展中国家在知识产权保护程度上存有不同意见。不同利益需求导致对知识产权保护力度和保护侧重点不同,未来国际层面知识产权规则的博弈仍将长期持续。发展中国家现阶段面临的知识产权相关议题也将逐渐朝国际性、多边性方向转变,双边/区域性知识产权规则会同时对国际层面知识产权规则的发展产生重要的影响。

因此应将知识产权问题置于数字经济发展大局中通盘考虑,确定符合我国最大化利益的知识产权战略,在知识产权国际规则制定中,提出更多中国方案、贡献更多中国智慧。

---

[3] 国家知识产权局:《2017年中国专利统计年报》。
[4] 国家工商行政管理总局商标局:《中国商标品牌战略年度发展报告(2017)》。
[5] 国务院新闻办公室:《关于中美经贸摩擦的事实与中方立场》白皮书。

三、2019 年数字经济与法律监管领域发展展望

（一）数字经济引领经济社会全方位转型升级

数字经济由高速发展转向高质量发展新阶段，对国民经济的贡献进一步凸显。一方面，5G、物联网、大数据、云计算等新一代信息技术突飞猛进，与传统产业融合渗透程度持续深化，实体经济向数字化、网络化、智能化加速演进。制造业与数字技术融合创新水平进一步提升，重点领域智能工厂建设，物联网、云计算、大数据、增材制造等新技术、新装备在生产过程的集成应用加速布局，智能工程机械、智能汽车、智能家居、智能可穿戴设备等新产品的研发和产业化加快突破。服务业与数字技术融合新空间进一步扩大，服务业数字化、网络化转型提速，精准服务、高效服务、智能服务能力不断提升。农业与数字技术融合大幕开启。充分应用物联网、大数据等网络信息技术，农业生产、经营、管理、服务数字化，智慧农业，农业全产业链将全面延伸升级。另一方面，技术推动产业转型与应用促进技术变革交织并进，数字产业化和产业数字化协同发展水平进一步提高，数字技术大幅提升生产效率、运行效率。数字产业化软化趋势将继续凸显，结构优化将进一步带动产业数字化发展。产业数字化将向着更广、更深领域拓展，并不断在交易成本降低、匹配效率优化、供给质量提升等方面做出更大贡献，数据驱动生产、创新协同升级的数字经济生态体系正在加速构建。

（二）数字经济领域重点立法进程加快

数字经济立法是建立网络综合治理体系的重要内容。面对新的经济形态和社会关系变革，我国需要积极调整和完善当前法律规定，回应数字经济发展带来的法治新要求。2018 年 9 月 7 日，全国人大常委会发布《十三届全国人大常委会立法规划》，明确将《数据安全法》《个人信息保护法》《电信法》《中华人民共和国密码法》等的立法列入其中，将为数字经济发展提供更有力的法律保障。2019 年加快数字经济立法进程，将在以下几方面重点推进：一是在基础立法方面，研究起草《数据安全法》，明确数据安全管理机制、完善数据全生命周期管理规范、建立数据安全风险评估制度等内容。

制定《中华人民共和国民法典人格权编》和《个人信息保护法》，推动构建更加系统、全面的个人信息保护法律体系。制定《电信法》，完善电信市场准入和秩序管理、电信设施建设与保护、电信资源管理、电信服务与用户权益保护、电信网络与信息安全保障等制度。进一步推进《网络安全法》配套规定制定，细化完善网络安全法律制度。二是修订《反垄断法》，落实新修订的《反不正当竞争法》等，完善数字经济领域市场竞争监管规则，切实保护市场公平竞争，提高经济运行效率，维护消费者权益，保障数字经济健康有序发展。三是适应区块链、人工智能等新技术发展要求，广泛吸收借鉴国际新业务、新应用等新兴领域立法经验，完善知识产权保护机制，加快立法规范，为新技术、新业务的发展提供稳定的政策预期，为数字经济发展确立基本规则和法治保障，促进数字经济创新发展。

（三）监管更加注重规范健康发展

2018年，一系列治理问题的爆发，使监管部门不断调整当前的监管政策。2019年，数字经济的监管整体将趋严，在鼓励创新发展的同时，更加关注企业行为的合法合规。**一是法治的威慑力将进一步增强。**《电子商务法》于2019年1月1日正式生效后，对"大数据杀熟"、代购、删除差评等许多原处于灰色地带行为的监管，将具备明确的法律依据。**二是更加注重压实平台主体责任。**许多治理问题的发生，与平台履行责任不力密切相关。因而，监管将更积极采用约谈、关停等多种形式，提高平台违法违规成本，促使其自觉履行法律责任与社会责任。尤其是严守安全底线，对危害消费者人身财产安全的行为保持零容忍高压态势。**三是更加注重部门协同。**数字经济融合业态的跨界发展，使监管同时涉及多个部门。相应地，融合业态的监管将更注重发挥各部门力量，积极采用成立部际联席会议、派驻联合调查组等形式，形成监管合力。总体来看，**包容审慎仍然是未来数字经济监管的主基调，更加注重规范健康发展的中国互联网下半场正在开启。**

网络安全与国际治理篇

导　　读

本篇是中国信息通信研究院《2019 年 ICT 深度观察》中有关网络安全与国际治理领域的内容，主要包括"2018 年网络安全与国际治理总体形势分析""2018 年网络安全与国际治理重大热点问题剖析""2019 年网络安全与国际治理发展趋势判断"三大部分。

第一部分"2018 年网络安全与国际治理总体形势分析"盘点了 2018 年网络安全与国际治理的总体形势。一是网络空间安全威胁持续加重、安全威胁形势严峻：芯片漏洞引发全球关切，关键基础设施频遭网络攻击；全球大规模数据泄露事件频发，危害更加严重；脸书（Facebook）事件引起广泛关注，数据流动安全威胁不断升级；人工智能安全问题凸显，各国积极采取应对措施；网络空间对抗性因素增强，美、欧寻求跨境调取数据。二是我国网络安全和国际治理取得新进展：5G 安全标准制定处于关键阶段，试验规范年底完成；工业互联网安全建设扎实推进，安全生态雏形初现；车联网 / 物联网安全转入部署实施，安全防范能力提升；我国安全产业保持快速发展，与国际间的差距仍待缩小；中国积极参与网络空间全球治理，做出重要贡献。

第二部分"2018 年网络安全与国际治理重大热点问题剖析"聚焦和深入分析了 2018 年网络安全与国际治理热点：GDPR 实施引领全球数据保护规则升级，我国数据保护法律体系亟待完善；假新闻问题爆发引发网络治理变局，我国需改进治理、做好预防；"区块链 + 网络安全"双向布局，安全服务和应用前景可期。

第三部分"2019 年网络安全与国际治理发展趋势判断"根据已有的事实与材料，综合研判得出 2019 年网络安全与国际治理发展趋势：网络空间不稳定因素仍将增加，各方继续推动互信共治；全球数据安全立法与监管实践将进入活跃期；大型互联网平台企业将更加主动，承担更多责任；区块链的安全监管与安全服务将同步推进；智能攻防重构网络空间安全保障范式。

本篇作者：

谢玮　刘越　潘娟　宋恺　张治兵　陈湉　秦博阳　戴方芳　崔枭飞　王亦澎　孙娅苹
牛金行　李昭涵　赵爽　方溢超　杨红梅　杨春白雪　高婧杰　袁琦　王艳红

一、2018 年网络安全与国际治理总体形势分析

（一）网络空间安全威胁持续加重

1. 芯片漏洞引发全球关切，关键基础设施频遭网络攻击

2018 年，全球性网络安全事件持续发生，世界主要设备厂商不断爆出重大漏洞，各国关键基础设施被频繁攻击，造成重大安全隐患和经济损失。2018 年年初，美国英特尔公司（Intel）、美国超微半导体公司（AMD）、安谋（ARM）曝出重大漏洞，影响 1995 年之后所有 X86 处理器，这些漏洞允许恶意程序从其他程序的内存空间中窃取信息，意味着包括密码、账户信息、加密密钥乃至其他一切在理论上可存储于内存中的信息均可能因此外泄。6 月，维萨（Visa）因交换机网络交换机局部故障，导致欧洲数百万笔交易被拒绝，仅在英国就影响了大约 170 万名持卡人，在英国发行的卡上进行的交易当中约 9% 未能成功处理，这一事故延续了将近 10 个小时，引发了欧洲消费者的恐慌。10 月，杭州大量监控设备被曝出现漏洞，摄像头的漏洞很容易被黑客利用，只需使用默认凭证登录，任何人都能访问摄像头的转播画面。同时，摄像头存在的缓冲区溢出漏洞还能使黑客对其进行远程控制。

2. 全球大规模数据泄露事件频发，危害更加严重

2018 年，大规模数据泄露事件在全球范围持续发生，仅上半年就有 2300 多起数据泄露事件被公开披露，约 26 亿条用户记录被曝光，数据安全问题引发国际关注。2018 年 2 月底，美国知名体育运动装备品牌安德玛遭到黑客攻击，泄露的信息包括用户名、电子邮件地址以及密码等，大约有 1.5 亿用户受到影响。3 月，英国剑桥分析（Cambridge Analytica）公司（已宣布破产）被曝光不当利用 8700 万脸书（Facebook）用户数据资料。5 月，黑客非法入侵圆通快递公司后台，获取客户信息后再转手卖给他人谋取暴利，涉案的中国公民信息有近 1 亿条。7 月，知名大数据企业"数据堂"被查，涉嫌侵犯数百亿条公民个人信息。8 月，华住旗下所有酒店的 5 亿用户数据泄露。9 月，英国航空的官方网站及手机应用程序遭遇黑客攻击，38 万用户支付卡信息被盗。10 月，美国国防部发现某供应商泄露美国军方人士及文职人员近 3 万条旅游记

录。11月，万豪酒店数据库遭黑客入侵导致5亿用户数据泄露，涉及客户姓名、邮寄地址、电话号码和护照号码，有些甚至包含信用卡信息。

3. 脸书事件引起广泛关注，数据流动安全威胁不断升级

2018年3月17日，美国《纽约时报》和英国《卫报》共同发布深度报道，曝光脸书上超过5000万（后确认为8700万）用户数据被剑桥分析公司用于定向投放政治广告，帮助特朗普团队参选美国总统。本次事件反映出利用大数据分析技术能够操纵民意，干预国家政治格局，数据共享已成为新的薄弱环节，传统静态安全保护措施失效。

事件披露后引起广泛关注，美国参议院、众议院召开听证会，脸书加强对政治广告投送的管控，参议院还提出了《诚实广告法案》（Honest Ads Act）。脸书创始人兼首席执行官马克·扎克伯格出席听证会进行回应，并根据国会和监管部门要求不断加强用户数据管理。英国国会也因为剑桥分析公司利用脸书的用户数据影响脱欧公投而举行了类似的听证会。

4. 人工智能安全问题凸显，各国积极采取应对措施

2018年，伴随人工智能应用推进和产业推广，人工智能对网络空间安全的影响日益凸显，人工智能安全问题由数字域向物理域、社会域蔓延。例如，2018年3月，优步自动驾驶汽车计算机视觉算法未能及时识别路上行人，撞人致死，引发世界范围内的高度关注。这一事例再次警示人们，自动驾驶汽车、智能服务机器人等高度自治系统的技术不成熟性或受到网络攻击，可直接导致人身伤害。

世界主要国家加大重视人工智能安全问题，从权利、责任、透明性等方面加强伦理与法律措施建设。美国对自动驾驶、刑事司法等人工智能应用的先导领域加强监管，同时，主张发挥市场作用降低算法决策风险。2018年5月，美国权威科技创新智库数据创新中心发布《政策制定者如何推动算法问责》，报告指出，在大多数情况下，市场力量和行业自律有能力阻止大部分缺陷算法产生；2018年8月，美国《2019年度国防授权法案》批准设立"国家人工智能安全委员会"，全面审查、分析人工智能技术和系统。2018年4月，英国议会发布《英国人工智能发展的计划、能力与志向》，提出了包括"人工智能应为人类共同利益和福祉服务""人工智能应遵循可理解性和公平性原则""人工智能不应用于削弱个人、家庭乃至社区的数据权利或隐私"等在内的5

项人工智能基本道德准则；2018年7月，英国国防部下属机构发布《未来安全技术趋势》，重点关注人工智能算法黑箱、算法问责等问题以及相关法律框架。2018年3月，欧盟委员会下辖的欧洲科学与新技术伦理组织发布《关于人工智能、机器人及"自主"系统的声明》，提出了一套基于欧盟条约和欧盟基本权利宪章规定的价值观的人工智能基本伦理原则。该原则涵盖了"保障人类尊严""安全性、可靠性""可追责性""可持续性"等多个方面；欧洲政治战略中心发布《人工智能时代：确立以人为本的欧洲战略》，提出构建人工智能伦理和法律框架。2018年6月，欧盟委员会组建人工智能高级小组，协助政府处理与人工智能有关的中长期挑战和机遇。

5. 网络空间对抗性因素增强，美、欧寻求跨境调取数据

随着地缘政治与互联网治理的相互影响不断加深及不稳定因素逐渐增多，2018年网络空间的对抗性态势进一步增强，美国、俄罗斯、欧盟等纷纷采取行动加强网络空间的能力部署。美国国防部发布的《国家网络战略》以"大国战略竞争、向前防御、备战"为关键词，公开点名中国、俄罗斯、伊朗、朝鲜等国所谓的网络威胁；联邦政府为支持美国间谍和网络战士打击外国网络威胁，由网络司令部专门成立"网络整合中心"，提高作战能力。美国欲在网络空间进行"威慑"并采取"进攻性行动"等强硬举措的意图显而易见。俄罗斯军方启动了能让其情报系统"离网"运作的大型云网络建设，该"备用网络"也是俄罗斯与全球互联网中断连接或遭遇攻击的预案准备。第五届联合国信息安全政府专家组（UNGGE）无果而终后，以美、俄为代表的网络空间攻防对抗风险继续提升。欧盟方面，立陶宛等六国成立"网络快速响应小组"，首次共同处理网络事件，更多欧盟国家将陆续加入；另外，《欧盟网络安全法案》提案拟创建欧洲网络安全认证框架，欧盟网络与信息安全局或将成为永久性网络安全机构。欧盟国家在网络安全保障上将逐步协同合作、形成机制，共同应对复杂多变的网络空间局势。

与此同时，美、欧纷纷通过立法寻求政府执法过程中的跨境数据调取，成为今年的一大热点议题。美国快速通过了《明确数据合法境外使用法》（CLOUD法案），对美国近年来跨境执法请求引发的数据争端给出了明确的解决方案。欧盟发布了《电子证据跨境数据访问提案》（e-Evidence提案），允许欧盟执法机构向在欧洲运营的企业直接调取其存储的境外数据。各国围绕数据跨境流动的监管规则制定与博弈仍将是网络空间数据治理的长期焦点。

（二）我国网络安全和国际治理取得新进展

1. 5G安全标准制定处于关键阶段，试验规范年底完成

5G安全研究及标准制定与5G总体架构相关工作保持同步。5G网络安全总体目标主要包括：统一的认证框架、按需的安全保护、增强的隐私保护、网络功能虚拟化（NFV）、软件定义网络（SDN）安全、服务化架构（SBA）安全、切片安全以及安全能力开放。第三代合作伙伴计划（3GPP）于2018年6月完成了第一阶段（R15）5G安全标准，重点研究5G安全需求、架构与流程等。预计2019年年底完成第二阶段（R16）5G安全标准，重点推进超可靠低时延通信（uRLLC）安全、切片安全、增强的服务化架构（eSBA）安全、位置业务安全增强、网络设备安全保障等。IMT-2020（5G）推进组于2018年年底完成了5G网络安全试验规范制定工作，包括5G网络安全技术要求和5G网络安全测试方法，并同步开展了相关测试验证工作。

2. 工业互联网安全建设扎实推进，安全生态雏形初现

为贯彻落实国务院《关于深化"互联网+先进制造业"发展工业互联网的指导意见》要求，我国已从顶层设计、标准规范、夯实基础、技术手段、产业推进和人才培养等六大方面，初步建立工业互联网安全生态，以保障工业互联网安全、健康、有序发展。一是正在积极推动出台《关于加强互联网安全工作的指导意见》（将于2019年年内发布），以构建企业网络安全主体责任制，建立完善工业互联网安全管理配套制度；二是已经出台《工业互联网综合标准化体系建设指南》，其中涵盖工业互联网安全标准体系相关建设内容的规划，正推动工业互联网安全总体要求、数据安全、平台安全、接入安全等重点标准研制工作；三是加快工业互联网安全实验室建设，推动建立国家级工业互联网安全技术支撑平台、基础资源库和工业互联网靶场等；四是强化技术支撑手段，已初步构建中央、省/行业、企业三级联动的国家级工业互联网安全监测平台，提升安全态势感知、测试验证、通报预警和应急处置等技术能力建设；五是促进工业互联网安全产业发展，通过工业互联网创新发展工程、工业互联网试点示范、网络安全技术应用试点示范等项目推动工业互联网安全技术和应用的推广；六是加快人才培养，工业和信息化部网络安全管理局指导举办了"护网杯"网络安全大赛暨首次工业互联网安全防护大赛，同时工业互联网产业联盟推出了行业内首次工业互联网安全评估师培训和工业互联网安全工程师能力认定项目。

3. 车联网/物联网安全转入部署实施，安全防范能力提升

伴随车联网和物联网技术的快速发展，安全事件进入多发期，在合规保障、业务刚需、技术发展三因素的推动下，相关安全工作已由基础预研状态进入企业落地实施状态，整体安全防范能力不断增强。**一是安全监管力度加大**，企业合规要求明确，汽车安全、通用网络安全和特定交叉行业相关的安全准则和规范正在陆续出台。**二是保障安全成为企业业务发展刚需**，众多汽车品牌和物联网产品安全漏洞频频曝光，安全事件影响范围不断扩大，多家车企发生网络安全召回事件，且民众网络安全意识逐渐增强，安全已成为民众选购联网汽车和物联网产品及服务的重要考虑因素之一。**三是积极部署安全防护措施**，安全防范能力整体提高。车联网方面，车联网云—管—端等各层面、全生命周期安全措施正逐步部署，车联网信息服务平台安全防护、车联网数据安全保护、联网汽车通信安全、车联网个人信息保护等相关标准正加紧研制；窄带物联网（NB-IoT）方面，NB-IoT 终端在市政、交通、水务等基础设施领域加快部署，2018 年 1 月，NB-IoT 终端也已正式开始进网测试，固件更新、身份认证、敏感数据传输等信息安全检测成为必测项目；智能门锁方面，2018 年为智能门锁市场爆发元年，高危安全漏洞广泛存在，发生了门锁被远程恶意控制等事件，由厂商积极参与、中国信息通信研究院牵头制定的智能门锁信息安全标准即将发布。

4. 我国安全产业保持快速发展，与国际间的差距仍待缩小

（1）我国安全产业保持快速发展，产业环境持续改善

我国网络安全产业发展态势良好。根据中国信息通信研究院统计测算，2017 年我国网络安全产业规模达到 439.2 亿元，较 2016 年增长 27.6%，预计 2018 年达到 545.49 亿元。我国网络安全产业规模增长情况如图 1 所示。

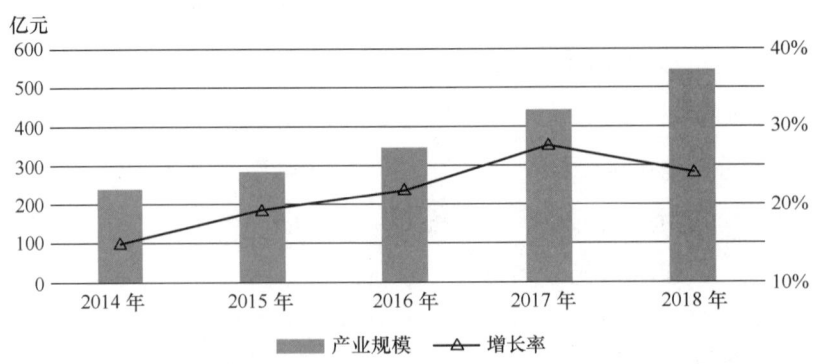

图 1　我国网络安全产业规模增长情况（数据来源：中国信息通信研究院）

安全产业生态环境建设持续推进。一是产业政策持续利好，生态建设持续推进。 中共中央网络安全和信息化委员办公室和中国证监会联合印发《关于推动资本市场服务网络强国建设的指导意见》，支持符合条件的网信企业利用资本市场做大做强。受政策利好影响，网络安全企业步入上市快车道。国家级网络安全产业园区加速建设。武汉国家网络安全人才与创新基地进入实质性建设阶段。2018年上半年，国家网络安全基地新增签约项目12个，协议投资352亿元，新增注册企业16家。北京国家网络安全产业园区即将挂牌。2017年12月，工业和信息化部、北京市正式启动国家网络安全产业园区（北京）建设，拟打造国内领先、世界一流的网络安全高端、高新、高价值产业集聚中心。**二是联盟、协作共同体相继成立，企业间合作日趋紧密。** 大型IT厂商推进安全联盟建设，打造协同联动的网络安全防御生态。2018年3月，华为联合天融信、亚信安全等厂商成立安全商业联盟，旨在通过创新架构深度整合联盟伙伴优势产品，构建全网协同立体防御体系。8月，腾讯携手卫士通、立思辰等15家上市企业，成立P16上市企业协作共同体，将深化沟通合作，在应对网络安全威胁、引领网络安全产业的发展和生态环境的构建方面发挥重要作用。**三是军民融合步入深水区，军民携手维护国家网络安全。** 自2015年军民融合上升为国家战略以来，我国网络安全领域的军民融合路径日益明确，合作不断加深。例如，安天科技成立网络民兵分队，强化应急保障支撑能力。360集团在军队指导下创建了"网络空间安全军民融合创新中心"。**四是攻防不对等形势更为严峻，产业需求旺盛。** 人工智能等新技术的应用、网络武器泄露的延续效应，正在逐渐转变网络攻击的逻辑和手段，"攻防不对等"形势更为严峻。勒索病毒的大规模爆发与不断演进造成了全球范围的重大影响和经济损失，展示了网络武器的空前威力。目前，各种黑客组织、恐怖主义势力加速对网络武器的融合利用，成为网络空间安全的严峻威胁。

（2）国际网络安全产业稳步发展，主要国家强化技术产业布局

全球网络安全产业规模稳步增长。 2017年全球网络安全产业规模达到989.86亿美元，较2016年增长7.9%，预计2018年增长至1060亿美元[6]。从增速上看，全球安全产业增速在2015年达到历史高位14.6%，随后回落至逐年8%的增长水平。

主要国家指引网络安全技术产品创新方向。一是美国、德国等多国通过制定发布指南性文件，引领网络安全技术创新方向。 2018年3月，美国国土安全部科学技术局（Science and Technology，S&T）发布《2018网络安全部技术指南》《2018网络安全部组合指南》两个指南文件。德国教育和研究部计划到2020年共投入1.8亿欧元对重点

---

[6] 数据来源：Gartner Information Security，Worldwide，2015-2021。

网络安全研究项目提供支持。**二是主要国家加大网络安全领域投入力度。**近年来，各国在网络安全领域的国家级投入强势增长，在有力支撑国际战略政策落地的同时，也为产业发展注入了强心剂。美国"2019财年国防授权法案"将网络安全预算大幅增加至300亿美元，将从推进技术发展、强化政企合作等方面提升国家网络安全能力。英国《国家网络安全战略》（2016—2021年）提出，英国政府将投入19亿英镑强化网络安全能力。2013—2018年全球安全产业增长情况如图2所示。

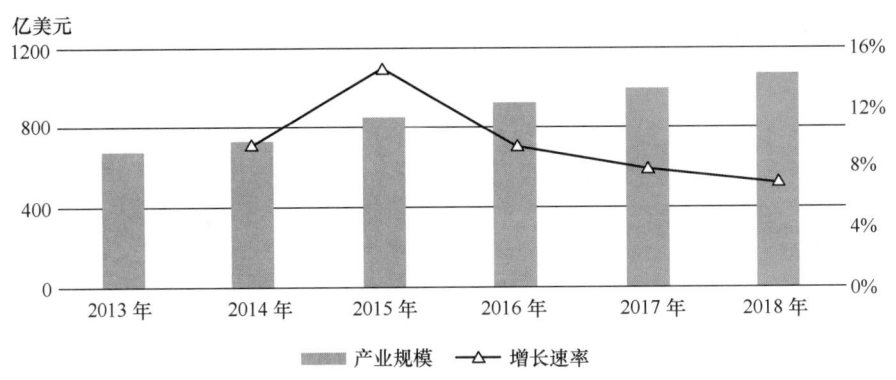

图2　2013—2018年全球安全产业增长情况（数据来源：Gartner）

5. 中国积极参与网络空间全球治理，做出重要贡献

2018年，我国继续在网络空间全球治理领域贡献中国力量，网络空间命运共同体概念进一步深入人心，在网络安全标准制定、打击网络犯罪、加强全球数字合作等领域积极推进、有所突破。我国主办的第五届世界互联网大会·乌镇峰会以"创造互信共治的数字世界——携手共建网络空间命运共同体"为主题，成功发布了《世界互联网发展报告2018》《中国互联网发展报告2018》以及《乌镇展望2018》等重要成果，网络空间命运共同体概念进一步深入人心，赢得了更加广泛的国际赞誉。国际标准化组织（ISO）/国际电工委员会（IEC）JTC1/SC27国际网络安全标准化工作会议再次在中国成功举办，密码算法、大数据、可信评估等领域网络安全国际标准继续推进。在联合国网络犯罪政府专家组第四次会议上，中国代表团积极建言献策，提出的网络空间治理理念和主张以及关于"立法""定罪"的建议被纳入会议最终报告；在77国集团（G77）与中国共同参与的"联合国预防和打击网络犯罪会议"上，中方代表分享了中国政府和企业在打击网络犯罪方面的经验，贡献了中国方案。另外，阿里巴巴集团董事局主席马云与梅琳达·盖茨共同出任联合国数字合作高级别小组联合主席也使我国在数字合作领域的国际影响力进一步提升。总的来说，2018年我国在网络空间全球治理领域积极作为，进一步拓展了参与广度、提升了参与深度。

二、2018年网络安全与国际治理重大热点问题剖析

（一）GDPR实施引领全球数据保护规则升级，我国数据保护法律体系亟待完善

2018年5月25日，"史上最严数据保护条例"——欧盟《一般数据保护条例》（GDPR）生效。

1. 欧盟GDPR拥有两大利器，已产生全球连锁影响

欧盟GDPR因其"极广适用，超高罚款"的特点引起全球热议。**一是**欧盟管辖范围的设计基于"影响原则"，无论企业是否在欧盟境内设置实体机构，只要在提供产品或服务过程中处理了欧盟境内个体的个人数据，就要遵守GDPR。对此，互联网名称与数字地址分配机构（ICANN）要求全球域名服务机构执行域名注册信息披露的临时规范以符合GDPR。**二是**设置高额罚金，最高可达2000万欧元或上一年度全球营业额的4%（二者取其高）。目前，德国数据保护当局已开出首例GDPR罚单，对聊天社交平台Knuddels.de以明文方式存放用户账号密码，判罚其承担2万欧元的罚款。

欧盟GDPR生效前后，相关互联网平台、企业为寻求合规纷纷采取行动：脸书暂停200个疑似存在数据滥用问题的应用；苹果推出新的隐私工具，允许用户下载包括照片、文档、日历等在内的所有个人数据；谷歌表示已花费18个月开展GDPR合规工作，将通过新工具提高平台规则透明度、数据可移植性等；微软宣布将GDPR提供的用户权利扩展到全球用户，以帮助用户了解数据收集的具体情况，并进一步明确用户删除权、更正权及数据可携权。

2. 欧盟GDPR维护数据主体各项权益，力图支持数字经济发展

欧盟GDPR延续欧盟对个人数据基本人权保护一贯立场的同时，以欧盟数字单一市场战略为政策背景，力图助推数字经济发展，立法目的、结构安排和主要内容均体现了此种双重平衡考量。一是强化基本原则，完善数据主体权利体系、数据主体救济等措施强化数据主体的控制力。二是提出数据保护官、设计即隐私、建立隐私影响评

估和文档化管理制度等要求，进一步强调数据控制者的义务与责任，提升数据控制者内部数据保护和治理水平。三是从风险控制思想、个人数据跨境流动、数据保护监管机制等方面着手，为数字经济发展扫清法律障碍。

欧盟在出台 GDPR 后，继续修订、制定数据保护相关法律，已逐步建立以 GDPR 为核心，促进欧盟境内数据自由流动，严格控制数据向境外流动的法律保障体系，为实施数字单一市场战略、振兴欧洲数字经济创造数据治理良性生态。

3. 欧盟欲引领全球数据保护规则，我国对策应兼顾发展与安全

欧盟 GDPR 确立的一些保护规则已经产生全球性的影响，各国加强个人信息保护，欧盟也正在借助 GDPR 引领全球个人信息保护规则升级。印度、巴西分别出台了本国个人信息保护法草案，借鉴欧盟 GDPR 的痕迹明显。美国联邦政府已经着手考虑推进消费者隐私保护立法工作，美国商务部 9 月 25 日就"消费者数据隐私新方法"征求公众意见，加州出台个人信息保护州立法《2018 年加州消费者隐私法案》（The California Consumer Privacy Act of 2018，CCPA）。2018 年 5 月，我国推荐性国家标准《信息安全技术个人信息安全规范》正式实施。

应对欧盟 GDPR 实施，我国应以兼顾发展与安全，尽快研究形成兼顾发展诉求的国家数据资源保护理念，加速完善数据保护法律体系，构建多方参与的数据治理生态。同时，建立围绕 GDPR 合规问题的中、欧长效沟通机制，积极主导数据保护区域性规则制定。

（二）假新闻问题爆发引发网络治理变局，我国需改进治理、做好预防

1. 假新闻问题爆发，影响进一步深化

假新闻问题在 2018 年全面爆发，线下社会价值割裂为假新闻提供土壤，国家间不信任导致的网络攻防推动假新闻传播，火借风势下，对社会影响进一步深入。**首先，问题已愈发普遍。**欧盟议会 2018 年年初进行的一项在线调查结果显示，97% 的受访者曾经接触过假新闻，而 38% 的受访者每天都会遇到假新闻。根据专业事实核查机构的调查，在巴西，聊天软件中的政治相关图片只有 8% 是真实的。而在墨西哥，媒体

的调查显示，在线媒体平台中 90% 的热点新闻都是假的。**其次，线下价值观割裂为假新闻提供了滋生的土壤**。网络中的不良信息问题的根源在于社会，互联网应用，尤其是平台类应用提供了信息传播的生态，但信息内容的生产以及其背后的动因和逻辑依然来自线下。哈佛大学伯克曼克莱因中心和麻省理工学院媒体实验室 2018 年 7 月公布的研究成果中，研究人员以美国大选期间收集到的约 125 万条相关推特（Twitter）信息为样本，分析了信息的传播路径和规律。其结论是：右翼媒体系统变成了一种紧密的，相对隔离的知识社区，强化了受众的共同世界观，并隔绝了来自不同观点的影响；社交媒体中政治宣传信息质量堪忧，且分布不均，右侧生态中信息质量较差；社交媒体推荐算法造成的过滤气泡现象虽然加速了左右生态的分化，但分化的根源来自用户的关注，而不是内容推荐。据此，研究人员认为，在美国大选期间催生假新闻的是政治和媒体制度，社会价值观分裂创造了假新闻滋生的温床。**再者，假新闻正在深度影响社会生活**。2018 年，在美国、俄罗斯、巴西、捷克、芬兰等国家进行的政治选举均出现了假新闻干扰的问题。假新闻已经成为与社会稳定和人民幸福高度相关，当前互联网发展迫切需要解决的关键问题。**最后，网络媒体控制与不信任之间形成恶性循环**。随着网络信息内容对社会影响力的增强，全球范围内有组织的信息内容操纵行为正在变得越来越普遍。越来越多的政府机构和政党正在利用社交媒体平台，或传播垃圾新闻和虚假信息，或行使审查和控制权。2018 年 7 月，牛津大学互联网研究所发布了一份名为《挑战真相与信任：有组织社交媒体操纵的全球清单》的研究报告。报告指出：有组织社交媒体舆论控制现象正在全球蔓延。2017 年，利用社交媒体操纵国内舆论的国家已达 48 个，相比 2016 年增长了 71%；干预选举和国家间的网络舆论攻防是导致上述增长的主要原因。有组织信息内容控制行为的蔓延推动了网络空间中的"军备竞赛"；网络中行为的高度信息化和匿名化不利于在国与国之间建立互信；社交媒体平台对于同类价值观具有一定的聚合和放大作用，在有意识的推动下，网络社群中的对立情绪进一步激化。

2. 多管齐下治理，企业承担更大压力和更多责任

问题的爆发带来了信息内容治理领域的变革，多管齐下的治理格局正在形成。**首先，假新闻的治理引发了多方高度关注**。在政府层面，问题已经从"管不管"变为"如何管"，各国立法和监管机构已经开始行动，力度空前。例如：英国下议院专门委员会不惜采取强制手段，扣留相关企业高层以获取 Facebook 谣言治理不力的证据；法国宣布将派员进入 Facebook 公司，进行为期 6 个月的合作治理尝试。在互联网企业

层面，Facebook、谷歌母公司 Alphabet、Twitter 等国际互联网巨头企业均因假新闻受到责难，并都采取了系统性治理措施；在研究机构层面，哈佛大学、麻省理工学院、牛津大学、华盛顿大学、密歇根大学、哥伦比亚大学、印第安纳大学等多所国际著名大学均针对虚假信息的传播和治理开展了研究，并陆续发布了成果。**其次，假新闻的治理手段正在日益完善**。2017 年年底的一系列文件显示，打标签式的假新闻治理在效率和主体能力上均无法满足治理需求。以与 Facebook 合作的专业事实核查机构 PolitiFact 为例，2017 年 PolitiFact 共为 Facebook 完成约 2000 条 URL 的审查，已达其审核能力极限（PolitiFact 成立十年，共发布审核消息 15 000 条）。与之形成鲜明对比的是，麻省理工学院针对美国大选期间 Twitter 内容传播的大数据研究中收集到的内容条目为 125 万条。由于第三方机构的实质审查无法满足企业的治理需求，企业开始转而探索包括降低假新闻关注度、明确信息来源以及削弱的收益等基于改造生态系统的治理模式。例如瓦次艾普（WhatsApp）发布的群组限制功能，群组管理员可以通过更改群组状态限制组内其他用户发布信息或共享位置，照片墙（Instagram）推出的包括增设"蓝 V 标记"认证；Facebook 进行的广告生态治理，希望可以从平台生态链的角度削弱虚假信息传播的经济动力。**再者，平台担责已成趋势**。平台作为中立服务者，不应由平台用户提供的信息而担责。这条由美国《通信正当行为法案》230 条款确立的原则为网络服务者提供了类似"避风港"的免责规则，该原则一方面推动了互联网行业的发展，一方面也是今天社交媒体平台治理难题的原因之一。但随着假新闻治理压力的增加，适用于平台的豁免正在被削弱。例如，2018 年年底，欧盟要求互联网巨头企业签订信息内容治理行为准则，对企业提出了打击假新闻的明确要求；美国共和党、民主党分别从不同的角度出发，组织了系列听证会，直指平台的信息内容审核责任。民主党关注俄罗斯干预美国大选听证，平台是否尽到审查义务，共和党关注平台审核标准听证，平台是否干预言论自由，两党都在寻求增强企业责任的途径。**最后，多重压力下，企业甚至主动尝试业务收缩**。Alphabet 6 月召开的股东大会上，大型机构投资者向公司董事会要求获得内容治理相关问题的解决方案，其担忧点主要集中在优兔（YouTube）的内容治理问题会引发股价波动。Twitter 在 2018 年 5 月和 6 月累计关停 7000 多万个账户，并在 7 月继续保持这种速度。相关数据公开后，基于对广告收入下降的担忧，Twitter 股票价格下跌了 8.5%，达到三个月以来的最大跌幅。Facebook 8 月宣布，将上线新功能，帮助用户摆脱社交媒体成瘾。这些新功能包括：用户社交媒体使用时长统计；可以自定义的使用时长限额提醒；用户可以设置的通知限制。

3. 合作是解决问题的重要方向，能力差距或致分裂风险

来自各方的治理压力和严峻的信息内容治理形势一方面将推动企业强化与各方的合作，推动治理向多方共治方向发展，另一方面也将进一步割裂全球网络空间。**其中，企业与各方之间的合作是未来治理发展的重要方向。**互联网企业迫于监管压力的增大，将进一步增加治理活动的投入和治理的公开性和透明性，并进而寻求与更多主体间的治理合作。多份研究报告和立法建议已为信息内容治理领域的多方合作模式提出了建议和要求，综合这些研究报告和立法文件的观点，网络信息内容的多方合作模式预计将包括以下几个方面：**一是与立法机构的合作。**与立法机构之间的博弈和交流将会变得更加频繁，这将有益于消除信息不对称，并形成共识；**二是与行政执法机构的合作。**与行政执法机构的合作将会变得制度化和规范化，包括具有明确监管职责的部门，建立固定的沟通渠道和机制，形成标准化的数据评估和审计模式等；**三是与专业研究机构的合作。**与专业机构的合作将进一步深化，包括公共数据的开放访问，更加频繁的研究合作等。**此外，国家间信息控制能力差距正在推动一些国家采取孤立措施自保。**虽然目前世界各国普遍增强了对网络信息内容的监管力度，但由于对信息的控制能力不同，所采取的方式存在较大差异。第一类是信息控制能力强的国家（例如美国），采取的是较为科学和平缓的策略，逐步弥合各方矛盾，寻求新的利益平衡。第二类是信息控制能力较弱，但体制健全、政治和社会相对稳定的国家（例如欧盟、英国），采取的是偏强硬的策略，通过高额罚金强迫互联网公司达成治理要求。第三类是信息控制能力较弱，且政治和社会体制不够健全的国家（例如印度、埃及等），采取的是孤立的自保措施，通过停止网络应用服务的方式维护自身利益。

4. 需防患于未然，汇聚多方力量实现共治

面对严峻的网络信息内容治理环境，政府应当明确底线，聚焦问题，积极进行监管理念和体系创新，构建小步快走、共治共享的治理体系。**首先，需制定底线和目标。**监管机构应决定治理中的最低标准，根据可行性、经济性以及公共利益优先的原则决定治理的目标标准与最低标准之间的差距。只有在明确目标的基础上，才可以科学地划分政府和企业的责任边界，明确企业责任。**其次，需聚焦问题，小步快走。**监管机构需基于我国互联网创新高速的现实，以责任和问题导向并行，聚焦探索解决方案。寻求阶段性而不是终局性规则，兼顾创新和稳定，保证网络空间治理实现小步快走，将规则看作治理程序中的组成部分，通过持续、科学的跟踪、评估和共识推动治理活

动动态演进。**最后，政府主导，多方共识。**网络信息治理需要多方参与，形成合力。在这个过程中，监管主导对多方博弈能否最终实现具有决定性的积极意义。政府的作用主要表现在以下3个方面：一是监管机构需制定治理机制规程，召集、主持并主导，增强多方间的互信；二是从国家和公共利益的高度设定导向，保证问题解决的充分性和平衡性；三是向消费者和社会团体提供支持，培育积极参与治理的社会大环境。

（三）"区块链 + 网络安全"双向布局，安全服务和应用前景可期

1. 政产学研各界不断发力，聚焦区块链安全发展

政策层面，世界各国和地区相继出台区块链安全监管和技术应对政策。美国鼓励探索区块链在安全领域的应用，注重区块链安全风险应对技术。2018年，美国国会发布《2018年联合经济报告》，提出区块链技术可以作为打击网络犯罪和保护国家经济和基础设施的潜在工具，指出这一领域的应用应成为立法者和监管者的首要任务；美国各大企业也积极投入提升区块链安全的技术研发中，埃森哲、Linux基金会、国际商业机器公司（International Business Machines Corporation，IBM）等都在区块链硬件安全模块、区块链云环境安全等方面推出了各自的产品和解决方案。英国推动政产学研各界合作，提出"技术+法律"的区块链监管新模式。此外，2018年，英国政府宣布将启动新的加密货币研究工作，与金融市场行为监管局（Financial Service Authority，FCA）和英格兰银行合作，探索比特币等加密货币带来的潜在风险。欧洲指出区块链监管机制不成熟，呼吁正视区块链安全风险。欧洲证券和市场管理局（European Securities and Markets Authority，ESMA）成立了"特殊小组"，进一步研究区块链技术的同时，指出现阶段区块链技术应用的数量和范围有限，监管机制并不成熟。

标准层面，国际标准组织、开源机构持续推进区块链安全标准化工作。国际电信联盟（International Telecommunication Union，ITU）、国际标准化组织（International Organization for Standardization，ISO）、万维网联盟（World Wide Web Consortium，W3C）、全球移动通信系统协会（Global System of Mobile communication Association，GSMA）、互联网研究专门工作组/国际互联网工程任务组（Internet Research Task Force/The Internet Engineering Task Force，IRTF/IETF）等国际标准化组织已在区块链技术参考架构、智能合约安全等相关方面开展了大量的标准化工作。其中，区块链安

全问题小组/安全研究组 Q14/SG17（ITU-T Question 14/Study Group 17）聚焦区块链技术和应用场景安全，相继开展分布式记账技术的安全能力和威胁等9项区块链安全标准制定工作；ISO 成立区块链及电子化的分布式账本技术委员会 TC307，开展区块链术语、用例、安全和隐私、身份认证、智能合约等重点方向的标准化研究工作；W3C聚焦从细分技术层面创建安全规范的区块链标准，提出应用程序编程接口（Application Programming Interface，API）和关键的数据格式标准、身份识别和授权标准、软件许可和来源标准三大标准化目标；GSMA 关注区块链技术在通信和安全领域应用，欺诈与安全工作组（Fraud and Security Group，FASG）重点探讨使用区块链技术防诈骗、增强网络安全、用户身份认证及通信安全；IRTF/IETF 研究区块链安全和隐私保护技术方案，下设分布式互联网基础设施研究工作组（Decentralized Internet Infrastructure Research Group，DINRG），研究内容为分布式基础设施服务中的关键问题（如信任管理、标识管理、名字解析、资源/财产所有权管理、资源发现等）。此外，R3 区块链联盟（R3 CEV）、Hyperledger-fabric、I/O Digital 等国际开源平台和联盟也相继提出区块链开源框架、开发规范、安全章程等。

2. 多方加紧探索，"区块链+网络安全"开始落地

区块链凭借分布式、点对点的通信模式，基于散列加密的匿名性等技术优势，在金融、物流等领域得到广泛应用的同时，也在网络安全领域逐渐形成安全认证、安全域名等六大应用方向。**一是攻击发现和防御**，利用区块链分布存储信息，或根据时间戳散列对系统状态进行持续监测，识别和抵御篡改、分布式拒绝服务（Distributed Denial of Service，DDoS）等攻击行为，例如，美国国土安全部（Department of Homeland Security，DHS）和 Factom 公司合作开发在美国南部边境部署安全设备。**二是安全认证**，通过在设备网络中批量分发隐私数据，对设备进行去中心化的身份认证，存储防篡改的身份信息等，例如，Xage 公司通过安全认证保护边缘设备。**三是安全域名**，通过建立域名散列映射，分散集中域名服务，抵抗域名劫持、缓存投毒等攻击，例如，Blockstack 公司建立域名和散列的映射。**四是信任基础设施建立**，通过自治的信任分发，将区块链作为公钥的分布式账本，提升传统公钥基础设施（Public Key Infrastructure，PKI）安全性或从根本上取代现有公钥基础设施，例如，Pomcor 公司使用区块链来存储颁发和吊销证书的散列。**五是安全通信**，发布公开信息同时，加密保护用户隐私信息，以及实现终端节点间可信任、防篡改的安全通信，例如，美国国防高级研究计划局（Defense Advanced Research Projects Agency，DARPA）使用区块链

创建安全且无法通过外部攻击的消息服务。**六是数据安全存储**，数据散列后存储在区块链，制订多签名访问规则，授权用户数据操作行为，例如，爱立信和美国通用电气（General Electric，GE）公司合作提供数据完整性保障服务。

3. 区块链安全隐患不容忽视，服务需要加强监管规范

近年来，涉及区块链平台应用的安全事件层出不穷。例如，2016年10月，以太坊（Ethereum）多次遭遇DoS攻击，造成交易速度减缓、节点过载等；2018年3月，币安（Binance）交易所遭到网络攻击，造成约4.2亿元的损失；2018年5月，商用分布式设计区块链操作系统（Enterprise Operation System，EOS）智能合约曝出严重安全漏洞，攻击者可利用漏洞控制和接管其上运行的所有节点等。据统计，2011年到2018年4月，全球范围内因区块链安全事件造成的损失高达28.64亿美元，其原因是**区块链核心机制存在固有安全缺陷**。一方面，区块链存在算力攻击、分叉攻击等大量针对共识机制的攻击手段，可造成链上记录被篡改等后果。另一方面，分布式存储机制扩大攻击威胁面，例如，攻击者可在更多位置获取数据副本；全网安全性升级困难，有效攻击对区块链系统的影响将更具持续性；恶意节点可利用分布式机制自发向全网传播病毒、木马等。此外，针对密码学固有安全风险的各类攻击仍然存在。例如，通过网络攻击窃取用户私钥；区块链使用的安全算法椭圆加密算法（Ellipse Curve Cryptography，ECC）、RSA加密算法（RSA algorithm）等可能存在后门和安全漏洞；计算技术进步带来密码算法被破解的潜在威胁等。

此外，**区块链防篡改、强匿名等技术特性给安全监管带来了挑战**。一方面，强匿名特性增加了网络安全事件和网络犯罪的追踪溯源难度。澳大利亚研究小组于2018年发布报告显示，每年使用比特币进行结算的违法交易规模已达到720亿美元。另一方面，防篡改特性导致有害信息写入后难以修改、删除，给信息内容管理带来挑战。例如，2018年3月，德国研究人员在比特币区块链中发现超过274份儿童色情网站的链接和图片。此外，数据安全责任边界模糊，可能违背数据跨境、数据可删除等监管要求。例如，欧盟GDPR中关于数据纠正、删除等权利的规定似乎与区块链防篡改的技术核心格格不入。

三、2019年网络安全与国际治理发展趋势判断

（一）网络空间不稳定因素仍将增加，各方继续推动互信共治

面对全球网络空间行为规范难产、对抗性加剧、不稳定因素持续增加等愈发严峻的形势，2019年，各国政府、科技企业以及相关机构组织将更加重视改善网络空间的可信度、安全性和稳定性，推动建立规范行为准则。

2018年年底举行的第13届联合国互联网治理论坛（IGF）及第五届世界互联网大会·乌镇峰会均以"信任"为关键词，昭示未来方向，2019年各方将继续推动增强信任与安全的行动。2018年联合国互联网治理论坛（IGF）以"信任的互联网"（Internet of Trust）为主题，51个国家、224家公司以及92个非营利组织共同签署了《巴黎网络空间信任和安全倡议》，2019年在联合国教科文组织及其他相关国际活动中也将继续推动。中国将继续推动"网络空间命运共同体"的概念宣传与原则落地，增强互信共治的行动举措。

建立和遵守行为规范是增强网络空间信任的重要方式。随着各国政府、企业和社会公民对于增强网络空间信任的意识逐渐加强，2019年各方将通过制定行为规范等行动进一步增强网络空间信任。科技和安全公司等非政府行为体将加强行为规范的建章立制，通过规范行为准则、联合承诺等形式保护全球用户免受"网络犯罪企业"和黑客攻击，避免自身科技用于战争。

（二）全球数据安全立法与监管实践将进入活跃期

从国际层面来看，各国就数据安全和个人信息保护将持续发力、处罚更加严厉。美国各州司法部长和总检察长已将数据泄露事件作为调查及监管重点，马萨诸塞州、纽约州和伊利诺伊州司法部长宣布将对万豪酒店国际集团数据泄露事件开展调查。欧盟在2019年将会加强GDPR的监管，开出更多罚单。从国内来看，数据安全法、个人信息保护法已正式列入十三届全国人大常委会立法规划，2019年度电信和互联网个人信息保护将进一步加强，对违法违规行为的惩处力度将进一步加大。

数据本地化和数据跨境流动将成为各国角力和博弈的重要议题和敏感地带。一方面，印度、越南、印度尼西亚正在制定数据本地化相关的法律草案，发展中国家加强数据本地化监管的趋势将进一步显现。另一方面，美国《明确数据合法境外使用法》（CLOUD）出台半年后，美国和欧盟正在商讨如何在数据跨境执法调取方面加强互信和合作，发达国家在维护本国利益的同时可能寻求进一步合作。

（三）大型互联网平台企业将更加主动，承担更多责任

内容治理推动的互联网治理变局已经显现，展望未来，大型互联网平台企业需要更加积极地采取行动，与政府及其他各方有效合作，化解不良信息内容对社会的负面影响。企业的主动实践对于在互联网下一个发展时期创建互信共治的网络空间具有重要意义。**首先，大型互联网平台企业将更加主动有为，承担不良信息内容治理的主体责任**。平台型互联网企业"更需要多一份挺身而出的主人翁态度，带动其他主体一起来解决问题"。企业需要主动寻求与政府部门的合作，增加公开透明，引入第三方、社会舆论等力量，开展协同治理。**其次，平台今天的治理即是未来规则的重要基础，企业将顺应未来的治理方向，积极实践**。平台企业将积极参与公共实践，寻求更广泛的治理伙伴，进行基于多方共识的平台治理机制探索。此外，平台企业也将进行治理创新实践，培育治理创新，丰富治理手段，培育根植于平台中的治理生态。**最后，合作成未来治理趋势，平台企业迫切需要通过有效合作改善信息、能力不对称带来的负面影响**。企业将推动数据有效共享，转变数据使用和管理理念，采取实际行动与治理合作方共享数据资源。此外，企业还将进行能力有效输出，积极对外提供治理理念、技术以及方法上的支持，优化平台发展外部环境。

（四）区块链的安全监管与安全服务将同步推进

在经历技术的概念爆发期和炒作期之后，政产学研各界对区块链的态度趋于理性，同时也开始认识到区块链安全问题，并积极开展安全问题应对，致力于保障区块链技术的安全发展和应用。**一是区块链监管力度将不断加强**。我国主管部门将强化区块链监管力度，提升可管可控水平。例如，推动建立行业应用平台的跨部门备案和用户实名注册；明确各参与方的安全责任；强化安全评估评测；探索对拟采取区块链技术存储的业务和用户数据实行数据安全分类分级、风险评估制度等。**二是安全产品和服务

市场开始起步。网络安全企业、区块链相关企业等在重视区块链安全问题、提升区块链产品应用安全水平和抗攻击能力、优化区块链技术生态结构的同时,加快推动智能合约漏洞挖掘、区块链产品代码审计、业务安全监测等安全产品和服务开发应用。**三是"区块链+网络安全"应用模式将得到更多探索**。安全企业/团队、科研机构等正不断推动区块链技术在提升认证安全性、保障关键信息基础设施安全、强化数据存储安全等方面的应用落地。例如,根据时间戳散列对系统状态持续开展网络攻击监测;实施物联网设备安全认证;建立端节点间的可靠加密通信;利用区块链安全性存储重要数据、授权信息等。

(五)智能攻防重构网络空间安全保障范式

人工智能技术逐步由科研走向实用,与实体经济不断融合,人工智能对于安全的"双刃剑"效应愈发凸显:一方面,人工智能安全风险日益泛在,给网络空间安全、国家安全和国际秩序带来新的威胁与挑战;另一方面,人工智能的自主学习,进化能力提升安全防护智能化水平,增强预测、预警和预防能力。智能攻防将成为网络空间安全攻防的主要形式。**在攻击层面**,人工智能自身安全风险与技术恶意应用,将全面挑战国家网络空间安全,具体表现在:一是人工智能安全风险扩张,人工智能算法的数据强依赖性、决策稳健性弱等自身风险随产业推广而逐步扩大,导致人工智能应用隐含诸多不确定性;二是人工智能促使攻击提效,人工智能技术可实现自主发掘漏洞、锁定脆弱目标等,并且,随着技术快速发展普及,技术滥用门槛降低,网络攻击效能得到提升;三是人工智能导致攻击影响加大,将对国家网络空间安全造成全面影响,给政权安全和社会稳定带来重大威胁。**在防御层面**,人工智能具有突出的海量数据分析、自适应学习、智能决策、快速反应等能力,为安全防护提供新方向、新能力和新技术。一是人工智能技术可用于网络态势感知、攻击检测、数据防护、不良信息内容审查等,提升网络空间安全防护能力,二是人工智能技术可用于智能安防、金融风险防控、情报数据分析等,加强事件的预判和预警能力,为社会治理提供新手段。

智能安全将重构网络空间安全保障范式,具体表现形式如下:**一是工作模式智能化**,网络空间防护逐步由依托专家知识、先验知识的人力密集模式向借助机器识别、智能认知的人机协同模式转变,降低网络安全的人力成本;**二是应对方式主动化**,由事后处置为主的被动防御向事中响应、事前预防的主动防御转变,有效减轻网络攻击的损害程度,增强新型网络攻击的应对能力。